Practical Operation Guidance on Corporate Income Tax: Policy Analysis, Account Processing and Report Filling

齐晓倩 / 著

政策理论的清晰解读　探寻税收背后的规律

吃透申报表设计逻辑　最接地气的实务案例

企业所得税实务操作指导

——政策分析、账务处理与报表填报

中国财经出版传媒集团
中国财政经济出版社

图书在版编目（CIP）数据

企业所得税实务操作指导：政策分析、账务处理与报表填报／齐晓倩著．-- 北京：中国财政经济出版社，2021.2

ISBN 978 - 7 - 5223 - 0369 - 7

Ⅰ.①企…　Ⅱ.①齐…　Ⅲ.①企业－所得税－税收管理－基本知识－中国　Ⅳ.①F812.424

中国版本图书馆 CIP 数据核字（2021）第 020452 号

责任编辑：潘　飞　　　　责任印制：史大鹏
封面设计：卜建辰

企业所得税实务操作指导：政策分析、账务处理与报表填报
QIYESUODESHUI SHIWU CAOZUOZHIDAO：ZHENGCEFENXI、ZHANGWUCHULI YU BAOBIAOTIANBAO

中国财政经济出版社 出版

URL：http：//www.cfeph.cn
E - mail：cfeph@cfeph.cn

社址：北京市海淀区阜成路甲 28 号　邮政编码：100142
营销中心电话：010 - 88191522
天猫网店：中国财政经济出版社旗舰店
网址：https：//zgczjjcbs.tmall.com
北京时捷印刷有限公司印刷　各地新华书店经销
成品尺寸：170mm×240mm　16 开　20.25 印张　309 000 字
2021 年 3 月第 1 版　2021 年 3 月北京第 1 次印刷
定价：68.00 元
ISBN 978 - 7 - 5223 - 0369 - 7
（图书出现印装问题，本社负责调换，电话：010 - 88190548）
本社质量投诉电话：010 - 88190744
打击盗版举报热线：010 - 88191661　QQ：2242791300

序

作为一名普通的税务工作者，我已经工作了整整九年。在众多税种中，我对企业所得税情有独钟，多年来虽说进步缓慢，但琢磨的时间长了总会有一些收获，积累得多了，就想把收获总结出来，同更多人一起分享实务操作的经验与教训。本来是没有想过能成书成册的，但在同事和朋友们的鼓励下，经过一段时间的准备，我于2020年7月1日正式开始编写，并经过半年的努力写成本书。

关于本书，我想向大家特别说明以下几点：

一是案例来源。本书几乎所有的案例都来源于日常答疑中企业的提问，都是工作一线遇到的最实际的问题。我平时比较喜欢整理素材，会把遇到的典型问题分门别类地记录下来；写作时，再从中精选最具代表性的近二百个大大小小的案例进行详细分析、讲解。因为长期与一线财税工作人员打交道，所以我周围蒸腾的都是地气，这些地气汇入指尖敲打键盘，使得书的内容也有用、务实。本书的案例不避讳争议问题，不避讳税务机关也可能会出现不当理解的情形，在合法合规的前提下提供争议解决思路或者根据经验指出应如何做可以更好地化解、规避涉税风险。

二是文件引用。在日常工作中我发现一个现象，人们越来越多地去关注具体规定与细节口径，而对《企业所得税法》（以下简称《法》）与《企业所得税法实施条例》（以下简称《实施条例》）这样的纲领性文件非常陌生。细节口径是重要的、具体实务落地更是重要的，但是如果只关注这些就相当于一直在做浅层事务处理工作，不能真正提高涉税业务思维能力。同样的政策出来，为什么有些人读完就能深刻领会其中奥妙，有些人读完就只是肤浅的知道，除了工作经验之外，差别的根源还来自对纲领性政策的掌握程度。因此，为了强化对基础文件重要性的认知，本书在讲解政策时，首先引用《法》《实施条例》以及《企业所得税法实施条例释义及适用指南》（以下简称《释义及适用指南》），如果以上政策不够细致不能说明问题，才会引用更具体更有针对性的政策。

另外，对于《释义及适用指南》可能大家还比较陌生，我在此先做个介绍。这本书由《实施条例》立法起草小组的工作人员编写，是我九年前入行时一前辈推荐的书，买来之后便束之高阁、忘诸脑后。等2015年我搬家无意中将其再次翻出来时，只翻看了一眼，那感觉到现在仍记忆犹新——狂喜若癫、如获至宝。再后来我发现这本书已经绝版，就赶紧又买了好几本二手书，就怕哪天再弄丢了。好在上海市税务局在“政策文件——政策解读”栏目下有对《释义及适用指南》的全文连载，只是年代比较久远，需从2009年开始找。注意，是在“政策解读”栏目下连载的。另外，上海税务局的连载在文末特别注明文章来源于国家税务总局，这说明国家税务局总局层面是认可该内容的指导性的。我在书中多次引用了《释义及适用指南》对《实施条例》的解释，他的权威性从他的前言中也可见一斑，现将部分内容摘抄如下，请诸位认真品味，仔细体会。

为了使广大税务机关工作人员能够更好地理解和执行新的《企业所得税法》和《企业所得税法实施条例》的规定，使纳税人能够更好地依法保护自己的合法权益，《企业所得税法实施条例》立法起草小组的工作人员编写了本书，对新《企业所得税法》和《企业所得税法实施条例》进行了详细介绍，对条文逐条进行了**详细地、权威地、深入地、精准地**解读……

——摘自《释义及适用指南》前言

三是政策分析。写作之初，我一直在思考应如何定位本书。首先，这不是一本高难度的讲重组、讲资本的书，书中就是常规业务处理。其次，这本书不应通篇聚焦会税差异分析或者年度申报表填报，还应该为企业实务工作提供帮助。再次，这本书应该有一定篇幅的理论讲解和方法指导，授之以鱼不如授之以渔，应该指出分析政策的思路。最终，本书在纲领性文件的基础上，先通过细致饱满的案例从不同角度分析政策内涵要求，并将政策分析思路以及实务操作注意要点贯穿其中。如果讲解内容与会计处理密切度高或者申报表填报复杂，就再将这两项内容与政策讲解以合理的方式融合。不仅说清楚怎么办，更讲明白是什么以及如何判断。毕竟如果连“是什么”都判断错了，后面怎么办也不会太正确。

本书的顺利出版得到了多方面的帮助，尤其感谢中国财经出版社的尉敏老师，他的敬业精神让我自愧不如，也鞭策我将“认真”二字贯彻到底。受能力水平和时间精力所限，我未能够把每一章的内容写得都很完善，不足与遗漏之处望诸位海涵并批评指正，若有疑问也欢迎致信 15076455@ qq. com。

编者

2021 年 1 月于郑州

目　录

第一章　中华人民共和国企业所得税年度纳税申报表（A类）（A100000）及相关内容讲解 ……（1）
第一节　主表 A100000 的设计逻辑 ……（2）
一、计算境内应纳税所得额 ……（2）
二、计算境内应纳所得税额 ……（5）
第二节　表 A108000 及境外所得抵免 ……（6）

资产篇

第二章　投资收益纳税调整明细表（A105030）及相关内容讲解 ……（11）
第一节　投资资产的涉税政策分析 ……（11）
一、投资资产的定性 ……（12）
二、投资资产的计税基础 ……（13）
三、确定投资收益性质 ……（18）
四、永续债涉税处理 ……（20）
五、确认处置所得或损失 ……（23）
第二节　投资资产的会税差异分析及报表填报 ……（25）
一、表 A105030 的适用范围 ……（26）
二、交易性金融资产 ……（27）
三、以摊余成本计量的金融资产 ……（29）
四、其他债券投资 ……（32）
五、其他权益工具投资 ……（36）
六、长期股权投资（权益法） ……（38）

第三章　专项用途财政性资金纳税调整明细表（A105040）及相关内容讲解 …… （41）
第一节　财政性资金与政府补助 …… （42）
一、政府补助分类及会计确认 …… （42）
二、财政性资金分类及企业所得税确认 …… （43）
第二节　不符合不征税收入条件的财政性资金涉税分析及会税差异调整 …… （45）
一、与资产相关 …… （46）
二、与损益相关 …… （49）
第三节　不征税收入涉税分析 …… （50）
一、不征税收入的概念 …… （50）
二、不征税收入与免税收入的差异分析 …… （52）
三、不征税收入的征管要求与实务分析 …… （54）
第四节　不征税收入的会计核算与会税差异调整 …… （55）
一、表 A105040 重点填报要求讲解 …… （55）
二、企业取得不征税收入会税差异分析及年度申报 …… （56）
三、超过 60 个月的不征税收入处理 …… （59）
四、不征税收入与增值税进项税额的协调 …… （61）

第四章　资产折旧、摊销及纳税调整明细表（A105080）及相关内容讲解 …… （63）
第一节　固定资产 …… （63）
一、固定资产的确认 …… （64）
二、固定资产的计税基础 …… （66）
三、固定资产的折旧年限及其他 …… （72）
四、固定资产申报案例与实务注意事项 …… （74）
第二节　无形资产 …… （78）
一、无形资产的确认 …… （78）
二、无形资产的计税基础 …… （81）
三、无形资产的折旧年限 …… （82）
第三节　加速折旧、缩短折旧年限与一次性扣除政策 …… （83）

一、缩短折旧年限和加速折旧 …………………………………（83）
二、固定资产一次性扣除 ……………………………………（84）
三、申报案例及实务注意事项 …………………………………（87）
第四节　长期待摊费用 ……………………………………………（91）
一、与固定资产相关的长期待摊费用 ……………………………（92）
二、其他长期待摊费用 …………………………………………（92）

第五章　资产损失税前扣除及纳税调整明细表（A105090）及相关内容讲解 ………………………………………………（95）
第一节　资产损失税收政策实务分析 ……………………………（95）
一、判断资产损失是否允许税前扣除 ……………………………（96）
二、实际资产损失、法定资产损失以及税前扣除时点 …………（99）
三、实际资产损失的处理要点 …………………………………（101）
四、法定资产损失的处理要点 …………………………………（104）
第二节　资产损失申报案例示范及实务提要 ……………………（106）
一、资产损失申报案例示范 ……………………………………（106）
二、资产损失税前扣除备查资料的准备 …………………………（109）
三、与会计处理的时间的衔接 …………………………………（110）
四、股权损失确认时间需要注意的问题 …………………………（111）
第三节　资产的税务处理规律 ……………………………………（111）

损益篇

第六章　视同销售和房地产开发业务特定业务纳税调整明细表（A105010）及相关内容讲解 ………………………………（115）
第一节　新收入准则与企业所得税法收入确认 …………………（115）
一、新收入准则与企业所得税法收入确认的核心原则比对 ……（115）
二、企业所得税销售商品收入的确认 ……………………………（117）
三、企业所得税提供劳务收入的确认 ……………………………（121）
四、企业所得税下看新收入准则五步法模型 ……………………（122）
第二节　新收入准则下确定交易价格的会税差异分析 …………（127）

一、可变对价 …………………………………………………………（128）
二、存在重大融资成分 …………………………………………………（130）
第三节　新收入准则关于特定交易的会税差异分析及
　　　申报表填报示范 …………………………………………………（133）
一、附有销售退回条款的销售 …………………………………………（133）
二、附有质量保证条款的销售 …………………………………………（136）
三、主要负责人和代理人 ……………………………………………（137）
四、附有客户额外购买权的销售 ………………………………………（138）
第四节　企业所得税视同销售政策分析 ………………………………（140）
一、企业所得税视同销售定性分析 ……………………………………（140）
二、视同销售对费用税收金额的影响 …………………………………（142）
三、表 A105000 第 30 行填报口径分析……………………………………（143）
四、劳务的视同销售 …………………………………………………（144）

第七章　未按权责发生制确认收入纳税调整明细表（A105020）
　　　及相关内容讲解 …………………………………………………（147）
第一节　租金、利息与特许权使用费 …………………………………（147）
一、租金、利息与特许权使用费的定性 ………………………………（147）
二、租金、利息与特许权使用费收入确认会税差异 ……………………（150）
三、售后回购 …………………………………………………………（154）
四、授予知识产权许可 ………………………………………………（156）
第二节　分期确认收入会税差异分析 …………………………………（157）
一、分期销售货物会税差异分析 ………………………………………（157）
二、持续时间超过 12 个月的业务…………………………………………（162）

第八章　职工薪酬支出及纳税调整明细表（A105050）
　　　及相关内容讲解 …………………………………………………（167）
第一节　工资薪金支出定性分析及涉税处理 …………………………（167）
一、实际支付及股权激励会税差异调整 ………………………………（168）
二、员工/职工 …………………………………………………………（176）

三、现金与非现金 …………………………………………………………… (183)
四、劳动报酬 ……………………………………………………………………… (183)
第二节 三项经费政策分析与会税差异处理 ……………………………… (186)
一、职工福利费 ………………………………………………………………… (186)
二、职工教育经费 ……………………………………………………………… (191)
三、工会经费 …………………………………………………………………… (195)
第三节 保险类支付 ……………………………………………………………… (197)
一、各类基本社会保障性缴款和住房公积金 …………………………… (197)
二、补充养老保险、补充医疗保险 ………………………………………… (198)
三、商业保险 …………………………………………………………………… (199)

第九章 广告费和业务宣传费等跨年度纳税调整明细表（A105060）及相关内容讲解 ………………………………………… (204)
第一节 广告费与业务宣传费涉税规定 …………………………………… (204)
一、广宣费税收政策规定 ……………………………………………………… (204)
二、广宣费定性分析以及风险管理 ………………………………………… (206)
第二节 广告费与业务宣传费申报表填报示范 ………………………… (210)
一、广宣费与视同销售纳税申报 …………………………………………… (210)
二、广宣费分摊扣除纳税申报 ……………………………………………… (213)

第十章 捐赠支出及纳税调整明细表（A105070）及相关内容讲解 …… (215)
第一节 捐赠支出涉税规定 ……………………………………………………… (215)
一、捐赠支出政策定性分析 …………………………………………………… (216)
二、捐赠支出与视同销售纳税申报 ………………………………………… (217)
三、股权捐赠与企业扶贫捐赠 ……………………………………………… (219)
第二节 支持抗击新冠肺炎疫情捐赠支出 ………………………………… (220)

第十一章 纳税调整项目明细表（A105000）及成本费用讲解 ……… (223)
第一节 税前扣除原则 …………………………………………………………… (224)
一、相关性 ……………………………………………………………………… (225)
二、合理性 ……………………………………………………………………… (228)

三、配比原则 …………………………………………………………… (232)
第二节　税前扣除凭证 ……………………………………………………… (233)
一、真实性与权责发生制 ……………………………………………… (234)
二、合法性与增值税规定 ……………………………………………… (237)
三、关联性与业务定性 ………………………………………………… (239)
四、税前扣除凭证不符合要求的纳税调整顺序 ………………………… (241)
第三节　税前扣除具体项目 ……………………………………………… (241)
一、业务招待费 ………………………………………………………… (241)
二、利息支出 …………………………………………………………… (243)
三、佣金和手续费支出 ………………………………………………… (246)
四、跨期费用 …………………………………………………………… (248)
五、投资合伙企业 ……………………………………………………… (250)

其他项目篇

第十二章　企业所得税弥补亏损明细表（A106000）与所得减免优惠明细表（A107020）及相关内容讲解 …………………………… (255)
第一节　弥补亏损 ………………………………………………………… (256)
一、亏损与核定征收 …………………………………………………… (256)
二、亏损与季度预缴 …………………………………………………… (258)
三、亏损与境外所得 …………………………………………………… (259)
四、亏损弥补规则 ……………………………………………………… (262)
第二节　所得减免税收优惠 ……………………………………………… (266)
第三节　亏损与税收优惠 ………………………………………………… (273)

第十三章　符合条件的居民企业之间的股息、红利等权益性投资收益优惠明细表（A107011）及相关内容讲解 ……………………… (284)
第一节　符合条件的股息红利所得税收优惠条件判断及应用 …… (284)
第二节　创新企业 CDR 介绍及优惠条件判断 …………………………… (288)
第三节　表 A107011 填报案例及实务分析 ……………………………… (290)

第十四章 跨地区经营汇总纳税企业年度分摊企业所得税明细表（A109000）及相关内容讲解 …………（296）
第一节 汇总纳税企业分类 …………（297）
一、所得税收入全额归属中央的汇总纳税企业 …………（297）
二、跨地区经营汇总纳税企业 …………（298）
三、跨市经营汇总纳税企业 …………（299）
四、视同独立纳税人 …………（300）
第二节 汇总纳税企业征收管理 …………（302）
一、分支机构的新设 …………（303）
二、分支机构的注销 …………（304）
三、分支机构分摊比例的计算 …………（304）
第三节 汇总纳税企业税款分配计算 …………（305）

第一章

中华人民共和国企业所得税年度纳税申报表（A类）（A100000）及相关内容讲解

“中华人民共和国企业所得税年度纳税申报表（A类）”（A100000）（以下简称“主表”）是整套申报表中最核心、最重要的一张表，其重要性并不表现在填报难度上，而是表现在它对企业所得税原则的体现与贯彻。很多无法用文字描述或者难以表述清晰的事项，主表用它的结构进行了无言的规范。所以，想要真正填好、填准整套企业所得税年度申报表，必须先把主表的逻辑吃透，吃透了主表，整个企业所得税的大框架就算是初步搭建好了，然后再根据附表的设计顺序有序填报数据。

根据年度申报表的设计，主表主要是展现境内部分的计算过程，境外部分全部放在了“境外所得税收抵免明细表”（A108000）及其附表中。这样的设计使得主表看上去结构更简洁、重点更突出。实务中一提到计算境外所得税额，就感觉难度之高高不可攀，其实大可不必。虽说与境内相比境外所得的计算确实是更加复杂，但复杂之中有规律，只要把握好其中的逻辑，理解起来是没有太大难度的。这里的“规律”其实还是主表的结构展示出的一整套计算所得税额的逻辑。

为使文章语言简练，下文所有的申报表均以序号代替。

第一节　主表 A100000 的设计逻辑

主表的任务是计算企业所得税年度应纳税额，并将该任务分为两个步骤：第一步从会计利润计算出境内应纳税所得额，即主表第 23 行“（境内）应纳税所得额”；第二步从境内应纳税所得额计算出境内外应纳税额，即第 31 行“实际应纳所得税额”。为何不能直接计算境内外应纳税所得额呢？因为境内外所得的税收待遇是不一样的，比如，小型微利企业优惠就仅针对境内应纳税所得额，但这层意思并没有在文件中清晰表述，稍不留神就读不出来，不过不要紧，申报表的设计逻辑完美地落实了这个口径，所以前面说申报表本身就规范着政策口径。实际上，应纳税额计算的过程就是从会计利润总额开始依照企业所得税政策对数据进行加工的过程。

为了能够更好地展示数据的加工及变化过程，笔者将从主表第 13 行“利润总额”开始详细解释每一行次的含义、作用以及对企业所得税原则的体现和对政策的规范。

一、计算境内应纳税所得额

第 13 行“三、利润总额”是主表第一部分“利润总额计算”的最后一行，是会计口径数据，也是计算公益性捐赠扣除限额的基数。利润总额不仅包括企业境内利润，还包括境外利润，但是主表第 23 行“应纳税所得额”仅指境内所得的应纳税所得额。如何用境内外利润算出境内应纳税所得额呢？很简单，先剔除掉计入利润数据的境外利润部分。

所以第 14 行“减：境外所得”上来就先减去境外部分。需要注意的是，第 13 行是会计口径数据，第 14 行既然要剔除计入利润的境外数据，所以原则上也需要保持一致的口径。减去第 14 行之后，企业所得税下境外部分的影响仍未被完全消除，还留有一个“小尾巴”，放在第 15 行。

第 15 行“纳税调整增加额”和第 16 行“纳税调整减少额”均来自表 A105000，调整的是会税差异。之所以以两行列示，是为了要说明纳税调增和纳税调减是两回事，该调增调增、该调减调减，即使调增金额和调减金额一样多，也不能以零来表示。有关表 A105000 的纳税调整事项是本书讲解的重点，从第二章至第十一章，共十章。此外，第 14 行留的境外部分的“小尾巴”指的是企业可能会将在境内发生的为取得境外所得的成本费用支出计入境内部分的账上，而这些成本费用按说应归属于境外支出，不能在计算境内应纳税所得额时扣除。因为这种调整更偏向会税差异调整，所以要通过表 A105000 第 28 行“（十五）境外所得分摊的共同支出”先从境内调整出去，等计算境外所得时再通过表 A108010 第 16、17 列调整回来。

经过第 15、16 行会税差异的调整，第 13 行境内外会计口径数据就变为了境内企业所得税口径数据，之后，就可以享受税收优惠了。能不能将所有税收优惠都放在一行或者像会税差异一样搁在一起“享受”呢？不能，需要区分优惠的性质并按照一定顺序享受。企业所得税的税收优惠共有两大种类：税基式优惠和税额式优惠。税基式优惠影响的是（境内）应纳税所得额，税额式优惠影响的是（境内）应纳税额。所以，税基式优惠必须出现在第 23 行之前，即第 17、20、22 行；税额式优惠必须出现在第 23 行之后，即第 26、27 行。既然第 17、20、22 行都属于税基式优惠，为什么不能并入一行或挨在一起呢？因为性质不同。

第十条　企业所得税法第五条所称亏损，是指企业依照企业所得税法和本条例的规定将每一纳税年度的收入总额减除不征税收入、免税收入和各项扣除后小于零的数额。

——《企业所得税法实施条例》

《企业所得税法实施条例》（以下简称《实施条例》）规定，第 17 行“免税、减计收入及加计扣除”是唯一可以计入亏损的优惠，因此必须出现在亏损计算行次（第 19 行）之前；其他优惠只能出现在之后。

所以，第 17 行对应的表 A107010 中的优惠是绝对优惠，意思是只要满足优惠条件本身，当年就一定可以享受。如果企业主表前 16 行计算结果大于 0，表 A107010 中的优惠就可以减少应纳税所得额，甚至减成亏损结转以后年度弥补或被当年境外应税所得抵减；如果企业主表前 16 行计算结果小于 0，表明企业亏损，表 A107010 中的优惠可以制造更大的亏损结转以后年度弥补或被当年境外应税所得抵减，这是其他类型的优惠都比不上的。

如果企业决定用当年境外应税所得抵减境内亏损，则抵减数据直接填入第 18 行“境外所得抵减境内亏损”，但不做强制，也可以不抵减。如果企业用当年境外应税所得抵减境内以前年度亏损，抵减额不能填入主表，需要通过表 A106000 与表 A108000 配合实现。主表只反映本年度金额。

经过以上一系列的计算，主表获得了一个重要数据——第 19 行“纳税调整后所得”，只有当它大于 0 时，企业在企业所得税下盈利，才有机会享受除第 17 行之外的其他优惠。如果第 19 行小于 0，该负值就是企业当年度的亏损额，填入表 A106000；主表第 20—22 行无须填报，第 23 行及以后行次的境内数据全部为 0，这意味着第 20、26 行当年的优惠机会被浪费，第 21、27 行被耽误一年，但对第 22 行的优惠没什么实质影响。

第 20 行“所得减免”无论是优惠享受条件还是享受力度都比第 17 行差一截。从条件看，第 17 行是绝对享受，满足政策要求即可全额享受；但第 20 行是条件享受，不仅要满足政策要求，还要优惠项目以及企业整体均为盈利，还不一定能全额享受。从力度看，收入减免税优惠对应收入额，不考虑成本费用等，优惠力度大；所得减免税优惠对应收入减去成本费用的差额，力度相对较小，如果差额小于 0 减免税项目亏损，当年的优惠机会就被浪费掉了，这对于三免三减半、五免五减半等项目而言是很可惜的。

享受完所得减免优惠之后，再往下该是抵扣应纳税所得额优惠了。根据企业所得税给出的应纳税所得额计算公式，计算应纳税所得额前的最后一步是弥补以前年度亏损，所以一直以来，所有的税基式优惠都在弥补亏损之前，主表第 23 行“应纳税所得额”的前一行才弥补以前年度亏损，。

第五条 企业每一纳税年度的收入总额，减除不征税收入、免税收入、各项扣除以及允许弥补的以前年度亏损后的余额，为应纳税所得额。

——《企业所得税法》

但是，2019 年年底修改的企业所得税年度申报表改变了这一逻辑，将“弥补以前年度亏损”和“抵扣应纳税所得额”调换了位置，这对创投企业来说是一大利好。无须数据分析，仅用最朴素最直观的逻辑就能判断，有期限的和没限制的“打折券”同时存在，肯定先使用有期限的更有利。同理，弥补以前年度亏损是有期限的，创投企业用投资额的70%在股权持有满2年的当年抵扣应纳税所得额抵扣不完的可以向以后年度结转是无期限的，将“抵扣应纳税所得额”放在“弥补以前年度亏损”之后，先使用有期限的，必然更利于充分扣除。无须政策明文规定，只需申报表调整一下位置，就改变了计算规则。

第21行“弥补以前年度亏损”出现在所得减免之后，意味着所得免税项目的盈利，要么就弥补了当年应税部分的亏损，要么就用于享受优惠，是不可能用于弥补以前年度亏损的；同样，所得减半项目的盈利也需要先用于弥补当年应税部分的亏损，再享受优惠，但剩余部分是可以弥补以前年度亏损的，这也算是回答了第十二章最后的提问。弥补亏损与所得减免优惠有着非常精彩的逻辑关系和同样精彩的实务案例，将会在第十二章详细分析。

经过一系列的调整和计算，申报表终于从第13行的境内外会计利润得到了第23行的境内应纳税所得额，所有与应纳税所得额有关的政策中的“应纳税所得额”指的就是这个数据，最典型的就是小型微利企业税收优惠。实务中经常会有人问小型微利企业的300万元是指弥补以前年度亏损之前的数据还是之后的数据？或者是享受研发费用加计扣除、固定资产一次性扣除之前还是之后的数据。如果能够吃透应纳税所得额的计算逻辑，这些问题就不再是问题了。

二、计算境内应纳所得税额

有了应纳税所得额，下一步就是计算实际应纳所得税额。计算应纳所得税额有两项重要的调整，一是享受税额式优惠（含税率式优惠），二是加回境外所得并扣除抵免额。《财政部 国家税务总局关于企业境外所得税收抵免有关问题的通知》（财税〔2009〕125号）给出了从应纳所得税额到实际应纳所得税额的公式。

十二、企业抵免境外所得税额后实际应纳所得税额的计算公式为：

企业实际应纳所得税额＝企业境内外所得应纳税总额－企业所得税减免、抵免优惠税额－境外所得税抵免额。

——财税〔2009〕125号

将该公式拆分同类项并调整加减顺序后再对比主表行次就可得以下公式：

第31行“企业实际应纳所得税额”＝第25行“（境内所得）应纳所得税

额”-第26行“减免所得税额”-第27行“抵免所得税额”+第29行“境外所得应纳所得税额”-第30行“境外所得抵免所得税额”。

第25行“（境内所得）应纳所得税额”等于第23行“（境内）应纳税所得额”与法定税率25%的乘积。

第26行“减免所得税额”即表A107040中的优惠享受方式主要为适用低税率，也属于税额式优惠，填报口径为以25%为标准计算可以少缴的税款。该方式必须以企业应纳税所得额大于0为前提，否则当年优惠资格就浪费了。

第27行“抵免所得税额”主要指企业购置用于环境保护、节能节水、安全生产等专用设备的投资额的10%可以从企业当年的应纳税额中抵免；当年不足抵免的，可以在以后5个纳税年度结转抵免。虽然企业当年的亏损不影响该项优惠，但是亏损一年就耽误一年，如果连续亏损6年，优惠就作废了。

到第28行“应纳税额”为止，境内部分的重要计算就全部结束了。接下来，再简析一下境外部分的计算逻辑。

第二节　表A108000及境外所得抵免

第三条　居民企业应当就其来源于中国境内、境外的所得缴纳企业所得税。

——《企业所得税法》

除了境内部分之外，居民企业还需要就其境外所得向其主管税务机关申报缴纳企业所得税。主表将境内外部分严格区分开，一方面是因为境内外所得税收待遇不一样，另一方面是为了防止双重征税，企业就其境外所得在境外已经缴纳的税款等在不高于抵免限额的范围内可以在境内年度申报时抵免掉。鉴于此，表A108000分为两大部分：第2列至第9列，计算境外所得应纳税额，本节稍后会再重点分析；第10列至第19列，计算境外所得实际抵免额。因为计算比较复杂需额外增加附表体现计算过程，表A108000又衍生出三张二级副表。

表A108010主要为了计算境外所得纳税调整后所得，个别数据也用于计算抵免额，其功能对照主表第13行至第19行。因为境外所得几乎不能享受优惠，所以该表主要功能就是倒推税前所得以及会税差异调整。

倒推税前所得时，一般直接用到手的税后所得加上在境外缴纳的所得税即可，主要是会计性质数据。但对于股息红利所得来说，除了直接在境外缴纳的预提所得税外，企业所得税认为境外被投资企业在境外缴纳的企业所得税实际上是从归属于境内投资企业的利润中扣掉的，属于境内投资企业间接负担的所得税款，所以在计算境外税前所得时也应当算入，但该金额并不会被计入境内投资企业的会计金额中。简单总结来说，在没有特别纳税调整的情况下，如果企业取得境外非股息红利所得，主表第14行实际就是境外税前所得；如果企业有境外股息红利所得，主表第14行是境外税前所得减去没有被计入利润的间接负担的所得税额。注意，无论哪种方式，主表第14行都是纯会计口径数据，与第13行口径一致。

境外会税差异调整时，费用扣除项目、扣除标准等规定与境内部分完全一致。曾经被主表第15行通过表A105000第28行纳税调增的应归属于境外部分的成本费用支出要进入表A108010第16或第17行纳税调减回来。经过会税差异调整后，表A108010第14列准会计口径的境外税前所得就变为了第18列税法口径的境外所得纳税调整后所得，入表A108000第3列。表A108000第3列对照主表第19行，如果小于0，亏损入表A108020，后面一切数据均为0；如果大于0，盈利可以入表A108020弥补以前年度境外亏损，还有余额的可以抵减境内亏损。表A108020对照表A106000。

如果表A108000第3列小于0，且属于境外分支机构生产经营亏损，则境外亏损分实际亏损和非实际亏损入表A108020。假设企业主表第19行为40万元，表A108000第3列为-60万元，则境外实际亏损为20万元，只能结转5年弥补；非实际亏损为40万元，可无限期结转弥补。年度申报时，在很多省份的表A108020只有在表A108010第2列“分支机构营业利润所得”为负数时才开放，意味着只有分支机构的营业亏损才能结转以后年度弥补，这样的设计是符合政策规定的，表A108020的表头也写明是“境外分支机构弥补亏损”。可是，实务中并不是只有境外分支机构经营所得会有亏损，境外财产转让所得、境外利息所得等都有可能亏损，这些境外非分支机构营业的亏损应如何处理无论是政策还是报表都没有明确。但从所得税原理出发，境外非分支机构营业的亏损是必须被弥补或用于减少应纳税所得额的。笔者认为，境外非分支机构营业的亏损可以抵减境内应纳税所得额。此观点得到了官方认可，但在填写申报表时却遇到了一些麻烦，具体将在第十二章中讲解。

如果表 A108000 第 3 列大于 0，盈利可以入表 A108020 弥补以前年度亏损，弥补金额进入表 A108000 第 4 列，表 A108000 第 4 列对照主表第 21 行。根据前面讲过的逻辑，自然要先弥补实际亏损，非实际亏损留着以后慢慢弥补。

弥补完以前年度亏损就算出了境外应纳税所得额，表 A108000 第 5 列对照主表第 23 行。如果境外应纳税所得额大于 0，还可以去抵减境内亏损。如果用于抵减本年度的境内亏损，抵减金额直接入主表第 18 行；如果用于抵减以前年度的亏损，抵减金额入表 A106000，但最终还是会影响主表第 23 行的金额。当然，也可以选择不抵减。

抵减完毕之后，再乘以适用税率，就得到了境外所得应纳税额，入主表第 29 行。接下来应计算抵免税额。

计算抵免限额和实际抵免额是境外所得特有的计算，表 A108000 对抵免税额总体计算规则是：本年度的可抵免税额与以前年度在本年度尚可抵免的税额加合与抵免限额相比，取孰小值，入主表第 30 行。表 A108030 主要用于记录超过抵免限额的境外所得可抵免税额结转以后年度抵免的情况。

有了境外部分的数据就得到了主表第 31 行“实际应纳所得税额”，这是企业全年度应就其生产经营情况缴纳的企业所得税额。

到第 31 行为止，企业的年度“汇算”工作就全部结束了，再往下就是“清缴”工作了。“清缴”工作主要是对比本年度季度预缴税款总分分配、多退少补，本章不再赘述。

资产篇

企业所得税是我国现行税种中综合程度最高的一个税种。企业所得税在年度汇算时采用间接计算方法，即以会计利润总额为出发点，调整会计与企业所得税法的各项差异，计算出应纳税所得额，进而再计算应纳所得税额。这里所称“各项差异”不仅包括收入费用，还包括税收优惠、境外所得、弥补亏损等所有需要在申报表中反映及调整的事项。

会税差异事项繁多，但并非杂乱无章。从产生的原因来看，会税差异可分为四个大类：第一类是资产产生的会税差异，此类差异根源于企业所得税与会计准则对资产核算方式的不一致，比如，企业所得税不认可会计要求的资产公允价值变动；第二类是损益性质的会税差异，此类差异来源于企业所得税与会计准则直接对收入的确认与支出的扣除在时间、金额等方面要求的不同，比如，赞助支出不能税前扣除；第三类是税收优惠产生的会税差异，此类差异来源于企业所得税的减免，比如，研发费用加计扣除等；第四类是其他特殊业务的会税差异，此类差异来源于企业所得税规定的特殊处理事项，如弥补亏损、政策性搬迁等，此类会税差异看似独立性强但却并不是孤独存在，虽涉及政策复杂但依据的税法原理在前三类中总是有迹可循的。

鉴于此，本书的篇目编排打破了“企业所得税年度纳税申报表”的顺序，而是按照会税差异来源归类。这种编排方式更加有利于对同类涉税事项反复地比对、讲解，并最大限度地保持阅读思路的连贯。

本篇为“资产篇”，共包括四章内容，涉及内容为投资资产、财政性资金、固定资产以及资产损失，对应报表为“投资收益纳税调整明细表”（A105030）、“专项用途财政性资金纳税调整明细表”（A105040）、“资产折旧、摊销及纳税调整明细表”（A105080）与“资产损失税前扣除及纳税调整明细表”（A105090）。企业所得税法虽对不同的资产在具体处理时有差别，但是其核心原理是相通的，甚至是相同的。因此，资产篇的四章中，每章都会格外强调概念、计税基础、会税差异调整规则、处置所得或损失的判定等核心涉税事项，目的就是通过多次重复来强化政策理解、熟悉处理套路，然后有意识地在实务中运用。

为了尽量与“企业所得税年度纳税申报表”的编排顺序保持一致，投资资产被安排在本篇最初章。但是投资资产分类多且处理相对复杂，所以非常推荐先跳过这部分内容而直接阅读内容相对单一的第四章固定资产相关内容和第五章资产损失，并在阅读时格外关注概念和计税基础，因为这两项前者定性、后者定量，都是资产税务处理的起点。

第二章

投资收益纳税调整明细表（A105030）及相关内容讲解

本章主要讨论企业投资资产的涉税政策、新金融工具准则下各项金融资产与长期股权投资的会税差异分析以及表 A105030 填报。

第一节　投资资产的涉税政策分析

随着资本市场的日益开放繁荣，企业对外投资选择形式越来越多。企业在经过一系列的分析、研判后选定投资目标，并在持有期按照会计准则要求根据公司战略、市场行情或被投资方情况等在规定的资产负债表日重新评估是否需要调整投资资产账面价值或重分类。

投资资产的账务处理较为复杂但会计规定却非常清晰，即先对投资事项分类，然后再按照会计准则给出的要求进行后续处理。可企业所得税则不然，税法没有专门针对投资资产的政策归集，几乎所有相关的核心规定都是通用的，仅偶尔对某些具体事项有一些细小的补充。所以很多财务人员一遇到投资资产的所得税处理就晕，逻辑混乱、思路不清地乱套政策，错了不清楚哪里错了，对了也不明白为什么是对的。

其实，在定性准确的前提下，投资资产的企业所得税处理比会计处理简单得多，因为它几乎屏蔽掉了所有会计处理难点，不考虑资金时间价值、市场风险、预期收益、企业战略，只考虑一件事——相关投资业务带来的企业资金变动。如果把这一件事再细化，可以再拆分成三个阶段，不同阶段处理的侧重点也不同：投资阶段确定资产计税基础；持有阶段分类处理投资收益；处置阶段确认所得或损失。

接下来，笔者将就定性与三个阶段逐一分析政策并举例说明。在实务中只要按部就班地套用本章处理思路，大部分投资资产企业所得税问题都能够迎刃而解。

一、投资资产的定性

定性是企业所得税处理的第一步，是极其重要的。定性实际就是判断某一事项是否符合政策给出的相关概念。把概念吃透了，范围拿捏适度了，事项判断准确了，企业所得税的处理就算是成功一半了。将新金融工具准则与长期股权投资在本章一起讲解也主要是因为企业所得税下它们基本都被定性为投资资产。

【案例2-1】ABC公司2017年购入某繁华地段写字间用于出租，并考虑在市价合适时出售。ABC公司将该写字间计入投资性房地产科目，采用公允价值后续计量。在企业所得税下，ABC公司对该写字间提取折旧并申报税前扣除。在对2018年度的企业所得税核查中，主管税务机关认为该写字间属于投资资产且用公允价值计量，其折旧不应在企业所得税税前扣除，要求ABC公司调整往年申报表，补缴税款和滞纳金。ABC公司主管税务机关的处理依据是否正确？

案例分析：ABC公司主管税务机关的处理是不正确的，在企业所得税下，该写字间应当计提折旧并税前扣除。在本案例中，税务机关认为投资性房地产是投资资产，所以持有期间成本（计税基础）不能调整。那么，什么是投资资产？会计将写字间计入投资性房地产就等同于写字间属于企业所得税下的投资资产吗？

第十四条 企业对外投资期间，投资资产的成本在计算应纳税所得额时不得扣除。

——《企业所得税法》

第七十一条 企业所得税法第十四条所称投资资产，是指企业对外进行权益性投资和债权性投资形成的资产。

——《企业所得税法实施条例》

根据以上政策规定，企业所得税下的投资资产指的是因股权或者债券投资形成的投资资产，比如长期股权投资、股票、债权等，不包括具有金融属性的房地产等其他资产。ABC公司购买写字间用于租赁和出售，非债非股，不符合企业所得税下投资资产的定义。ABC公司主管税务机关将会计投资性资产混同于企业所得税投资资产套用政策，其理解是错误的。

在实务中，受个人能力、政策环境等多重因素的影响，经常会出现人为增加或减少政策限定条件、扩大或缩小政策适用范围的情况，从而导致对事件定性出现偏差。一旦定性误入歧途，后续处理只能是在错误的道路上越走越远。

因此，在涉税处理中，把握概念永远是重中之重。

二、投资资产的计税基础

确定投资资产的计税基础是取得阶段重要的企业所得税事项，不仅是投资资产，企业的所有资产都应该重视计税基础，这是最重要的定量数据。不同资产计税基础确认的逻辑相通、依据相同。受章节主题限制，本节仅讲述投资资产的计税基础，其他资产的计税基础将在对应章节中具体分析。

第五十六条 企业的各项资产，包括固定资产、生物资产、无形资产、长期待摊费用、投资资产、存货等，以历史成本为计税基础。

前款所称历史成本，是指企业取得该项资产时实际发生的支出。

企业持有各项资产期间资产增值或者减值，除国务院财政、税务主管部门规定可以确认损益外，不得调整该资产的计税基础。

——《企业所得税法实施条例》

计税基础的本质就是资产在企业所得税下的成本。根据以上政策规定，投资资产的计税基础就是历史成本，并且在持有期间不能像固定资产那样提取折旧作为成本费用扣除。历史不可篡改，计税基础也恒久不变（特殊情况除外，详见案例4－4）。《企业所得税法实施条例释义及适用指南》（以下简称《释义及适用指南》）认为：企业所得税之所以以历史成本为资产的计税基础是因为与其他计量属性相比，历史成本更具可靠性，如果采用其他计量方式，比如重置价格或者现值计价，不同的财务人员会有不同的理解，计量结果可能大相径庭，税法的严肃性和稳定性也必将受到挑战。历史成本是发生交易时的实际成本，是由客观经济业务所确定的，不掺杂主观因素，经得起检验，具有极高的稳定性，不仅符合企业所得税法不考虑资金时间价值的特性，也有利于征管。未来，对于某些已具备完善市场决定价格机制的投资资产，如外汇、上市公司的股票、期货等，也有可能采用公允价值确定资产的计税基础的。

在利用历史成本作为资产计税基础时需要注意两点：第一，计算时点是企业取得该项资产时，而不是企业取得资产后持有期间的价值。第二，企业取得资产时所实际发生的支出强调的是现实性，是真金白银，这里的“真金白银”指的是任何形式的货币资产或非货币资产的支付。倘若企业取得资产时应当负担的支出最终实际上没有兑付，无论基于什么原因，这种名义上的支出都是不被承认的，不得纳入资产的历史成本。除此之外，企业所得税还认可虽然没有实际出资，但是将取得资产价值并入应纳税所得额的金额作为该资产的计税基础。比如，某企业受赠一项股权，公允价值100万元，企业将100万元作为捐赠收入并入应纳税所得额，则该项股权的计税基础为100万元。

关于资产的计税基础从政策看似乎并不难理解，接下来，笔者将通过若干案例详细讲解税收政策在灵活多变的实务中应如何理解适用。

【案例2－2】 ABC公司与其他公司一起投资成立DEF公司并将所有出资都计入DEF公司的“应付账款”科目。DEF公司注册资本500万元，ABC公司的持股比例为30%。ABC公司持有DEF公司股权的计税基础是多少？

案例分析： ABC公司持有DEF公司股权的计税基础是零。无论名义上ABC公司占有DEF公司多少所有者权益，资产的计税基础只认真金白银。不出资一分一毫的空头支票、空口承诺，企业所得税一律不认。或者即使出资，但是对借款方式的出资，企业所得税也不能认可。

【案例2－3】 ABC公司购买DEF公司发行的10万股股票，会计分类为交易性金融资产，每股成交价格11元，其中1元是已宣告但尚未分派的现金股利。为购买股票，ABC公司支付交易费用5万元。以上款项均以银行存款实际支付。ABC公司购买的DEF公司股权的计税基础是多少？

案例分析： ABC公司购买的DEF公司股权的计税基础是105万元。本案例是常规业务，但实务中也有疑问：计税基础为何不是115万？既然5万元的交易费用都需要资本化，为何交易价格中包含的10万元的现金股利不需要并入股票成本？

资产的计税基础强调取得"该项资产"时实际发生的支出。ABC公司购买DEF公司股票实际是取得了两项资产：股票和现金股利取得权。在宣告分配之后，现金股利有明确的金额且基本无风险，实际上已经与股票分离，并将在短时间内剥离出来。但受证券平台的限制，股票与未分派的现金股利无法单独操作只能捆绑转让，所以ABC公司只得将这部分现金股利也用资金一并"购入"。从另一个角度来说，如果ABC公司将已宣告的现金股利计入投资资产的计税基础，再收到现金时就需要计入投资收益。用现金购买等额的已知现金，不是投资活动的正常操作，已经宣告分派的股息红利也与投资收益的性质不符合。

【案例2－4】 ABC公司计划承接DEF公司全资子公司M公司名下未完成楼盘。M公司注册资本1 000万元，应付账款科目贷方余额3 000万元。合同约定，ABC公司承债式收购M公司，向DEF公司支付1万元股权转让费用，并负责偿还M公司名下3 000万元的负债。ABC公司持有M公司股权的计税基础是多少？

案例分析： ABC公司持有M公司股权的计税基础是1万元或者3 001万元，具体还需要根据合同约定和ABC公司与M公司账务处理来综合判断。

借款形式：ABC公司借给M公司3 000万元，M公司收到借款并还给债权人，ABC公司与M公司按照往来钱款进行账务处理，3 000万元与取得M公司股权没有任何关系。ABC公司持有M公司股权计税基础为向原股东支付的1万元。

注资形式：ABC公司在完成股权收购之后，向M公司再注资3 000万元，相当于是又一次投资。ABC 公司增加长期股权投资的账面价值，M 公司增加所有者权益。M 公司股权计税基础为 3 001 万元。

本案例主要用于理解计税基础政策原理，仅考虑不同操作形式对股权计税基础的影响，不考虑实际工作中工商等其他部门的管理要求。但无论哪种操作，在实务中都有运用。

【案例 2－5】2016 年，ABC 公司用名下公允价值为 800 万元的房产投资于 DEF 公司，并取得 25% 的股权。该房产的初始入账价值为 450 万元，投资时账面价值为 300 万元，假设入账、折旧等事项均无会税差异。ABC 公司选择享受非货币投资 5 年期限内分期均匀确认房产转让所得的递延纳税政策。在递延期内，ABC 公司持有 DEF 公司股权的入账价值和计税基础分别是多少？

案例分析：2016 年，ABC 公司换取 DEF 公司股权支付对价为 800 万元房产，股权入账价值为 800 万元；因为享受递延纳税政策，该笔股权计税基础不能直接按照 800 万元确定。

一、居民企业（以下简称企业）以非货币性资产对外投资确认的非货币性资产转让所得，可在不超过 5 年期限内，分期均匀计入相应年度的应纳税所得额，按规定计算缴纳企业所得税。

二、企业以非货币性资产对外投资，应对非货币性资产进行评估并按评估后的公允价值扣除计税基础后的余额，计算确认非货币性资产转让所得。

企业以非货币性资产对外投资，应于投资协议生效并办理股权登记手续时，确认非货币性资产转让收入的实现。

三、企业以非货币性资产对外投资而取得被投资企业的股权，应以非货币性资产的原计税成本为计税基础，加上每年确认的非货币性资产转让所得，逐年进行调整。

被投资企业取得非货币性资产的计税基础，应按非货币性资产的公允价值确定。

——财税〔2014〕116 号

本节前面分析资产计税基础认可条件时曾明确，企业所得税只认可企业真金白银的付出，除此之外，还认可虽然没实际出资但申报计入应纳税所得额的以申报金额为计税基础。在本案例中，ABC 公司适用的非货币性投资递延纳税政策可谓是两种计税基础认可方式的完美结合。

第一种认可方式：实际支付。

在购入 DEF 公司股权时，ABC 公司房产的计税基础为 300 万元，这 300 万元是企业购买房屋时真金白银的付出，企业所得税法认可。除此之外，ABC 公司无其他付出，因此换入股权的计税基础为换出房产的计税基础 300 万元。为什么是 300 万元而不是 450 万元？

财税〔2014〕116 号文件第三条规定“企业以非货币性资产对外投资而取得被投资企业的股权，应以非货币性资产的原计税成本为计税基础”。这里的“原计税成本”是针对投资时确认的价值而言的，所以不是指房屋刚购入时的 450 万元，而是指减除折旧后的 300 万元。在企业所得税下，收入只能确认一次，费用、成本等也只能扣除一次，150 万元的房屋折旧已经在持有年度税前扣除过了，如果再作为股权的计税基础，那么在股权转让时还能再扣除一次，与原则相悖。

第二种认可方式：申报所得。

ABC 公司用计税基础 300 万元的资产换入公允价值 800 万元的股权，获得房屋转让所得 500 万元，不考虑相关税费。如果不享受递延纳税政策，企业需要一次性申报 500 万元所得，换入股权的计税基础直接按照 800 万元确定。但 ABC 公司按照财税〔2014〕116 号文件享受了递延纳税政策，每年只需要申报 100 万元的房屋转让所得，那么股权的计税基础就只能逐年递增。从 2016 年度开始，每完成一次年度申报计税基础增加 100 万元。

四、企业在对外投资 5 年内转让上述股权或投资收回的，应停止执行递延纳税政策，并就递延期内尚未确认的非货币性资产转让所得，在转让股权或投资收回当年的企业所得税年度汇算清缴时，一次性计算缴纳企业所得税；企业在计算股权转让所得时，可按本通知第三条第一款规定将股权的计税基础一次调整到位。

——财税〔2014〕116 号

假设 ABC 公司 2018 年 4 月将 DEF 公司股权全部转让，此时，该股权的计税基础为 500 万元。财税〔2014〕116 号文件要求“在转让股权或投资收回当年的企业所得税年度汇算清缴时，一次性计算缴纳企业所得税”，因此 2018 年度 ABC 公司应申报房屋转让所得 300 万元，相应地，股权计税基础按照 800 万元确认。

如果股权转让收入 1 000 万元，ABC 公司在 2018 年度申报时应申报房屋转让所得 300 万元，股权转让所得 200 万元。假设股权转让收入 700 万元，ABC 公司应依然申报房屋转让所得 300 万元，股权转让损失 100 万元。

此外，把握好投资资产的计税基础还对一些意想不到的事项的判断有非常重要的指导意义。比如两家公司共同出资成立公司，经营一段时期后，另外有一家公司也想投资入股，入股后必然会使得原股东的持股比例下降，这样一来，原股东是否需要确认股权转让所得或损失呢？从朴素的逻辑常识以及会计处理来看，原股东并没有减少什么，保持账面处理不变；但要从持股比例变化的角度来看，好像又确实转让出了一部分股权，尤其是表 A107011 还特别强调了持股比例的情况。

那么，企业所得税应该依据什么判断呢？笔者认为，应该依据资产的计税基础，至于股权比例、会计处理等，可以用于参考。计税基础是历史成本，投资资产又不被允许提折旧或者减损失，所以除非有买入或者卖出的操作，否则计税基础一定是不变的；该逻辑反过来也一样成立，如果投资资产的计税基础变了，则企业一定是买入或卖出了。企业在引入新股东的过程中，原股东的持股比例下降，但是该股权的计税基础没变，没有哪一点不属于自己了，仍然都在，仅仅从持股比例下降就认为应当确认所得的理解是不合适的。

三、确定投资收益性质

在企业所得税下，企业的对外投资主要是两种性质：债权性投资和权益性投资，分别对应企业所得税法的第六条中的“利息收入与股息、红利等权益性投资收益”。

第六条　企业以货币形式和非货币形式从各种来源取得的收入，为收入总额。包括：

（四）股息、红利等权益性投资收益；

（五）利息收入；

——《企业所得税法》

第十七条　企业所得税法第六条第（四）项所称股息、红利等权益性投资收益，是指企业因权益性投资从被投资方取得的收入。

股息、红利等权益性投资收益，除国务院财政、税务主管部门另有规定外，按照被投资方作出利润分配决定的日期确认收入的实现。

第十八条　企业所得税法第六条第（五）项所称利息收入，是指企业将资金提供他人使用但不构成权益性投资，或者因他人占用本企业资金取得的收入，包括存款利息、贷款利息、债券利息、欠款利息等收入。

利息收入，按照合同约定的债务人应付利息的日期确认收入的实现。

——《企业所得税法实施条例》

【案例2-6】ABC公司于2014年5月向DEF公司投资1 000万元。双方协议约定，无论DEF公司经营状况如何，都必须每年按照5%的比例向ABC公司分红。亏损期不能减少、盈利期也无须增加。2015年4月，ABC公司收到DEF公司分配的股息红利50万元，是否可以享受股息红利免税优惠？

案例分析：不可以，因为ABC公司收到的并非股息红利，而应该是利息。

通常来说，利息是贷款资金的价格，是为他人提供贷款而按照约定利率获得的报酬。但在实务中，利息收入会有多种存在形式。企业所得税下的利息收入主要是看本质，而非名义。

权益性投资和债权性投资最核心的区别是投资目标不同。权益性投资是企业为取得对另一企业净资产的所有权而进行的投资。债权性投资则是要按照约定期限、约定利率收取回报；或者因为各种原因资金被其他企业占用，产生等同借贷行为的法律后果后，应按照法律规定或者双方约定的利率向提供资金的企业支付相当于利息的报酬。

在本案例中，ABC公司对DEF公司的所有者权益并不在意，每年固定收取的款项也与DEF公司的所有者权益不挂钩，更像是因为资金被他人使用而取得的固定时间固定收益的报酬。因此，ABC公司应按照利息所得进行企业所得税处理。

【案例2-7】ABC公司于2016年12月投资DEF公司。投资以来，DEF公司一直处于亏损状态，未分配过股息。ABC公司于2020年4月减资退出并与DEF公司约定DEF公司按投资金额的15%支付投资期间的补偿。ABC公司取得的投资收益是否能够享受股息红利免税优惠？

案例分析：不可以享受。本案例看似是询问税收优惠，实际是对ABC公司收入的定性。

ABC公司也许在当初投资时确实是以取得DEF公司净资产为目标的，但在实际收取钱款时，并未以 DEF 公司的所有者权益为基础。其取得收入的原因和计算依据更像是因为资金被 DEF 公司占用，产生等同借贷行为的结果，即 DEF 公司应当按照法律规定或者双方约定的利率向 ABC 公司支付利息。

【案例 2－8】 ABC 公司投资 DEF 资管公司某股票型基金，2019 年 7 月，收到该支基金分配所得。ABC 收到的投资收益属于什么性质的收益？

案例分析： 既不属于利息收入，也不属于权益性股息红利收入。

第九条　企业应纳税所得额的计算，以权责发生制为原则，属于当期的收入和费用，不论款项是否收付，均作为当期的收入和费用；不属于当期的收入和费用，即使款项已经在当期收付，均不作为当期的收入和费用。本条例和国务院财政、税务主管部门另有规定的除外。

第二十二条　企业所得税法第六条第（九）项所称其他收入，是指企业取得的除企业所得税法第六条第（一）项至第（八）项规定的收入外的其他收入……

——《企业所得税法实施条例》

随着金融行业的逐步完善和金融工具的不断发展创新，越来越多的企业投资于各类理财产品、投资平台。从理财产品投资平台取得的收益虽然也可以称为投资收益，但因为理财产品或者投资平台在企业所得税上无法穿透，实际就变成一种非债非股的投资收益，在企业所得税下属于“其他所得”，按照权责发生制原则处理。那这样的理财产品是否不属于投资资产，持有期是否可以调整计税基础？虽然会有理财产品确实不符合投资资产的定义，但是计税基础也依然不能调整，因为没有政策依据。

其他所得中还有一项比较特殊的所得就是 ABC 公司投资合伙企业成为合伙人后取得的合伙企业分回的应纳税所得额，这部分内容将在第十一章中概括讲解。

四、永续债涉税处理

永续债券，又称无期债券，是发行人在银行间债券市场注册发行的“无固定期限、内含发行人赎回权”的债券。永续债的每个付息日，发行人可以自行选择将当期利息以及已经递延的所有利息，推迟至下一个付息日支付，且不受到任何递延支付利息次数的限制。

永续债无限续期的特点违背了普通债权投资的性质，而更接近权益性投资。财政部与税务总局经过调研专门制定并下发了《财政部 税务总局关于永续债企业所得税政策问题的公告》（财政部 税务总局公告2019年第64号）（以下简称“64号公告”）指导企业进行所得税实务处理。总体来说，永续债没有跳出股或债这两项传统投资产品处理的范围。因为64号公告事项特殊且内容较多，本节虽作为单独部分讲解，其实仍是对本节第三部分内容的延伸。

【案例2－9】ABC公司于2018年购买DEF公司发行的权益类永续债，并于2020年取得分配收入。该笔收入属于利息收入还是属于股息红利收入？如果属于股息红利收入，是否能够享受股息红利所得的免税政策？

案例分析：ABC公司取得的分配收入要根据发行方公告来判断。如果被定性为股息红利权益性所得，在其他条件也满足的情况下，可以享受免税优惠。关于股息红利所得优惠将在第十三章详细分析。

为进一步明确永续债的企业所得税政策适用，根据《中华人民共和国企业所得税法》及其实施条例的有关规定，现就有关问题公告如下：

一、企业发行的永续债，可以适用股息、红利企业所得税政策，即：投资方取得的永续债利息收入属于股息、红利性质，按照现行企业所得税政策相关规定进行处理，其中，发行方和投资方均为居民企业的，永续债利息收入可以适用企业所得税法规定的居民企业之间的股息、红利等权益性投资收益免征企业所得税规定；同时发行方支付的永续债利息支出不得在企业所得税税前扣除。

二、企业发行符合规定条件的永续债，也可以按照债券利息适用企业所得税政策，即：发行方支付的永续债利息支出准予在其企业所得税税前扣除；投资方取得的永续债利息收入应当依法纳税。

四、企业发行永续债，应当将其适用的税收处理方法在证券交易所、银行间债券市场等发行市场的发行文件中向投资方予以披露。

五、发行永续债的企业对每一永续债产品的税收处理方法一经确定，不得变更。企业对永续债采取的税收处理办法与会计核算方式不一致的，发行方、投资方在进行税收处理时须作出相应纳税调整。

六、本公告所称永续债是指经国家发展改革委员会、中国人民银行、中国银行保险监督管理委员会、中国证券监督管理委员会核准，或经中国银行间市场交易商协会注册、中国证券监督管理委员会授权的证券自律组织备案，依照法定程序发行、附赎回（续期）选择权或无明确到期日的债券，包括可续期企业债、可续期公司债、永续债务融资工具（含永续票据）、无固定期限资本债券等。

——财政部 税务总局公告 2019 年第 64 号

64 号公告对永续债的税务管理强调一个原则和四项重点制度。一个原则即对等原则，发行企业和投资企业的税务处理必须对等。四项重点制度分别是：是股是债由发行企业掌握绝对主导权；发行企业可以选择与会计核算不一致的税务处理方式，毕竟会计准则和税收政策为了不同的目的而存在；发行企业有披露义务，披露应以单个永续债产品为单位，单个产品以债券代码相同为判断标准，一次审批、多次发行的，一般不认为是同一产品；永续债税务属性一旦确定不得变更。对于 64 号公告明确给出的税务处理指引，发行企业配合度很高，大多数在 64 号公告实施之前已经发行过永续债的企业都会发布补充公告，如图 2－1 所示。

债券代码：123269　　债券简称：15 国君 Y1

债券代码：123213　　债券简称：15 国君 Y2

国泰君安证券股份有限公司

关于永续债税务处理方法的公告

国泰君安证券股份有限公司（以下简称“公司”或“本公司”）于 2015 年 1 月 22 日和 2015 年 4 月 3 日分别发行完成了国泰君安证券股份有限公司永续次级债券（债券代码：123269 债券简称：15 国君 Y1）和国泰君安证券股份有限公司 2015 年第二期永续次级债券（债券代码：123213 债券简称：15 国君 Y2）（以下简称“本次债券”）。

2019 年 1 月 1 日起施行的《关于永续债企业所得税政策问题的公告》（财政部 税务总局公告 2019 年第 64 号，以下简称“64 号公告”）第二条规定，“企业发行符合规定条件的永续债，也可以按照债券利息适用企业所得税政策，即：发行方支付的永续债利息支出准予在其企业所得税税前扣除；投资方取得的永续债利息收入应当依法纳税”。

根据上述规定，现将本次债券适用的税务处理方法公告如下：

自“64 号公告”施行之日起，本次债券按照债券利息适用企业所得税政策，即：本公司支付的永续债利息在企业所得税税前扣除；投资者取得的永续债利息收入应当依法纳税。本次债券利息税前扣除的具体处理，以财税部门的相关认定为准。

特此公告。

国泰君安证券股份有限公司

2019 年 12 月 3 日

图 2－1　发行过永续债的企业的补充公告图示

需要注意的是，64 号公告对适用政策的永续债范围作出了明确界定，这是个重要的定性指标，即必须是经制定部门核准或备案，依照法定程序发行，附赎回（续期）选择权或无明确到期日的债券。如果不能满足以上全部要求，即使是永续债性质也不能适用 64 号公告，但是可以参考北京市税务局发布的处理口径处理，即由会计处理决定税务处理。该口径并非通过正式文件下发，且仅是北京市的理解，其他省市是否认可还需要与当地主管税务机关沟通。

问：企业自行向关联企业发行未约定固定偿还期限的永续债，对于投资方取得的永续债利息收入能否按照 64 号公告的规定执行？

答：64 号公告的适用范围仅限于其第六条所规定的部门或协会所发行的永续债，不包括企业自行发行的永续债，因此企业自行发行的永续债不得适用 64 号公告。按照 57 号公告的规定，纳税人在计算企业所得税应纳税所得额及应纳所得税时，税收规定不明确的，在没有明确规定之前，暂按国家统一会计制度计算。对于投资方取得的永续债利息收入，要视发行方的会计处理而进行相应的税务处理。对于发行方将永续债按金融工具核算的，投资方取得的永续债利息收入计入当期纳税所得计征企业所得税；对于发行方将永续债确认为其他权益工具，并且其分配的利息小于累计留存收益的，投资方取得的永续债利息收入属于股息、红利性质，可以适用企业所得税法规定的居民企业之间的股息、红利等权益性投资收益免征企业所得税规定。

——《企业所得税实务操作政策指引（一）》（国家税务总局北京市税务局）

五、确认处置所得或损失

企业在持有一项投资资产一定时期之后，终会将其处置。处置的形式包括但不限于卖出、赎回、撤资、置换、捐赠、折旧提取完毕等。处置是投资资产会税处理的最末环节，曾经调整的所有会税差异都必须在此环节“找平”（不包括享受税收优惠），之前累计调增的金额要等额调减，反之亦然。如果加上处置环节的调整金额投资资产累计调增、调减金额不一致，说明一定是某个环节处理出了差错，应当检查修改。此原则不仅适用于投资资产，也适用于所有资产。不过，投资资产不似固定资产可以折旧、无形资产可以摊销，无论持有期多长，无论投资收益是否平均分布于持有期，在一般情况下，其计税基础都不允许有任何调整，只能在最后处置时作为成本扣除。

第六条　企业以货币形式和非货币形式从各种来源取得的收入，为收入总额。包括：

（三）转让财产收入；

第十四条　企业对外投资期间，投资资产的成本在计算应纳税所得额时不得扣除。

——《企业所得法》

第十六条　企业所得税法第六条第（三）项所称转让财产收入，是指企业转让固定资产、生物资产、无形资产、股权、债权等财产取得的收入。

第七十一条　企业所得税法第十四条所称投资资产，是指企业对外进行权益性投资和债权性投资形成的资产。

企业在转让或者处置投资资产时，投资资产的成本，准予扣除。

投资资产按照以下方法确定成本：

（一）通过支付现金方式取得的投资资产，以购买价款为成本；

（二）通过支付现金以外的方式取得的投资资产，以该资产的公允价值和支付的相关税费为成本。

——《企业所得税法实施条例》

【案例 2－10】2017 年，ABC 公司支付对价 403 万元取得 M 公司 30% 股权，无会税差异。2019 年 6 月，因战略方向调整，ABC 公司又以 400 万元的价格将所持有的 M 公司股权全部转让给 DEF 公司。双方签署协议约定，DEF 公司可分两笔支付转让款，第一笔 100 万元于 9 月月底前支付，第二笔 300 万元于 2020 年 1 月月底前支付；如果 DEF 超期，ABC 公司有权按同期银行贷款利息收取利息。最终，DEF 公司于 2020 年 3 月支付第二笔款项以及利息 8 万元。ABC 公司取得多少股权转让收入？

案例分析：ABC 公司取得股权转让收入 408 万元。在本案例中，ABC 公司确认 408 万元的股权转让收入或确认 400 万元股权转让收入外加 8 万元利息收入，结果似乎都是一样的。

从会计利润角度看没有区别，但在企业所得税下就不一样了：如果股权转让收入为 408 万元，股权计税基础为 403 万元，处置股权产生 5 万元所得；如果股权转让收入为 400 万元，处置股权产生 3 万元损失。股权转让损失属于企业资产损失，根据《国家税务总局关于发布〈企业资产损失所得税税前扣除管理办法〉的公告》（国家税务总局公告 2011 年第 25 号）的要求，需要填写表 A105090 申报，如果 ABC 公司在处理时一时大意忘记申报，按照政策要求就不允许税前扣除。

在实务中，类似这样因不能满足税务机关管理要求而产生税款的情况比比皆是，看似一样的会计核算结果，在企业所得税下结合征管要求就会有不一样的结果。

另外，倘若 ABC 公司是集团母公司或是专门从事股权投资业务的公司，其股权转让收入还能作为业务招待费扣除限额的计算基数，400 万元的计算基数与 408 万元的计算基数就会产生不同的应纳税所得额。

第二节　投资资产的会税差异分析及报表填报

投资资产是企业的重要资产，本节将以金融资产与长期股权投资会计准则发布的标准会计处理为参照来分析会税差异。税收政策因已在第一节中详细介绍过，本节仅重点说明特殊事项和易混易错事项，不再赘述其他。本节主要讲述的投资资产类型有以下四类：

第一，以摊余成本计量的金融资产，比如，应收账款、贷款和债权投资等，本类资产以收取合同现金流量为目标；

第二，以公允价值计量且其变动计入当期损益的金融资产；

第三，以公允价值计量且其变动计入其他综合收益的金融资产，比如，其他债权投资、长期持有但是达不到重大影响（指定为）其他权益工具投资等；

第四，采用权益法核算的长期股权投资。

在分析案例的过程中，笔者不仅会关注投资收益的会税差异，还会特别强调投资资产的入账价值和计税基础的调整变化及理论依据，使读者不仅知其然，更知其所以然。

一、表 A105030 的适用范围

任何报表在填报之前都应先明确其适用范围。

本表适用于发生投资收益纳税调整项目的纳税人及从事股权投资业务的纳税人填报……发生持有期间投资收益，并按税收规定为减免税收入的（如国债利息收入等），本表不作调整。处置投资项目按税收规定确认为损失的，本表不作调整，在“资产损失税前扣除及纳税调整明细表”（A105090）进行纳税调整。处置投资项目符合企业重组且适用特殊性税务处理规定的，本表不作调整，在“企业重组及递延纳税事项纳税调整明细表”（A105100）进行纳税调整。

——表 A105030 填报说明

适用于发生投资收益纳税调整项目的纳税人及从事股权投资业务的企业填报。填报表 A105030 的情况有两类：第一类是有投资收益且投资收益会税核算有差异的，无差异则不需填报，这里所说的投资收益主要是指企业对外进行权益性投资和债权性投资取得的收益（或损失）；第二类是对外有股权投资的，无论是否有会税差异都需要填报，与第一类权益性投资的区别是本类股权会计上要按照“长期股权投资”科目核算。

发生持有期间投资收益，并按税收规定为减免税收入的，表 A105030 不作调整。根据“企业所得税年度纳税申报表”的设计逻辑，所有税收优惠引发的调整都在 A1070××系列表中填报。投资资产涉及的税收优惠主要是国债利息收入和股息红利所得。免税实务中，国债利息收入核算很少存在会税差异，但是股息红利所得核算则不然。所以填表时，必须首先明确申报表功能和适用范围，然后按照“先调整再享受”的逻辑选用相应功能的申报表分步骤填报。

处置投资项目按税收规定确认为损失的，表 A105030 不作调整，在“资产损失税前扣除及纳税调整明细表”（A105090）进行纳税调整。此填报范围体现在报表中为表 A105030 第 9 列“税收计算的处置所得”仅有“所得”。如何判断“按税收规定确认为损失”？标准只有一个——投资资产的处置金额小于计税基础。那么，为什么表 A105030 第 8 列“会计确认的处置所得或损失”包括“所得”和“亏损”？因为投资资产在处置阶段的账面价值与计税

基础不一定相等，即使企业所得税下处置阶段有所得，会计上也有可能出现亏损，这也是需要格外关注计税基础变化的原因。综上所述，当获取的处置金额大于计税基础并有会税差异时，会税差异通过 A105030 调整；当小于计税基础时，无论是否有会税差异，均需要填报表 A105090。前述处置金额仅指针对投资资产本身的回收价款，不能包括利息、股息等投资收益。处置的形式包括但不限于卖出、赎回、撤资、置换等。

处置投资项目符合企业重组且适用特殊性税务处理规定的，表 A105030 不作调整，在“企业重组及递延纳税事项纳税调整明细表”（A105100）进行纳税调整。符合特殊性税务处理规定的企业重组并不是真正意义上的商业交易行为，更多是资源配置调整与业务项目整合。因此，重组过程中涉及的资产所有权变化也不能算是真正的处置。但如果重组事项中包含有投资资产本身的会税差异，还是要通过表 A105030 调整。

二、交易性金融资产

【案例 2 - 11】 ABC 公司 2017 年 1 月 1 日从 A 股市场购入 DEF 企业股票 10 万股，会计分类作为交易性金融资产。每股成交价格 11 元，其中 1 元是已宣告但尚未分派的现金股利。同时，支付相关交易费用 10 万元。上述款项均已支付。2017 年 12 月 31 日，ABC 公司从 DEF 公司购入的 10 万股股票的公允价值为 150 万元。2018 年 4 月 18 日，ABC 公司将 DEF 公司的 10 万股股票以 184 万元的价格出售，销货款通过银行存款收讫。（单位：万元）

案例分析：本案例从 ABC 公司的会计处理出发，分析会税差异和申报表填报注意事项。

1. 2017 年 1 月 1 日购买时（投资阶段）：

借：交易性金融资产——成本	100	
投资收益（交易费用）	10	
应收股利（应收利息）	10	
贷：银行存款（支付的总价款）		120

该股票的入账价值为 100 万元，计税基础为 110 万元，差异分析详见案例 2 - 3。报表填报如表 2 - 1 所示。

表 2-1　　A105000　　纳税调整项目明细表　　单位：万元

行次	项　目	账载金额	税收金额	调增金额	调减金额
		1	2	3	4
1	一、收入类调整项目（2+3+…8+10+11）	*	*		
6	（五）交易性金融资产初始投资调整	*	*	10	*

2. 收到已宣告未发放的股利（持有阶段）：

借：银行存款　　10

　　贷：应收股利　　10

3. 2017 年 12 月 31 日重新评估（持有阶段）：

借：交易性金融资产——公允价值变动　　50

　　贷：公允价值变动损益　　50

2017 年年底会计增加了 50 万元的股票账面价值和投资收益；企业所得税项下股票的计税基础没有改变，仍为历史成本，也不认可任何收益。报表填报如表 2-2 所示。

表 2-2　　A105000　　纳税调整项目明细表　　单位：万元

行次	项　目	账载金额	税收金额	调增金额	调减金额
		1	2	3	4
1	一、收入类调整项目（2+3+…8+10+11）	*	*		
7	（六）公允价值变动净损益	*	*		50

4. 宣告发放股利红利：

2018 年 3 月 30 日，B 居民企业宣告发放现金股利 2 万元；

借：应收股利　　2

　　贷：投资收益　　2

此环节无会税差异。

5. 2018 年 4 月 18 日出售时（处置阶段）：

借：银行存款　　184

　　贷：交易性金融资产——成本　　100

　　　　交易性金融资产——公允价值变动　　50

　　　　投资收益　　34

出售时，股票的账面价值等于 2017 年资产负债表日调整后的价值，即 150 万元；股票的计税基础始终不变，仍然为 110 万元。会税均认可 184 万元的转让收入，因为企业所得税下该股票成本低于会计核算成本，必然导致企业所得税比会计多确认 40 万元的所得。填报表 A105030 如表 2－3 所示。

表 2－3　　A105030　　投资收益纳税调整明细表　　单位：万元

行次	项　目	处置收益							纳税调整金额
		会计确认的处置收入	税收计算的处置收入	处置投资的账面价值	处置投资的计税基础	会计确认的处置所得或损失	税收计算的处置所得	纳税调整金额	
		4	5	6	7	8 （4－6）	9 （5－7）	10 （9－8）	11 （3＋10）
1	一、交易性金融资产	184	184	150	110	34	74	40	40

本案例填报时需要注意以下事项：

第一，本案例共有三次调整，第一次纳税调增 10 万元，第二次纳税调减 50 万元，最后一次处置时纳税调增 40 万元。累计调增调减金额一致。

第二，2018 年 3 月 DEF 公司宣布分派股息红利，此时 ABC 公司持有期超过 12 个月，符合股息红利所得优惠条件，应通过表 A10711 申报享受。

第三，计算累计纳税调减金额时不包括因享受优惠而调减的金额，因为该调整不是由会税核算差异造成的。

第四，企业所得税只认可历史成本为计税基础，不认可会计公允价值变动，当会计变动公允价值时税法需反向调回。调整时，公允价值变动不属于持有期收益不能在表 A105030 中调整，而需要通过表 A105000 调整。

三、以摊余成本计量的金融资产

【案例 2－12】 2019 年年初，ABC 公司投资一项债券，剩余年限 5 年，ABC 公司计划长期持有并将其划分为债权投资。该债券票面面值为 100 万元，买价 90 万元，另付交易费用 5 万元，票面利率为 4%，实际利率为 5.16%，

每年年末付息，到期还本。（单位：万元）

案例分析：本案例从 ABC 公司的会计处理出发，分析会税差异和申报表填报注意事项。

1. 2019 年初购买时（投资阶段）：

借：债权投资——成本　　100

　　贷：银行存款　　95

　　　　债权投资——利息调整　　5

购入环节 ABC 公司会计处理将支付的交易费用计入资产账面价值，与企业所得税处理一致，无会税差异。ABC 公司按摊余成本计量确认每年投资收益金额如表 2－4 所示：

表 2－4　　摊余成本及利息收益计算表

年份	①年初摊余成本	②利息收益 = ① × r	③现金流入	④年末摊余成本 = ① + ② − ③
2019	95	4.9	4	95.9
2020	95.9	4.95	4	96.85
2021	96.85	5	4	97.85
2022	97.85	5.05	4	98.9
2023	98.9	5.1	104	0

2. 每年付息日确认投资收益时（持有阶段）：

借：应收利息　　③

　　贷：投资收益　　②

　　　　债权投资——利息调整　　③－②

3. 每年收到利息时：

借：银行存款　　4

　　贷：应收利息　　4

会计核算时，以摊余成本计量的金融资产同时采用两种利率核算方法：一种是票面利率法，即用票面利率乘以票面金额计算得出票面利息，计入应收利息；另一种是实际利率法，即用实际利率乘以实际支付金额计算得出实际利息，计入投资收益。企业所得税认可哪种利率核算方法呢？如果能够认可实际利率法，就不存在会税差异；否则，每年都需要调整。

根据账务处理，会计可以采用实际利率法的基础是该债券每年的账面价值都要变化，变化的金额为票面利息与实际利息的差额。但企业所得税下资产计税基础一旦确定不允许调整，与实际利率法原理相悖，而更符合票面利率法。不过，有时候企业所得税也会坚持原则但兼顾效率。

《释义及适用指南》在讲解《实施条例》第十八条时表明：企业利息收入金额，应当按照有关借款合同或协议约定的金额确定。对于企业持有到期的长期债券或发放长期贷款取得的利息收入，可按照实际利率法确认收入的实现。关于持有至到期投资（主要是债权性投资）、贷款等的利息收入或某些金融负债的利息费用的确认，新会计准则规定采用实际利率法进行计算确定。实际利率法，是指将金融资产或金融负债在预期存续期间或适用的更短期间内的未来现金流量，折现为该金融资产或金融负债当前账面价值，从而得出该金融资产或金融负债的实际利率（折现率），并按实际利率计算各期利息收入或利息费用的方法。考虑到实际利率法的处理结果与现行税法规定的名义利率法（合同利率法）差异较小，且能够反映有关资产的真实报酬率。由此可见，税法是认同企业采用实际利率法来确认利息收入金额的。

ABC 公司持有的该项债券投资采用实际利率法核算，因为企业所得税也认可实际利率法，持有阶段利息收入金额不存在会税差异，不需要调整。

随着购买债券到期，“债权投资——利息调整”科目被逐年冲减以至完毕（参见会计分录），每被冲减一次，债权的账面价值就变化一次，计税基础也变化一次，等第五笔“债权投资——利息调整”科目调整后，ABC 公司债券的账面价值和计税基础均为 100 万元。

4. 2023 年年底到期赎回时（处置阶段）：

借：银行存款　　　　100

　　贷：债权投资——成本　　　　100

到期赎回时，会计核算用实际收取的现金 100 万元将“债权投资——成本”全部冲回。因此时的计税基础也为 100 万元，所以企业所得税下不需要确认所得或者损失。

综上所述，以摊余成本计量的金融资产在整个投资、持有、处置的过程中均无会税差异。再次强调，无差异的前提是企业所得税认可实际利率法并允许计税基础随着账面价值调整。

倘若在实务中遇到税务机关不认可实际利率法、只认可票面利率法的情况，应如何处理呢？首先，企业所得税不允许调整计税基础。其次，认可的利息收入为“现金流入”4万元。“利息收益”高，应调减；“利息收益”低，应调增。结合本案例，ABC公司债券的计税基础始终为95万元，利息收入每年都需要通过表A105030调减，5年累计调减5万元；最后，债券赎回时，ABC公司实际收入金额为100万元，因计税基础为95万元，所以应确认5万元的投资收益；再因为会计在赎回环节没有产生投资收益，所以需要通过表A105030调增5万元。整个债券共发生6次调整，前5次合计调减5万元，第6次一笔调增5万元，累计调整金额一致。

四、其他债券投资

【案例2-13】2020年年初，ABC公司购买了一项债券，剩余年限5年，公允价值为90万元，交易费用为5万元，根据其管理该债券的业务模式和该债券的合同现金流量特征，将该债券分类为以公允价值计量且其变动计入其他综合收益的金融资产。该债券面值为100万元，票面利率为4%，实际利率（内含利率）为5.16%，每年年末付息，到期还本。该债券2020年年末的公允价值为90万元，2021年年末的公允价值为97万元，2022年年初，售出此金融资产，售价为110万元，假定无交易费用。（单位：万元）

案例分析：本案例从ABC公司的会计处理出发，分析会税差异和申报表填报注意事项。本案例相当于前两个案例处理方式的叠加，难度较高。假设企业所得税认可实际利率法。

1. 2020年初购入该债券时：

借：其他债权投资——成本　　100

　　贷：银行存款　　95

　　　　其他债权投资——利息调整　　5

购入环节会计将支付的交易费用计入投资资产成本，与企业所得税处理一致，无会税差异。ABC公司按摊余成本计量确认2020年投资收益金额如表2-5所示：

表 2-5　　　　　　　　**摊余成本及利息收益计算表**

年份	①年初摊余成本	②利息收益 = ①×r	③现金流入	④年末摊余成本 = ①+②-③	⑤本期公允价值变动额 = ⑥-上年的⑥	⑥期末累计公允价值变动额 = ⑦-④	⑦年末公允价值
2020	95	4.9	4	95.9	-5.9	-5.9	90

2. 2020 年末计提利息收益时；

借：应收利息　　4

　　其他债权投资——利息调整　　0.9

　　贷：投资收益　　4.9

3. 收到利息时：

借：银行存款　　4

　　贷：应收利息　　4

企业所得税认可实际利率法，会税无差异，即企业所得税法按照 4.9 万元确认投资收益，且入账价值与计税基础均发生改变，均为 95.9 万元。

4. 2020 年末公允价值变动时（持有阶段）：

借：其他综合收益　　5.9

　　贷：其他债权投资——公允价值变动　　5.9

在 2020 年资产负债表日，ABC 公司将债券的账面价值减为 90 万元。企业所得税法不认可公允价值变动，所以该债券的计税基础仍为 95.9 万元。又因为该笔分录不影响损益，所以暂不需要纳税调整，等资产处置阶段公允价值变动净额结转至“投资收益”科目时再做调整。

5. 2021 年年末计提利息收益时（持有阶段）：

ABC 公司继续按摊余成本计量确认 2021 年投资收益金额如表 2-6 所示：

表 2-6　　　　　　　　**摊余成本及利息收益计算表**

年份	①年初摊余成本	②利息收益 = ①×r	③现金流入	④年末摊余成本 = ①+②-③	⑤本期公允价值变动额 = ⑥-上年的⑥	⑥期末累计公允价值变动额 = ⑦-④	⑦年末公允价值
2020	95	4.9	4	95.9	-5.9	-5.9	90
2021	95.9	4.95	4	96.85	6.05	0.15	97

借：应收利息　　4

　其他债权投资——利息调整　　0.95

　贷：投资收益　　4.95

6. 收到利息时：

借：银行存款　　4

　贷：应收利息　　4

企业所得税认可实际利率法，企业所得税法也按照4.95万元确认投资收益，无须调整。此时，该债券的账面价值增加0.95万元，为90.95万元；计税基础增加0.95万元，为96.85万元。两者增加金额相等但总额不等的原因是会计在2020年年底时将账面价值在年末摊余成本的基础上调整至公允价值，企业所得税因不认可公允价值的变化，仍然保持计税基础等于年末摊余成本。

7. 2021年年末公允价值变动时（持有阶段）：

借：其他债权投资——公允价值变动　　6.05

　贷：其他综合收益　　6.05

在2021年资产负债表日，ABC公司将债券的账面价值增至97万元。企业所得税法不认可公允价值变动，所以该债券的计税基础仍为96.85万元。又因为该笔分录不影响损益，所以不需要纳税调整。

8. 2022年初出售金融资产时（处置阶段）：

借：银行存款　　110

　其他债权投资——利息调整（5 - 0.9 - 0.95）　　3.15

　贷：其他债权投资——成本　　100

　　——公允价值变动（6.05 - 5.9）　　0.15

　　投资收益　　13

出售债券时，该债券的账面价值为97万元，计税基础为96.85万元，在收入一致的情况下，计税基础低于账面价值0.15万元，必然会比会计多确认0.15万元的投资收益，因此需要调增纳税0.15万元，报表填写如表2-7所示。

表 2－7　　　A105030　　投资收益纳税调整明细表　　　单位：万元

行次	项　目	处置收益							纳税调整金额
		会计确认的处置收入	税收计算的处置收入	处置投资的账面价值	处置投资的计税基础	会计确认的处置所得或损失	税收计算的处置所得	纳税调整金额	
		4	5	6	7	8 (4－6)	9 (5－7)	10 (9－8)	11 (3＋10)
6	九、其他	110	110	97	96.85	13	13.15	0.15	

9. 将持有期间的暂时公允价值变动转入投资收益（处置阶段）：

借：其他综合收益　　　　0.15

　　贷：投资收益　　　　0.15

企业所得税法因不认可投资资产公允价值变动，所以需要反向调增，即调减纳税 0.15 万元，报表填写如表 2－8 所示。

表 2－8　　　A105000　　纳税调整项目明细表　　　单位：万元

行次	项　目	账载金额	税收金额	调增金额	调减金额
		1	2	3	4
1	一、收入类调整项目（2＋3＋…8＋10＋11）	*	*		
7	（六）公允价值变动净损益	*	*	*	0.15

本案例填报时，需要注意以下事项：

第一，本案例与案例 2－12 相同，其他债券投资持有阶段无会税差异必须以企业所得税认可实际利率法为前提；否则就会产生差异。

第二，本案例一共有两次调整，均在处置阶段。第一次因会税计算金额有差异，须纳税调增 0.15 万元；第二次因企业所得税不认可会计的操作，须纳税调减 0.15 万元。累计调增、调减金额相等。

第三，如果投资资产在持有阶段发生减值，会计准则要求企业计提减值准备并按照减值后的金额作为新的期初摊余成本计算投资收益。但不管会计如何复杂操作，企业所得税一律不认可，依然按照原有的计算方法确认投资收益。凡是影响损益的，一律反向调回即可。等到处置阶段，必须将之前的调增全部找回，使累计调增、调减金额相等。

五、其他权益工具投资

【案例 2－14】 ABC 公司于 2019 年 5 月支付价款 1 016 万元（含交易费用 1 万元和已宣告未发放现金股利 15 万元）购入 DEF 公司发行的股票 200 万股，占乙公司有表决权股份的 0.5%。ABC 公司将其指定为以公允价值计量且其变动计入其他综合收益的非交易性权益工具投资。随后，ABC 公司收到 DEF 公司发放的现金股利 15 万元。2019 年 6 月 30 日，该股票市价为每股 5.2 元。2019 年 12 月 31 日，甲公司仍持有该股票，当日该股票市价为每股 5 元。2020 年 5 月 9 日，DEF 公司宣告发放股利 4 000 万元。2020 年 5 月 13 日，ABC 公司收到 DEF 公司发放的现金股利。5 月底，DEF 公司突爆利好，股票价值暴增。2020 年 6 月 20 日，ABC 公司以每股 5.5 元的价格将股票全部转让。（单位：万元）

1. 2019 年 5 月 6 日，购入股票（投资阶段）：

借：应收股利	15	
其他权益工具投资	1 001	
贷：银行存款		1 016

在购入环节，股票入账价值与计税基础确认金额一致，均为 1 001 万元。

2. 2019 年 5 月 10 日，收到现金股利：

借：银行存款	15	
贷：应收股利		15

3. 2019 年 6 月 30 日，确认股票价格变动：

借：其他权益工具投资	39	
贷：其他综合收益		39

4. 2019 年 12 月 31 日，确认股票价格变动：

借：其他综合收益	40	
贷：其他权益工具投资		40

此时，股票账面价值为 1 000 万元，计税基础仍为 1 001 万元。虽然企业所得税不认可公允价值变动，但因为会计处理不影响损益，所以不需要纳税调整。

5. 2020 年 5 月 9 日，确认应收现金股利：

借：应收股利	20	

贷：投资收益　20

无会税差异，如果符合股息红利优惠条件，在表 A107011 中填报，无须在表 A105030 中体现。

6. 2020 年 5 月 13 日，收到现金股利：

借：银行存款　20

贷：应收股利　20

7. 2020 年 6 月 20 日，出售股票（处置阶段）：

借：银行存款　1 100

贷：其他权益工具投资　1 000

其他综合收益——其他权益工具投资公允价值变动　1

盈余公积——法定盈余公积　9.9

利润分配——未分配利润　89.1

本案例填报时，需要注意以下事项：

第一，在股票出售时，会计核算认可 99 万元的投资收益，但该收益不进损益科目而直接全额计入所有者权益科目。

第二，股票转让所得属于企业所得税法项下明确的收入，应计入应纳税所得额。因为 99 万元的收入没有进入利润表，所以必须再额外调整。调整时，应先确定调整方向与调整金额，然后确定企业所得税项下数据，最后倒挤出会计数据。

第三，股票转让收入属于投资收益，应在表 A105030 中调整。为了通过表 A105030 达到调整 99 万元的目的，第 10 列“纳税调整金额”必须为 99 万元；因为第 5 列“税收计算的处置收入”和第 7 列“处置投资的计税基础”金额都是确定的且差额为 99 万元，所以倒推第 8 列“会计确认的处置所得或损失”必须为 0；因为第 8 列等于第 4 列“会计确认的处置收入”减第 6 列“处置投资的账面价值”的差，所以第 4 列要等于第 6 列，可以两列都为 0，也可以两列都为 1 100 万元，报表填写如表 2 - 9 所示。

第四，当股票转让收入小于股票计税基础时应该在表 A105090 中申报调整，调整方式同本案例相似，先确定调整方向、调整金额和企业所得税金额，然后倒推会计数据。

表 2-9　　A105030　　投资收益纳税调整明细表　　单位：万元

行次	项　目	处置收益							
		会计确认的处置收入	税收计算的处置收入	处置投资的账面价值	处置投资的计税基础	会计确认的处置所得或损失	税收计算的处置所得	纳税调整金额	纳税调整金额
		4	5	6	7	8 (4-6)	9 (5-7)	10 (9-8)	11 (3+10)
9	九、其他	0	1 100	0	1 001	0	99	99	

六、长期股权投资（权益法）

【案例 2-15】 ABC 公司于 2016 年 1 月取得 DEF 公司 30% 的股权，支付价款 6 000 万元。取得投资时，DEF 公司净资产账面价值为 15 000 万元（假设账面价值与公允价值相同），采用权益法核算。（单位：万元）

案例分析： 本案例从 ABC 公司的会计处理出发，分析企业所得税处理。

购入时（投资阶段）：

借：长期股权投资——成本　　6 000

　　贷：银行存款　　6 000

当 ABC 公司享受的所有者权益小于实际支付对价时，会计与企业所得税均以实际支付金额为入账价值和计税基础。但是，如果享受的所有者权益大于实际支付对价时就会产生会税差异。

【案例 2-16】（续案例 2-15）ABC 公司 2016 年 1 月取得 DEF 公司 30% 的股权，支付价款 6 000 万元。如果取得投资时 DEF 企业净资产账面价值为 24 000 万元（假设账面价值与公允价值相同），采用权益法核算。（单位：万元）

案例分析： 本案例从 ABC 公司的会计处理出发，分析会税差异和申报表填报注意事项。

1. 购入时（投资阶段）：

借：长期股权投资——成本　　7 200

　　贷：银行存款　　6 000

　　　　营业外收入　　1 200

填报表 A105000 如表 2－10 所示。

表 2－10　　A105000　纳税调整项目明细表　　单位：万元

行次	项　目	账载金额	税收金额	调增金额	调减金额
		1	2	3	4
1	一、收入类调整项目（2＋3＋…8＋10＋11）	*	*		
5	（四）按权益法核算长期股权投资对初始投资成本调整确认收益	*	*	*	1 200

2. 年底资产负债表日：

2016 年 12 月 31 日，DEF 公司所有者权益总和为 30 000 万元，比投资时增加了 6 000 万元，ABC 公司的账务处理为：

借：长期股权投资——损益调整　　1 800

　　贷：投资收益　　1 800

填报表 A105030 如表 2－11 所示。

表 2－11　　A105030　投资收益纳税调整明细表　　单位：万元

行次	项　目	持有收益			纳税调整金额
		账载金额	税收金额	纳税调整金额	
		1	2	3（2－1）	11（3＋10）
6	六、长期股权投资	1 800	0	－1 800	－1 800

3. 决定分配股利时（持有阶段）：

2017 年 6 月 10 日，股东会宣告分派股息，ABC 公司可获得股息 750 万元，ABC 公司的账务处理为：

借：应收股利　　750

　　贷：长期股权投资——损益调整　　750

填报表 A105030 如表 2－12 所示。

表 2－12　　A105030　投资收益纳税调整明细表　　单位：万元

行次	项　目	持有收益			纳税调整金额
		账载金额	税收金额	纳税调整金额	
		1	2	3（2－1）	11（3＋10）
6	六、长期股权投资	0	750	750	750

4. 收到股利时：

借：银行存款　　750

　　贷：应收股利　　750

5. 长期股权投资转让时（处置阶段）：

2018 年 2 月 20 日，ABC 公司以 8 300 万元的价格转让所持有的 DEF 公司股权。ABC 公司的账务处理为：

借：银行存款　　8 300

　　贷：长期股权投资——成本　　7 200

　　　　长期股权投资——损益调整　　1 050

　　　　投资收益　　50

填报表 A105030 如表 2－13 所示。

表 2－13　　A105030　投资收益纳税调整明细表　　单位：万元

行次	项　目	处置收益							纳税调整金额
		会计确认的处置收入	税收计算的处置收入	处置投资的账面价值	处置投资的计税基础	会计确认的处置所得或损失	税收计算的处置所得	纳税调整金额	
		4	5	6	7	8 (4－6)	9 (5－7)	10 (9－8)	11 (3＋10)
6	六、长期股权投资	8 300	8 300	8 250	6 000	50	2 300	2 250	

本案例填报需要注意以下事项：

第一，本案例共有四次调整。第一次为初始投资时，调减 1 200 万元；第二次为年底资产负债表日，调减 1 800 万元；第三次为分派股息红利时，调增 750 万元；第四次为资产转让时，调整 2 250 万元。累计调增调减金额一致。

第二，2017 年 6 月，DEF 公司宣布分派股息红利，若该笔所得符合股息红利所得优惠条件，ABC 公司应在表 A107010 中填报，表 A105030 只调整会税差异，不考虑税收优惠的影响。

第三章

专项用途财政性资金纳税调整明细表（A105040）及相关内容讲解

本章主要介绍企业收到专项用途财政性资金的涉税政策、会税差异处理及申报表填报。专项用途财政性资金是企业所得税下的名称，会计核算时主要对应《企业会计准则第 16 号——政府补助》（以下简称“新 16 号准则”，区别于 2006 年实施的“旧 16 号准则”）。专项用途财政性资金并不天然地是不征税收入，必须要满足一定的条件，所以不征税收入的范围小于专项用途财政性资金。如果专项用途财政性资金符合不征税收入条件，会税差异通过“专项用途财政性资金纳税调整明细表”（A105040）调整；不符合不征税收入条件则通过“未按权责发生制确认收入纳税调整明细表”（A105020）调整。根据以上内容范围，本章主要分为三部分：第一节介绍财政性资金；第二节介绍不符合不征税收入条件的财政性资金的处理，表 A105020 的“三、政府补助递延收入”也在此介绍；第三节、第四节介绍不征税收入的判断以及会税差异的处理。

第一节 财政性资金与政府补助

同上一章的逻辑一样，首先应分别明确财政性资金与政府补助的定义。

《财政部 国家税务总局关于财政性资金、行政事业性收费、政府性基金有关企业所得税政策问题的通知》（财税〔2008〕151号）规定，财政性资金是指企业取得的来源于政府及其有关部门的财政补助、补贴、贷款贴息，以及其他各类财政专项资金，包括直接减免的增值税和即征即退、先征后退、先征后返的各种税收。

新16号准则规定，政府补助是指企业从政府无偿取得的货币性资产或非货币性资产。“取得”并不强调直接取得，对于企业收到的来源于其他方的补助，有确凿证据表明政府是补助的实际拨付者，其他方只起到代收代付作用的，该项补助也属于来源于政府的经济资源。“无偿”指的是不需要向政府交付商品或服务等对价。

无论是财政性资金还是政府补助，都强调企业从政府无对价取得，且两者的范围上大致相同。因此，为使文章表达简练，本章姑且认为财政性资金在范围上等同于政府补助，只是企业所得税口径为财政性资金，会计口径为政府补助。

一、政府补助分类及会计确认

第四条 政府补助分为与资产相关的政府补助和与收益相关的政府补助。

与资产相关的政府补助，是指企业取得的、用于购建或以其他方式形成长期资产的政府补助。

与收益相关的政府补助，是指除与资产相关的政府补助之外的政府补助。

第八条 与资产相关的政府补助，应当冲减相关资产的账面价值或确认为递延收益。与资产相关的政府补助确认为递延收益的，应当在相关资产使用寿命内按照合理、系统的方法分期计入损益。按照名义金额计量的政府补助，直接计入当期损益。相关资产在使用寿命结束前被出售、转让、报废或发生毁损的，应当将尚未分配的相关递延收益余额转入资产处置当期的损益。

第九条　与收益相关的政府补助，应当分情况按照以下规定进行会计处理：

（一）用于补偿企业以后期间的相关成本费用或损失的，确认为递延收益，并在确认相关成本费用或损失的期间，计入当期损益或冲减相关成本；

（二）用于补偿企业已发生的相关成本费用或损失的，直接计入当期损益或冲减相关成本。

——《企业会计准则第16号——政府补助》

无论是与资产相关还是与损益相关，新16号准则在对政府补助进行确认和计量时都增加了“冲减账面价值/相关成本”的处理方式，这种核算方式能更直观反映企业的实际负担。与旧16号准则原有的核算方法相比，二者的区别在于：如果直接将政府补助确认为递延收益或直接计入当期损益，则不会影响企业对相关资产或成本费用的计量金额，企业支出多少仍然确认多少，所以称为总额法；如果用新核算方式，则是以企业的全部支出与政府补助的差额为计量金额，所以称为差额法。

【案例3-1】ABC公司购买一台价值为100万元的生产设备。为鼓励企业发展，政府给予ABC公司20万元的政府奖励用于支付设备价款。该生产设备的入账价值是多少？

案例分析：ABC公司如果采用总额法核算，该设备入账价值为100万元，并同时确认20万元的递延收益；如果采用差额法核算，入账价值为80万元。与总额法相比，差额法会计核算更简便，能更直观体现企业实际承担的对价。

二、财政性资金分类及企业所得税确认

一、财政性资金

（一）企业取得的各类财政性资金，除属于国家投资和资金使用后要求归还本金的以外，均应计入企业当年收入总额。

——财税〔2008〕151号

一、企业从县级以上各级人民政府财政部门及其他部门取得的应计入收

入总额的财政性资金，凡同时符合以下条件的，可以作为不征税收入，在计算应纳税所得额时从收入总额中减除：……

——财税〔2011〕70号

根据政策规定，无论企业取得的是什么性质的财政性资金，必须首先计入企业所得税收入总额，经判断如果属于不征税收入，可以在计算应纳税所得额时从收入中减除。所以，在实务中税务机关只认可总额法，否则就违背了企业取得的各类财政性资金均应计入企业当年收入总额的大原则。

与总额法相比，差额法一般更有利于企业节税。关于企业所得税下的总额法与差额法之争最典型的是早些年房地产企业从政府拿地时还会取得一定金额的政府返还，各地税务机关基本都不允许企业用政府返还冲减土地取得成本，而必须按照财政性资金的要求在取得当年计入应纳税所得额。确认财政性资金收入，保持地价等于支付价格，就是总额法；冲减土地成本，地价等于企业支出与收回价格差，就是差额法。假设企业所得税适用总额法，会计适用差额法，虽然最终因取得财政性资金纳税调增的金额都会随着开发房产的销售逐步调减，并且更高的土地成本对计算土地增值税也有好处，但因为取得土地时企业基本还没有大额费用支出，纳税调增的收入基本全实打实缴税了，这对资金流如血液般宝贵的企业来说确实比较难受。尤其是2017年之前，无论是旧16号准则还是企业所得税都没有“差额计量”的规定，因此，企业的主张基本很难得到认可。

【案例3-2】 ABC公司于2019年2月拟新立项研发项目。为鼓励创新，政府实际出资50万元支持ABC公司开展研发。2019年年底，该项目仍然处于研发阶段，总计支出研发费用200万元。假设相关支出符合享受研发费用加计50%扣除的优惠政策条件，2019年度ABC公司能够加计扣除多少金额？

案例分析： ABC公司会计按照差额法核算，研发费用为150万元。企业所得税按照总额法核算，应首先在2019年度汇算时纳税调增50万元，研发费用按照200万元确认，加计扣除金额为100万元。此时，总额法更有优势，但是如果ABC公司愿意按照差额法进行税务处理也是可以的。

（二十一）财政性资金用于研发形成的研发费用应区别处理

企业取得的政府补助，会计处理时采用直接冲减研发费用方法且税务处理时未将其确认为应税收入的，应按冲减后的余额计算加计扣除金额。

近期，财政部修订了《企业会计准则第 16 号——政府补助》。与原准则相比，修订后的准则在总额法的基础上，新增了净额法，将政府补助作为相关成本费用扣减。按照企业所得税法的规定，企业取得的政府补助应确认为收入，计入收入总额。净额法产生了税会差异。企业在税收上将政府补助确认为应税收入，同时增加研发费用，加计扣除应以税前扣除的研发费用为基数。但企业未进行相应调整的，税前扣除的研发费用与会计的扣除金额相同，应以会计上冲减后的余额计算加计扣除金额。比如，某企业当年发生研发支出 200 万元，取得政府补助 50 万元，当年会计上的研发费用为 150 万元，未进行相应的纳税调整，则税前加计扣除金额为 150 ×50% =75 万元。

——《研发费用加计扣除政策执行指引 1.0》

《研发费用加计扣除政策执行指引 1.0》（以下简称《指引》）是由国家税务总局所得税司编写并于 2018 年年初下发的权威研发费用加计扣除优惠政策实操指南，可以作为税企双方税务处理的依据。

需要特别注意的是，《指引》中给出的案例是比较特殊的，仅指用于补偿企业已发生的相关成本费用或损失。因为在这种情况下取得的政府补助无论是计入收入还是冲减费用，会计与税法都要将 50 万元计入取得当年损益，即无论总额法还是差额法计算的应纳税所得额都是一样的且没有会税差异（不考虑研发费用加计扣除金额），符合财税〔2008〕151 号和财税〔2011〕70 号文件“各类财政性资金均应计入企业当年收入总额”的要求。但如果本案例是其他情况，比如 50 万元用于购买专利技术，那么总额法与净额法计算出的 2019 年度应纳税所得额就不一样。净额法没有将 50 万元并入应纳税所得额，不符合上述文件要求，所以不能被认可。

第二节　不符合不征税收入条件的财政性资金涉税分析及会税差异调整

在不符合不征税收入的前提下，企业取得的财政性资金如果与收益相关，会税差异主要通过表 A105020 纳税调整；如果与资产相关，会税差异会以固定资产、无形资产、存货等资产的入账价值不等于计税基础的形式或其他形式体现，调整时，要根据具体情况选择对应申报表。比如，某固定资产会计采用差额法而企业所得税采用全额法，因账面价值与计税基础不同产生折旧差异通过“资产折旧、摊销及纳税调整明细表”表 A105080 纳税调整。

一、与资产相关

【案例 3－3】 ACB 公司为扩大生产规模，决定于 2018 年年初加盖新厂房。因为符合政府规划发展方向，2018 年年底，ABC 公司收到政府补助 40 万元计入“递延收益”科目，不符合不征税收入条件。2019 年年底，ABC 公司厂房竣工并投入使用，“在建工程”科目账面价值 200 万元，用 40 万元递延收益冲减后结转至厂房账面价值 160 万元，折旧 20 年无残值。（单位：万元）

案例分析： ABC 公司取得的 40 万元在企业所得税下属于财政性资金，按照总额法核算；在会计口径下属于与资产相关的政府补助，按照净额法核算。

ABC 公司财务核算与税务申报如下：

1. 2018 年取得的政府补助：

借：银行存款　　40

　　贷：递延收益　　40

根据企业所得税规定，ABC 公司应在收到政府补助当年将其全额计入收入总额。因为该笔政府补助不符合不征税收入条件，因此需通过表 A105020 第三部分纳税调增（表 A105020 的其他内容将在第七章详细讲解），报表填写如表 3－1 所示。

表 3－1　　A105020　未按权责发生制确认收入纳税调整明细表（2018 年度）

单位：万元

行次	项　目	合同金额	账载金额		税收金额		纳税调整金额
			本年	累计	本年	累计	
		1	2	3	4	5	6（4－2）
9	三、政府补助递延收入						
11	（二）与资产相关的政府补助	40	0	0	40	40	40

2. 2019年年底，厂房竣工并投入使用：

借：固定资产　　160

　　递延收益　　40

　　贷：在建工程　　200

此时，该厂房的入账价值为160万元，计税基础为200万元。

3. 2020年新厂房开始折旧：

借：××费用/成本　　8

　　贷：累计折旧　　8

从2020年1月开始往后20年，ABC公司每年计提会计折旧8万元，企业所得税下计提折旧10万元，纳税调减2万元，20年累计纳税调减40万元，与2018年度纳税调增金额相同。资产相关的会税差异在资产处置阶段将完全调平，与第二章原理一致。固定资产折旧的会税差异不在表A105020中调整，在表A105080调整。

【案例3-4】（续案例3-3）在案例3-3的条件下，如果ABC公司选择按照全额法确认新厂房入账价值，是否还有会税差异？若有，应如何调整？

案例分析：即使ABC公司按照全额法核算也依然会有会税差异，只是差异不再以固定资产入账价值不等于计税基础的形式体现。

1. 2018年取得政府补助：

借：银行存款　　40

　　贷：递延收益　　40

该笔政府补助纳税调增申报表填报同案例3-3。

2. 2019年年底，厂房竣工并投入使用：

借：固定资产　　200

　　贷：在建工程　　200

此时，该厂房的入账价值与计税基础均为200万元。

3. 2020年新厂房开始折旧：

借：××费用/成本　　10

　　贷：累计折旧　　10

借：递延收益　　2

　　贷：其他收益　　2

填报表 A105020 如表 3－2 所示。

表 3－2　　A105020　　未按权责发生制确认收入纳税调整明细表（2020 年度及以后）

单位：万元

行次	项　　目	合同金额	账载金额		税收金额		纳税调整金额
			本年	累计	本年	累计	
		1	2	3	4	5	6（4－2）
9	三、政府补助递延收入						
11	（二）与资产相关的政府补助	40	2	2n	0	40	－2

2039 年年底，新厂房全部折旧提取完毕，20 年累计纳税调减 40 万元，调增、调减金额一致。

假设 2024 年 12 月月底，ABC 公司将厂房卖出，根据新 16 号准则，需要将尚未分配的递延收益余额转入资产处置当期损益。

4. 2024 年有关政府补助会计处理：

借：××费用/成本　　10

　　贷：累计折旧　　10

借：递延收益　　2

　　贷：其他收益　　2

借：递延收益　　30

　　贷：其他收益　　30

填报表 A105020 如表 3－3 所示。

表 3－3　　A105020　　未按权责发生制确认收入纳税调整明细表（2024 年度）

单位：万元

行次	项　　目	合同金额	账载金额		税收金额		纳税调整金额
			本年	累计	本年	累计	
		1	2	3	4	5	6（4－2）
9	三、政府补助递延收入						
11	（二）与资产相关的政府补助	40	32	40	0	40	－32

ABC 公司 2020—2023 年度每年因会计确认其他收益需纳税调减 2 万元，共调减 8 万元；2024 年度又因转让资产需将剩余递延收益一并确认收入需纳

税调减 32 万元，5 年累计调减 40 万元，调增、调减金额一致。

二、与损益相关

【案例 3－5】 ABC 公司于 2018 年 8 月拟新立项研发项目。为鼓励创新，政府实际出资 50 万元支持 ABC 公司开展研发。2018 年年底，该项目因某些原因迟迟未开展。2019 年 2 月，ABC 公司正式开始研发，直至 2019 年年底仍然处于研发阶段，总计支出研发费用 45 万元。ABC 公司用政府补助直接冲减 2019 年研发支出。

案例分析： ABC 公司取得的 50 万元在企业所得税下属于财政性资金，按照总额法核算；在会计口径下属于与收益相关的政府补助，按照净额法核算。

ABC 公司财务核算与税务申报如下：（单位：万元）

1. 2018 年取得政府补助：

借：银行存款　　50

　　贷：递延收益　　50

根据企业所得税规定，ABC 公司应在收到政府补助当年将其全额计入收入总额，填报表 A105020 如表 3－4 所示。

表 3－4　　A105020　　未按权责发生制确认收入纳税调整明细表（2018 年度）

单位：万元

行次	项　目	合同金额	账载金额		税收金额		纳税调整金额
			本年	累计	本年	累计	
		1	2	3	4	5	6（4－2）
9	三、政府补助递延收入						
11	（一）与收益相关的政府补助	50	0	0	50	50	50

2. 2019 年用政府补助冲减研发费用：

借：递延收益　　45

　　贷：管理费用——研发支出　　45

2019 年度，因为政府补助已经在 2018 年度被全额确认为企业所得税收入，所以，ABC 公司已无须再确认。对于会计确认的收益应反向调整。填报表 A105020 如表 3－5 所示。

表 3－5　　A105020　未按权责发生制确认收入纳税调整明细表（2019 年度）

单位：万元

行次	项　目	合同金额	账载金额		税收金额		纳税调整金额
			本年	累计	本年	累计	
		1	2	3	4	5	6（4－2）
9	三、政府补助递延收入						
11	（一）与收益相关的政府补助	50	45	45	0	50	－45

2019 年 ABC 公司并未将政府补助全部用完，2020 年 ABC 公司还可以再冲减 5 万元的研发费用，并在 2020 年度申报时纳税调减 5 万元。至此，ABC 公司取得的 50 万元政府补助被全部用完，且累计纳税调增、调减金额一致。

第三节　不征税收入涉税分析

企业取得的财政性资金在满足若干条件后可作为不征税收入从企业收入总额中减除。本节将重点分析不征税收入的定性判断与征收管理，不征税收入会税差异将在本章第四节中详述。

一、不征税收入的概念

第七条　收入总额中的下列收入为不征税收入：

（1）财政拨款；

（二）依法收取并纳入财政管理的行政事业性收费、政府性基金；

（三）国务院规定的其他不征税收入。

——《企业所得税法》

第二十六条　……

企业所得税法第七条第（三）项所称国务院规定的其他不征税收入，是指企业取得的，由国务院财政、税务主管部门规定专项用途并经国务院批准的财政性资金。

——《企业所得税法实施条例》

根据政策规定，企业所得税下的不征税收入共有三种，前两种适用对象是政府机关及事业单位，而企业取得的不征税收入只能是国务院规定的其他不征税收入。因此，要想成为其他不征税收入要满足三个条件：一是企业取得的；二是由国务院财政、税务主管部门规定专项用途并经国务院批准的；三是财政性资金。

企业取得的，指的是款项直接由拨款单位拨付企业，中间不能有其他未指明资金去向的环节；由国务院、税务主管部门规定专项用途，指的是在设定主体上，应当经国务院批准，由国务院财政、税务主管部门规定，在实践中通常是由国务院财政、税务主管部门制定，报国务院批准后执行，此外还要求必须指定用途并按照指定的用途使用；财政性资金，指不是政府投资款、借款，不是政府购买服务支付款。

【案例 3－6】 ABC 公司是一家软件研发与销售公司，为增值税一般纳税人。2018 年 6 月，ABC 公司收到税务机关退回的即征即退增值税税款 15 万元，并直接计入营业外收入，按照普通资金使用，未建立专账核算。2018 年度企业所得税年度申报时，ABC 公司按照不征税收入核算，在年度申报表中纳税调减。2019 年，税务机关核查后要求 ABC 公司将 15 万元即征即退款计入 2018 年应纳税所得额中并补缴税款及滞纳金。税务机关的主张是否正确？

案例分析： 税务机关的主张是正确的。软件生产企业即征即退增值税款作为不征税收入的规定如下：

一、关于鼓励软件产业和集成电路产业发展的优惠政策

（一）软件生产企业实行增值税即征即退政策所退还的税款，由企业用于研究开发软件产品和扩大再生产，不作为企业所得税应税收入，不予征收企业所得税。

——《财政部　国家税务总局关于企业所得税若干优惠政策的通知》

（财税〔2008〕1 号）

虽然 ABC 公司取得的退税款确实属于财政性资金，也被指定必须要用于

研究开发软件和扩大再生产，但ABC公司将退税款并入普通收入，无法清晰证明退税款准确用途，不满足不征税收入必须用于专项用途的要求。

但塞翁失马，焉知非福。软件企业用于研究开发软件和扩大再生产的支出很有可能符合研发费用加计50%或75%扣除的优惠条件。如果用不征税收入支付的研发费用，该研发费用就不是企业所得税下的费用，更不能享受研发费用加计扣除的税收优惠了。

一般情况下企业是以货币形式取得不征税收入，但也可以是非货币形式。

（二）县级以上人民政府将国有资产无偿划入企业，凡指定专门用途并按《财政部 国家税务总局关于专项用途财政性资金企业所得税处理问题的通知》（财税〔2011〕70号）规定进行管理的，企业可作为不征税收入进行企业所得税处理。其中，该项资产属于非货币性资产的，应按政府确定的接收价值计算不征税收入。

——国家税务总局公告2014年第29号

二、不征税收入与免税收入的差异分析

不征税收入和免税收入直观理解起来都是企业取得的收入可以不用缴纳企业所得税。两者涉及的税收原理有何区别，对应纳税所得额的影响又有何不同呢？

首先定性分析。企业所得税将企业收入分成两大类：征税收入与不征税收入。不征税收入种类比较单一，只有前面介绍过的符合要求的财政性资金；征税收入则复杂得多，又可分两类——应税收入与免税收入。应税收入还能够再往下做多种细分，比如可以按来源地分为境内收入与境外收入，也可以按项目分为销售货物收入与提供劳务收入等，还可以有其他区分维度；免税收入也能够按照不同优惠形式加以划分。由此可见，不征税收入和免税收入在收入分类中不在同一个维度上，免税收入属于征税收入，而不征税收入与征税收入是并列的。具体定量分析见案例3－7。

【案例3－7】 ABC公司2019年10月取得一笔100万元政府补助并全额计入“其他收益”科目（不考虑会计准则是否允许）。2019年12月，ABC公司用100万元购买了2台研发设备并投入使用，设备折旧年限为10年，计入

"研发费用——资本化支出"科目，无残值。假设100万元允许属于不征税收入或是免税收入，两种不同性质收入对应纳税所得额的影响是否相同？

案例分析：不相同。本案例假设100万元的政府补助既可以选择作为不征税收入，也可以选择作为免税收入。本案例会计处理主要用以配合说明不征收收入和免税收入的原理，因此，假设ABC公司2019年已经将100万元政府补助全额计入"其他收益"科目。2019年度两种收入影响情况如表3-6所示。

表3-6　　2019年度两种收入影响本年应纳所得额情况

收入性质	调整原因	调整金额	对应纳税所得额的影响
不征税收入	会税差异	调减100万元	一致
免税收入	税收优惠		

表3-6展示了2019年度100万元分别属于不征税收入与免税收入的调整情况。不征税收入需通过会税差异调减100万元；免税收入则需通过享受税收优惠减少100万元。从数据上看，2019年度两种收入对应纳税所得额影响一致。

三、企业的不征税收入用于支出所形成的费用，不得在计算应纳税所得额时扣除；企业的不征税收入用于支出所形成的资产，其计算的折旧、摊销不得在计算应纳税所得额时扣除。

——财税〔2008〕151号

表3-7展示了2020—2029年度十年折旧期100万元分别属于不征税收入与免税收入的调整情况。

表3-7　　2020—2029年度两种收入影响本年应纳所得额情况

收入性质	调整情况	对应纳税所得额的影响
不征税收入	调增10万元	不一致
免税收入	0	

不征税收入用于支出所形成的资产，其折旧不得扣除，所以ABC公司每年都要将折旧纳税调增10万元，十年将全部金额调回，之前取得时因纳税调减产生的差异为暂时性差异。如果ABC公司选择固定资产一次性扣除政策，

那么全部100万元都需要在2020年度纳税调增。

如果100万元属于免税收入的话，只需要在2019年度享受优惠时减少就可以了，以后无须调整。因为免税收入用于支出所形成的成本费用是可以税前扣除的。取得时纳税调减的金额，以后无须再纳税调增，实实在在少了100万元应纳税所得额。

所以，不征税收入不是企业所得税的税收优惠，而免税收入是。

三、不征税收入的征管要求与实务分析

在本节第一部分中曾经提到，企业取得的来源于政府部门的资金如果想作为不征税收入处理需要满足三个条件：一是企业取得的；二是由国务院财政、税务主管部门规定专项用途并经国务院批准的；三是财政性资金。在实务中，第一个条件基本是显而易见的，但是后两个条件在征管时该如何判断呢？现实中相对弱势的企业很难要求政府部门专门配合企业所得税的要求出具文书或提供文件，税企双方该从哪些方面把握判断标准才能最大限度地提升理解一致度？为方便征管、减少争议，根据企业所得税相关法律法规规定，经国务院批准，财政部与税务总局给出了判断不征税收入的三个条件。

一、企业从县级以上各级人民政府财政部门及其他部门取得的应计入收入总额的财政性资金，凡同时符合以下条件的，可以作为不征税收入，在计算应纳税所得额时从收入总额中减除：

（一）企业能够提供规定资金专项用途的资金拨付文件；

（二）财政部门或其他拨付资金的政府部门对该资金有专门的资金管理办法或具体管理要求；

（三）企业对该资金以及以该资金发生的支出单独进行核算。

——财税〔2008〕70号

从县级以上各级人民政府财政部门及其他部门取得。县级以上各级人民政府财政部门及其他部门是特别容易被忽略的大前提，指的是如果资金是从镇上、乡里取得的，即使后面条件再满足也不能入围，县是能够满足不征税收入条件的最低级别。我国行政区划名称的使用并不完全一致，除

了县之外，还有区，少数民族还有旗等。因此，除了名称还可以使用另一种判断标准，即给予资金的政府不低于正处级，其部门不低于正科级。“从……取得”，指的是直接取得，不一定是直接取得资金，但要由政府部门直接明确拨款对象。

企业能够提供规定资金专项用途的资金拨付文件。规定资金专项用途，指的是文件必须明确指出该笔拨款的具体用途，比如“专门用于研究开发新产品”“补贴居民供暖亏损”等，如果仅是说明作为奖励、补助等原因，则不能认为具有专项用途。资金拨付文件，指的是政府拨款文件直接对企业下发，如果涉及公司太多，也可以以附件的形式列明，再退一步还可以是确定的名单，比如属于“2019 年度高新技术企业”“获得 2020 年全省科技进步奖项企业”等。如果拨款文件仅表明是用于某行业企业或存在某种情况的企业，比如“供暖企业”“存在亏损的小额贷款公司”等，就不能清晰证明企业收到的拨款是从发文的政府取得的，税务机关在管理时认定难度增大，容易引发争议。

财政部门或其他拨付资金的政府部门对该资金有专门的资金管理办法或具体管理要求。除非是涉及重大事项的重大资金，财政部门一般不会专门对某项拨款制定资金管理办法。很多地方的财政部门很早就发布了有关企事业单位收到政府拨款的资金管理办法，该管理办法具有普适性，只要政府拨款文件中有类似“按照《××资金管理办法》管理”的表述就可以认为政府有专门的资金管理办法；如果没有类似表述，税务机关一般不予认可。

企业对该资金以及以该资金发生的支出单独进行核算。单独核算是所有要求中企业最有主导权的一项，建议专账核算，避免不必要的争议。

第四节　不征税收入的会计核算与会税差异调整

一、表 A105040 重点填报要求讲解

表 A105040 用于发生符合不征税收入条件的专项用途财政性资金纳税调

整项目的企业填报。该表有两个调整方向：对会计核算为收入的金额纳税调减，因为不征税收入应在计算应纳税所得税时减除；对费用化的金额纳税调增，因为不征税收入用于支出所形成的费用不得在计算应纳税所得额时扣除。对于不征税收入用于资本化支出，比如新增固定资产等产生的会税差异，通过表 A105080 或其他相关申报表纳税调整。

表 A105040 基本是按照不征税收入相关文件的要求设计的。表格展示了 60 个月内每一年企业对不征税收入的使用情况和申报当年的调整情况，但也有一处小的瑕疵。根据政策规定，企业收到的财政性资金要首先计入收入总额，如果经判断符合不征税收入，则可以再在计算应纳税所得额时扣除，即如果企业取得的不征税收入未在当期计入会计收入，则应先纳税调增然后再等额纳税调减。表 A105040 第 3 列“其中：符合不征税收入条件的财政性资金——金额”虽然可以展示取得的不征税收入全额，却并没有纳税调增功能，并且纵观整套年度申报表，也没有专门给出展示调整过程的位置，既然如此，就不再专门调整。

二、企业取得不征税收入会税差异分析及年度申报

【案例 3－8】 ABC 公司为软件开发企业，2018 年由于开发某车载电子软件收到政府补助 200 万元专门研究项目支出。2018 年 7 月收到款项，但研究项目正式启动是在 2019 年 2 月，并于 2019 年费用化支出 40 万元，资本化支出 160 万元。2020 年 1 月 1 日，研发全部完成，形成无形资产 180 万元，按 10 年提折旧，无残值。ABC 公司将 200 万元政府补助按照不征税收入进行企业所得税处理。

案例分析： 本案例根据会计处理分析会税差异并申报。（单位：万元）

1. 2018 年取得政府补助：

借：银行存款　　　　200

　　贷：递延收益　　　　200

ABC 公司 2018 年取得政府补助 200 万元，并将其作为不征税收入，因会计与企业所得税均不确认收入，所以无会税差异。如果严格按照政策则应该先全额纳税调增将政府补助计入收入总额后再全额纳税调减。

2. ABC 公司 2019 年研发支出情况如下：

借：研发支出——费用化支出　　　　40

　　贷：银行存款　　　　40

借：管理费用　　　　40

　　贷：研发支出——费用化支出　　　　40

借：递延收益　　　　40

　　贷：其他收益　　　　40

借：研发支出——资本化支出　　　　160

　　贷：银行存款　　　　160

填报表 A105040 如表 3－8 所示。

表 3－8　　A105040　专项用途财政性资金纳税调整明细表（2019 年度）

单位：万元

行次	项目	取得年度	财政性资金	其中：符合不征税收入条件的财政性资金		以前年度支出情况					本年支出情况	
				金额	其中：计入本年损益的金额	前五年度	前四年度	前三年度	前二年度	前一年度	支出金额	其中：费用化支出金额
		1	2	3	4	5	6	7	8	9	10	11
4	前二年度					*	*	*				
5	前一年度	2018	200	200	40	*	*	*	*	0	200	40
6	本年	2019				*	*	*	*	*		
7	合计	*				*	*	*	*	*		

3. 2020 年 1 月 1 日，研发全部完成，形成无形资产 180 万元，其中 160 万元属于不征税收入。2020—2029 年，无形资产每年摊销 18 万元，递延收益每年转入收入 16 万元。

借：研发费用　　　　18

　　贷：累计摊销　　　　18

借：递延收益　　　　16

　　贷：其他收益　　　　16

填报表 A105040、表 A105020 分别如表 3－9、表 3－10 所示。

表 3－9　　A105040　　专项用途财政性资金纳税调整明细表

（2020—2023 年度）

单位：万元

行次	项目	取得年度	财政性资金	其中：符合不征税收入条件的财政性资金		以前年度支出情况					本年支出情况	
				金额	其中：计入本年损益的金额	前五年度	前四年度	前三年度	前二年度	前一年度	支出金额	其中：费用化支出金额
		1	2	3	4	5	6	7	8	9	10	11
4	前五年度	2018	200	200	16	0	200	0	0	0	0	0
5	……	……										
6	本　　年	2023				*	*	*	*	*		
7	合计	*				*	*	*	*	*		

表 3－10　　A105020　　未按权责发生制确认收入纳税调整明细表

（2024 及以后年度）

单位：万元

行次	项　　目	合同金额	账载金额		税收金额		纳税调整金额
			本年	累计	本年	累计	
		1	2	3	4	5	6（4－2）
9	三、政府补助递延收入						
11	（一）与收益相关的政府补助	200	16	120	0	0	－16

本案例申报需要注意以下几点：

第一，ABC 公司 2019 年使用政府补助费用化支出 40 万元，会计确认 40 万元政府补助利得，两项分别在表 A105040 第 4 列与第 11 列调整，虽然纳税调增与调减金额一致，但绝对不能不做调整。

第二，无形资产账面价值 180 万元，因其中 160 万元使用的都是不征税收入，所以计税基础为 20 万元。无形资产入账价值和计税基础不同产生的摊销差异在表 A105080 中调整。

第三，填写表 A105040 时要以取得不征税收入的年度为基准计算属于前几年度，然后填入对应行次，每年都只需填写一行。比如本案例 ABC 公司于 2018 年取得不征税收入，对 2019 年而言 2018 年度为前一年度，因此，2019 年度申报时只填写第 5 行“前一年度”的所有列次；对 2023 年而言 2018 年度为前五年度，因此2023年申报时填写第1行“前五年度”的所有列次。

第四，因为表A105040只显示6个年度，如果超过范围企业仍需继续确认政府补助利得就无法再通过表A105040调整，只能选择通过表A105020第三部分或者表A105000第11行“（九）其他”调整。比如，本案例ABC公司要对无形资产摊销十年，对2024年度而言2018年度为前六年度，表A105040中没有对应行次可填，以后年度亦是如此，因为不征税收入也属于政府补助，所以更建议通过表A105020“三、政府补助递延收入——（二）与资产相关的政府补助”纳税调减。

第五，因为不征收收入用于费用化研发支出或者是形成无形资产摊销不能税前扣除，所以也不可以加计扣除。如果企业希望享受加计扣除优惠，可以选择不作为不征税收入处理，同时也需要在2018年度时将取得的全部政府补助一次性确认收入。

三、超过60个月的不征税收入处理

三、企业将符合本通知第一条规定条件的财政性资金作不征税收入处理后，在5年（60个月）内未发生支出且未缴回财政部门或其他拨付资金的政府部门的部分，应计入取得该资金第六年的应税收入总额；计入应税收入总额的财政性资金发生的支出，允许在计算应纳税所得额时扣除。

——财税〔2011〕70号

60个月最多会跨越六个年头，所以表A105040设计为从本年到前五年一共是六年。

【案例3-9】 2014年8月，ABC公司接受政府补助款51万元，专门用于新技术研发，但由于企业转型、领导层调整等原因，研发工作迟迟未能开展，直至2018年才开始进行。2018年当年支出10万元，2019年7月底前支出15万元，7月底后支出5万元。以上支出全部为费用化支出。2019年，ABC公司应如何进行企业所得税申报？

案例分析： ABC公司2014年8月取得的不征税收入将于2019年7月满60个月，没有用完且又没有上缴的部分需要并入企业2019年收入总额，之后再发生的支出就可以根据实际情况税前扣除了。直至2019年7月月底，ABC

公司共支出 25 万元，剩余 26 万元应填报表 A105040 第 14 列。

2018、2019 年度分别填报表 A105040 如表 3－11、表 3－12 所示。

表 3－11　　A105040　　专项用途财政性资金纳税调整明细表（2018 年度）

单位：万元

行次	项目	取得年度	财政性资金	本年支出情况		本年结余情况		
				支出金额	其中：费用化支出金额	结余金额	其中：上缴财政金额	应计入本年应税收入金额
		1	2	10	11	12	13	14
1	前五年度	2013 年						
2	前四年度	2014 年	51	10	10	41		
3	前三年度	2015 年						
4	前二年度	2016 年						
5	前一年度	2017 年						
6	本年	2018 年						
7	合计（1＋2…＋6）	*						

表 3－12　　A105040　　专项用途财政性资金纳税调整明细表（2019 年度）

单位：万元

行次	项目	取得年度	财政性资金	本年支出情况		本年结余情况		
				支出金额	其中：费用化支出金额	结余金额	其中：上缴财政金额	应计入本年应税收入金额
		1	2	10	11	12	13	14
1	前五年度	2014 年	51	15	15	26	0	26
2	前四年度	2015 年						
3	前三年度	2016 年						
4	前二年度	2017 年						
5	前一年度	2018 年						
6	本年	2019 年						
7	合计（1＋2…＋6）	*						

本案例申报时需要注意以下几点：

第一，如果满 60 个月的时间在年度中间，对于不征税收入的支出要划分为两个阶段区别对待，只有满 60 个月之前的支出才填入表 A105040 第 10 列，所以虽然 2019 年全年支出为 20 万元，但申报表只能填入 15 万元。

第二，2019 年 7 月底之后支出的 5 万元因为已经包括在 26 万元中并入 2019 年收入总额，因此可以税前扣除，无须再纳税调增。

四、不征税收入与增值税进项税额的协调

【案例 3－10】 2018 年，ABC 公司接受政府补助款 1 130 万元专门用于购买生产设备，该款项符合不征税收入条件。2018 年 10 月，企业支付设备款 1 000 万元，增值税款 130 万元，设备于 12 月安装完毕并于月底投入使用。新设备折旧期 10 年，无残值。ABC 公司应如何进行企业所得税调整？

案例分析： 与案例 3－8 不同，本案例还涉及增值税的处理。增值税最大的特点就是不进利润，企业用不征税收入购买资产时也购入了进项税额，使得企业可以少缴纳一部分增值税。

1. 2018 年收到政府补助款时：

借：银行存款　　1 130

　　贷：递延收益　　1 130

2. 2018 年底设备购买到位并安装。

借：固定资产　　1 000

　　应交税费——应交增值税（进项税额）　　130

　　贷：银行存款　　1 130

ABC 公司购买设备，其实买回了两项资产：生产设备与进项税额。生产设备的处理同案例 3－8，每折旧一笔同时转回等额递延收益，待折旧完毕时，其对应的 1 000 万元的递延收益也被全部冲回。

企业在实操中需要注意两点：一是待资产折旧完毕的年度，会计上该笔政府补助对应的“递延收益”科目无余额，企业所得税下此项不征税收入累计纳税调增、纳税调减均为 1 130 万元；二是与增值税优惠或加计抵减不同，企业少缴纳的增值税反映到企业所得税中并不是在增值税相关科目中体现的，

而是通过从“递延收益”转入“其他收益”科目体现的。转入方式有两种：一种是130万元的进项税额金额专项核算，抵扣多少就转入多少；另一种是一次性全部转入，可大大降低处理烦琐度。

3. 2018年底将全部进项税额金额一次性转入“其他收益”。

借：递延收益　　130

　　贷：其他收益　　130

本案例的企业所得税申报可参考案例3－8。

第四章

资产折旧、摊销及纳税调整明细表（A105080）及相关内容讲解

“资产折旧、摊销及纳税调整明细表”（A105080）是企业长期持有资产的申报与调整表，该表涉及项目种类虽多但企业所得税处理原理相似度高，为避免过多雷同分析，本章主要讲解对固定资产的处理，其他事项如无形资产、待摊费用等，仅就特殊之处加以说明。

国家税务总局公告2020年第24号对表A105080的修改主要是增加了针对海南自由贸易港企业与疫情防控重点保障物资生产企业的政策，政策原理与之前类似政策完全一致，故不再单独分析，直接在案例中套用（不考虑案例所属年度适用的申报表）。

第一节　固定资产

固定资产是企业重要的长期持有资产，也是税务处理的关注重点。也许是因为近几年固定资产的政策一直都相对稳定，造成目前市面上绝大部分的

书籍和课程对固定资产的处理不够重视，分析也不够细致，连列举的案例都很粗糙，无非是企业购买了一项设备总花费多少，会计折旧多少年、税法折旧多少年，税法折旧年限长于会计，然后再通过申报表调整一下。

其实，现实中的固定资产远非如此理想、单调，而是复杂有趣得多。要想透过现象看清本质，并对花样百出的实务问题应对自如，就必须要牢记政策原理并把握正确的处理逻辑。企业所得税处理的核心逻辑就是先定性再定量，然后特殊问题特殊对待，顺着这个思路，笔者将对固定资产作出详尽的分析。

一、固定资产的确认

固定资产最主要的企业所得税事项就是折旧的税前扣除。想要税前扣除，首先需要判断某固定资产在企业所得税中是否属于可以折旧的固定资产（定性），其次再确定具体的折旧金额（定量）。折旧金额的确定与资产的计税基础和折旧年限密切相关，这两项将在本节后续内容中详细讲解。

第十一条　在计算应纳税所得额时，企业按照规定计算的固定资产折旧，准予扣除。

下列固定资产不得计算折旧扣除：

（一）房屋、建筑物以外未投入使用的固定资产；

（二）以经营租赁方式租入的固定资产；

（三）以融资租赁方式租出的固定资产；

（四）已足额提取折旧仍继续使用的固定资产；

（五）与经营活动无关的固定资产；

（六）单独估价作为固定资产入账的土地；

（七）其他不得计算折旧扣除的固定资产。

——《企业所得税法》

第五十七条　企业所得税法第十一条所称固定资产，是指企业为生产产品、提供劳务、出租或者经营管理而持有的、使用时间超过12个月的非货币性资产，包括房屋、建筑物、机器、机械、运输工具以及其他与生产经营活动有关的设备、器具、工具等。

——《企业所得税法实施条例》

《实施条例》第五十七条给出了企业所得税下固定资产的概念，必须准确把握。根据政策要求，折旧允许税前扣除的固定资产需要同时满足以下 3 个条件：企业持有，与生产经营活动有关（生产产品、提供劳务、出租或者经营管理），使用时间超过 12 个月。**企业持有**，指的是企业要拥有固定资产的所有权，经营租入的设备是出租方的固定资产，融资租出的运输车是承租方的固定资产，开发完毕后房地产商临时使用的开发房产是未来业主的固定资产。**与生产经营活动有关**，指的是要为企业自身的生产经营作出贡献，但不要求每天都要实际工作，而更强调工作状态，比如，闲置的机器设备没有贡献，但季节性停工时的机器设备有贡献。**使用时间超过 12 个月**，基本根据会计判断即可，目前还没有遇到对处置使用不到 12 个月的固定资产，税务机关要求把折旧调整回来的情况。

【案例 4－1】 ABC 公司是一家旅游公司，因业务发展需要占用村民现有的宅基地。ABC 公司与村委会协商宅基地使用及补偿方式，并最终决定由 ABC 公司负责联系施工队在本村别处重新盖房让村民居住，不再给予现金补偿。ABC 公司盖好的房子应如何入账?

案例分析： ABC 公司盖好的房子不应该入账。ABC 公司的盖房行为并不是企业本身行为，而是企业代建行为。ABC 公司需要履行的义务是赔偿宅基地被占用的村民，赔偿的形式可以是多种，但不能因形式而改变实质。本案例可以理解为，ABC 公司需要赔偿现金给村民但并不实际支付，而是帮助村民联系建筑公司盖房并代为付款。因此，房屋的所有权与 ABC 公司本就没有任何关系，房屋不属于 ABC 公司的固定资产。ABC 公司应该以赔偿款的性质将此盖房款项税前扣除，而不能仅凭借建筑发票扣除，否则，ABC 公司有建筑发票却没有房屋，逻辑上是说不通的。

【案例 4－2】 ABC 公司为一家上海公司，DEF 公司为一家苏州公司。因为 DEF 公司需要经常在上海洽谈业务，为出行方便，DEF 公司借 ABC 公司名义于 2016 年在上海购买一部价值 70 万元的车，钱款由 DEF 公司实际承担，销售方开具的“机动车销售统一发票”抬头为 ABC 公司。ABC 公司将购买的车辆确认为固定资产且贷方科目为应付账款，ABC 公司能否对这部车计提折旧?

案例分析： ABC 公司不能对这部车辆计提折旧。虽然从发票票面和车辆登记来看，该车辆确实为 ABC 公司所有，但该车辆并不为 ABC 公司的生产经营服务，而是为DEF公司的生产经营服务，不符合“用于生产经营”这个条件，不属于ABC公司的固定资产。那该车辆是否属于DEF公司的固定资产呢？答案是属于的，至少在账务上DEF公司应确认。那么，DEF公司能否对该车辆提取折旧？笔者认为，因为票据的原因，该辆车的所有权在形式上是不满足企业所得税下固定资产确认条件的，所以即使会计提取了折旧也很难税前扣除。两年之后，ABC公司通过二手车市场仍以70万元将车辆转至DEF公司名下并冲减应付账款，DEF公司企业所得税项下按照新购入固定资产处理。

【案例4－3】 ABC公司是网约车运营平台。为了加强管理，ABC公司要求平台上所有司机自行出钱购车，但车辆必须挂在ABC公司名下，等3年之后，再将车辆从ABC公司过户给司机个人。ABC公司名下的所有运营车辆是否可以计提折旧？

案例分析： 从最朴素的事理认知判断，ABC公司不应该对资产提折旧，因为资产只是名义上在ABC公司。但本案例又似乎完全满足了可以计提折旧的固定资产的3个条件：车管所登记的车主为ABC公司（车辆所有权属于登记生效），车辆为ABC公司生产经营服务，车辆使用期超过一年。如此看来，ABC公司是否就可以提折旧呢？答案在案例4－5中揭晓。

二、固定资产的计税基础

在前面的章节中笔者曾多次强调资产计税基础的重要性，固定资产亦是如此。固定资产的计税基础是计算折旧的基数，是最重要的定量。

第五十六条　企业的各项资产，包括固定资产、生物资产、无形资产、长期待摊费用、投资资产、存货等，以历史成本为计税基础。

前款所称历史成本，是指企业取得该项资产时实际发生的支出。

企业持有各项资产期间资产增值或者减值，除国务院财政、税务主管部门规定可以确认损益外，不得调整该资产的计税基础。

第五十八条　固定资产按照以下方法确定计税基础：

（一）外购的固定资产，以购买价款和支付的相关税费以及直接归属于使该资产达到预定用途发生的其他支出为计税基础；

（二）自行建造的固定资产，以竣工结算前发生的支出为计税基础；

（三）融资租入的固定资产，以租赁合同约定的付款总额和承租人在签订租赁合同过程中发生的相关费用为计税基础，租赁合同未约定付款总额的，以该资产的公允价值和承租人在签订租赁合同过程中发生的相关费用为计税基础；

（四）盘盈的固定资产，以同类固定资产的重置完全价值为计税基础；

（五）通过捐赠、投资、非货币性资产交换、债务重组等方式取得的固定资产，以该资产的公允价值和支付的相关税费为计税基础；

（六）改建的固定资产，除企业所得税法第十三条第（一）项和第（二）项规定的支出外，以改建过程中发生的改建支出增加计税基础。

——《企业所得税法实施条例》

企业所得税下的计税基础就是历史成本，等于“企业取得该项资产时实际发生的支出”，类似于会计项下的入账价值，属于对资产的初始计量。计税基础一旦确定，除非折旧或摊销等，否则不得调整。

【案例 4 -4】2018 年，ABC 公司支付 160 万元，从 DEF 公司购买一辆运输汽车。2019 年，ABC 公司发现车辆存在质量问题，经协商后，DEF 公司退还/赔偿 60 万元。ABC 公司是否需要调整固定资产的计税基础？

案例分析：是否需要调整计税基础，应分情况加以判断。如果协商结果是 DEF 公司支付 ABC 公司 60 万元赔偿金，仅就字面理解“赔偿”的范围可以是比较广泛的，比如，修理费、误工费、安全威胁造成的不安全感等都可以被赔偿，赔偿并不是针对车辆价值的，因此 ABC 公司不需要调整车辆的入账价值和计税基础，取得的 60 万元赔偿金也不需要向 DEF 公司开具发票，DEF 公司凭借赔偿协议、转账凭证入账即可。如果协商结果是 DEF 公司将车辆折价，60 万元就明确是对车辆价值的冲减，DEF 公司应向 ABC 公司开具红字发票，ABC 公司需要调整固定资产的入账价值和计税基础，至于折旧金额是否追溯，企业所得税从会计即可。

可能读者会疑惑，案例 4 -4 中的第二种处理方式是否违背了资产计税基础不可调整的要求呢？笔者认为，对政策的理解不应仅局限于文字表述，还要结合立法精神灵活把握。所谓立法精神，通俗来说就是作出如此规定的出发点。税法不让调整资产计税基础的原因是防止企业通过此种方式操控应纳税所得额，在本案中，首先，ABC 公司并不以操控应纳税所得额为目的，其次，DEF 公司将车辆折价 60 万元，使 ABC 公司购买车辆的实际支付就是 100 万元。ABC 公司将车辆的计税基础变为 100 万元并不是“调整”计税基础，而是“矫正”计税基础。讲到这里，不得不提原海南省地税局对一则对赌投资业务价格补偿的理解。

海南航空股份有限公司：

你公司《关于对赌协议利润补偿企业所得税相关问题的请示》（琼航财〔2014〕237 号）收悉，经研究，现答复如下：

依据《中华人民共和国企业所得税法》及《中华人民共和国企业所得税法实施条例》关于投资资产的相关规定，你公司在该对赌协议中取得的利润补偿可以视为对最初受让股权的定价调整，即收到利润补偿当年调整相应长期股权投资的初始投资成本。

特此函复。

海南省地方税务局

2014 年 5 月 5 日

——《海南省地方税务局关于对赌协议利润补偿企业所得税相关问题的复函》（琼地税函〔2014〕198 号）

琼地税函〔2014〕198 号对应的对赌业务是比较复杂的，简而化之，大意就是 2008 年 ABC 公司向 DEF 公司支付 10 000 万元对价收购其持有的 M 公司部分股权，并设置业绩目标。如果 M 公司未达业绩目标，DEF 公司需按照约定的计算方式向 ABC 公司支付对价补偿。2012 年，M 公司确定未达到收购时确立的业绩目标。经一系列复杂计算，2013 年，DEF 公司以现金补偿方式向 ABC 公司补足净利润差额部分 2 000 万元。ABC 公司取得的 2 000 万元款项是应该冲减长期股权投资成本还是确认为收入？文件中，海南省地税局的理解为 ABC 公司为取得 M 公司股权实际支付的价款就是 8 000 万元，只是分两步确定。但业内对此回复颇有异议，一直以来也是争议不断。相当一部分专家认为对赌协议实际上就是一种期权，2 000 万元应该确认收入；并指出，如果 2 000 万元可以冲减成本，那么企业拿地后取得的政府补偿款是否也能够冲减计税基础呢？对于对赌业务，笔者个人更倾向于作为期权收益确认收入的做法，因为这就是商业交易，这就是资本的玩儿法，与案例 4 - 4 的发生背景是完全不同的。当然，一家之言，仅供参考。

【案例4-5】（接案例4-3）ABC公司名下的所有运营车辆是否可以计提折旧？

案例分析：即使从条件上判断运营车辆属于ABC公司的固定资产，ABC也无法实际提取折旧。因为车辆由司机个人出资购买，ABC公司取得该项资产时实际发生的支出为0，除非ABC公司将全部车辆价值并入应纳税所得额申报收入，否则车辆初始计量为0，无论是在会计上，还是企业所得税下，ABC公司都无法计提折旧。

至于ABC公司取得的“机动车销售统一发票”是否可以抵扣，笔者认为可以抵扣且应该抵扣，只是要注意抵扣时间。以前增值税专用发票有认证期限，为防止过期企业只得提前认证，从票面上看销售与购入严重不符，不可避免地出现了某段时间进项税额激增或者销项税额激增的情况。现在，国家税务总局已经取消了增值税专用发票的认证期限，因此企业在车辆要过户给司机个人的当月认证抵扣是最合适的，销售额应当平价，进销税额互抵，不影响ABC公司正常经营增值税税负。

【案例4-6】ABC公司经国家批准，建造完成核电站核反应堆并交付使用，建造成本25亿元，预计使用寿命40年。后期拆除时需要进行环境整治，预计到时候费用为2.5亿元。折现率为10%，折现后为552.5万元。该项核电站核反应堆的计税基础是多少？

案例分析：本案例中的会计将40年后的环境整治费用折成现值552.5万元，并计入固定资产入账价值，但是，这552.5万元并不是企业眼下已经实际支付的对价，不能作为计税基础。所以，该核电站反应堆的计税基础仍然为25亿元。

【案例4-7】ABC公司（增值税一般纳税人）于2018年1月1日购入一套大型生产设备，当月安装完成并投入使用。采购合同约定该机器设备的不含增值税价款为1 000万元，分3年支付价款，并假设实际折现率为6%。合同约定ABC公司应在2018年12月31日付款500万元，2019年12月31日支付300万元，2020年12月31日支付200万元，并会在支付当日收到相应金额的增值税专用发票。2018年年底，ABC公司财务人员认为，由于只取得了500万元的发票并且也只实际支付了500万元，该生产设备应按照500万元确认计税基础，该确认方法是否正确？

案例分析： 按照500万元确认计税基础的方法是不正确的，应该按照1 000万元确认。《实施条例》第五十八规定：“外购的固定资产，以购买价款和支付的相关税费以及直接归属于使该资产达到预定用途发生的其他支出为计税基础；……融资租入的固定资产，以租赁合同约定的付款总额和承租人在签订租赁合同过程中发生的相关费用为计税基础……”分期购买固定资产从表面看属于外购，但本质与融资租赁更加接近。企业担心计税基础要求是企业取得该项资产时实际发生的支出，2018年底仅实际发生500万元的支出，若按照1 000万元确认会有风险。实际上《释义及适用指南》在对第五十八条的说明中清楚地指出：“经济实质来看，融资租入固定资产与具有融资实质的分期付款购入固定资产相似。相应的，出租方应为提供贷款确认一部分利息收入，承租方应为延期付款承担一部分利息费用。”既然融资租入的固定资产能够按照合同约定付款总额作为计税基础，作为与其本质相似的分期付款的固定资产也应按照合同总额作为计税基础。

分期付款购买的固定资产在折旧时会产生明显且复杂的会税差异，相关年度申报将在案例4－11中讲解。

【案例4－8】 ABC公司于2018年1月自行建造一项大型设备，于12月月底建造完成并投入生产使用，账面价值118万元，计划使用10年。由于资金有限，A公司2017年10月从外部（非金融机构）借款100万元，为期2年，利率18%，假设能够取得的金融机构同期同类贷款利率为13%。企业财务人员从2019年1月开始计提折旧，无会税差异。2019年度税务机关核查时认为，ABC公司贷款利率超过标准，该设备的计税基础应低于118万元，要求企业调整资产的计税基础。企税务机关的主张是否正确？

案例分析： 税务机关的主张是正确的。但至于如何调整，ABC公司可以选择两种处理方式：一种是按照税务机关的要求调整计税基础；另一种是调整利息扣除金额，保持固定资产账面价值和计税基础一致。下面，笔者就这两种方式展开比对分析。

第三十七条　企业在生产经营活动中发生的合理的不需要资本化的借款费用，准予扣除。

企业为购置、建造固定资产、无形资产和经过12个月以上的建造才能达到预定可销售状态的存货发生借款的，在有关资产购置、建造期间发生的合理的借款费用，应当作为资本性支出计入有关资产的成本，并依照本条例的规定扣除。

第三十八条　企业在生产经营活动中发生的下列利息支出，准予扣除：

（一）非金融企业向金融企业借款的利息支出金融企业的各项存款利息支出和同业拆借利息支出、企业经批准发行债券的利息支出；

（二）非金融企业向非金融企业借款的利息支出，不超过按照金融企业同期同类贷款利率计算的数额的部分。

——《企业所得税法实施条例》

根据《实施条例》第三十七条规定，企业实际发生的借款利息无论是应费用化当期直接扣除，还是应资本化通过折旧、摊销或结转成本扣除，都必须满足第三十八条的要求。结合本案例，ABC公司2018年实际发生借款利息18万元，会计核算时全部资本化，但企业所得税只认可13万元。

方法一：调整计税基础。按照政策规定，企业所得税认可的利息支出比会计核算实际发生的利息支出少5万元，在其他支出没有会税差异的前提下，该项设备的计税基础为113万元。设备从2018年12月月底投入使用，从2019年1月开始计提折旧，每年会计折旧金额11.8万元，企业所得税折旧金额11.3万元，纳税调增0.5万元。

方法二：调整利息金额。企业不考虑资金的具体用途，凡是当年超过政策规定的利息全额通过表A105000第18行“（六）利息支出”纳税调增。这样可以换得资产的计税基础等于入账价值，如果用于其他支出，也能最大限度地保证会税差异金额一致，降低纳税调整的复杂度；并且，从征管角度来看，这种调整方式相当于企业提前缴纳了不能扣除金额对应的税款，也基本没有风险。

对比来看，两种方法各有优劣。第一种方法更能反映业务本质，但是，如果借款用于生产多种比较小型的货物，或者是用于多处项目，那么调整起来就会非常麻烦。第二种方法将应逐年调增的金额在一个年度全部确认，可能导致提前缴纳税款，但是调整直观简单。

除了利息，其他的支出也会存在类似的情况。比如，某工业企业一线生产人员的工资薪金、福利费等按企业会计准则要求需先计入成本类科目然后随着存货销售结转成本进而影响损益，如果他们的福利费超标又没有在发放时统一调整，而是随着货物结转成本的比例调整的话，这里面的核算工作量可想而知。

鉴于以上分析，笔者建议，对于有税前扣除限额的资本化支出，尽管在支出当年可能不影响或者不完全影响损益，也可以按照税法规定的限额纳税调整，以此换取资产的计税基础和入账价值一致，减少日后调整事项。

需要补充的是，将业务招待费、职工教育经费、广告费等计入成本支出是错误的会计核算，应调整财务报表，不在本案例所涉范围之内。

【案例4－9】2019年，ABC公司因上年销售业绩良好，被母公司奖励轿车一部用于商务社交，轿车发票金额70万元。ABC公司应如何进行税务处理？

案例分析：该轿车属于ABC公司的固定资产，ABC公司应将其按照营业外收入入账并可以计提折旧。在2019年度企业所得税申报时，因为ABC公司已将70万元全额计入应纳税所得额，所以企业所得税认可该轿车70万元的计税基础。

这就是前面提到的企业所得税认可固定资产计税基础的条件之一——申报了收入。类似的情况已经涉及多次，在案例4－5中，ABC公司没有实际购买运营车辆，如果想以该资产的公允价值和支付的相关税费为计税基础，则首先需要按运营车辆公允价值确认收入。还比如案例3－4与案例3－8，同样是用政府补助购买固定资产，用不满足不征税收入条件且企业已经全额确认收入的政府补助购买的固定资产，企业所得税按照企业用自有现金购买资产对待，承认计税基础；用满足不征税收入条件的政府补助购买的固定资产企业所得税不予承认计税基础。

三、固定资产的折旧年限及其他

第五十九条　固定资产按照直线法计算的折旧，准予扣除。

企业应当自固定资产投入使用月份的次月起计算折旧；停止使用的固定资产，应当自停止使用月份的次月起停止计算折旧。

企业应当根据固定资产的性质和使用情况，合理确定固定资产的预计净残值。固定资产的预计净残值一经确定，不得变更。

第六十条 除国务院财政、税务主管部门另有规定外，固定资产计算折旧的最低年限如下：

（一）房屋、建筑物，为20年；

（二）飞机、火车、轮船、机器、机械和其他生产设备，为10年；

（三）与生产经营活动有关的器具、工具、家具等，为5年；

（四）飞机、火车、轮船以外的运输工具，为4年；

（五）电子设备，为3年。

——《企业所得税法实施条例》

【案例4-10】 2019年1月ABC公司购入一台设备，并于8月投入使用。卖方已经使用该设备近2年时间。ABC公司应如何对该设备进行企业所得税处理？

案例分析： 除计税基础外，固定资产的企业所得税处理还需要确定折旧方式、折旧年限、折旧开始月份等。

企业所得税只认可一种折旧方式，即直线法；其他的折旧方式，必须有专门的文件规定，否则不予认可。

固定资产的最低折旧年限仅以企业自身为参考。在本案例中，购入的旧设备已使用2年，但该设备在ABC公司的最低折旧年限仍然为10年。

ABC公司虽然于2019年1月购入固定资产，但8月才投入使用，其折旧应从投入使用次月即9月开始计提。

假设ABC公司不是外购而是用自建的设备于2019年1月达到预定可使状态，8月投入使用，但此时并没有竣工结算的话，ABC公司能否从9月开始对该设备计提折旧呢？《实施条例》第五十八条规定：“自行建造的固定资产，以竣工结算前发生的支出为计税基础。”相比于会计，税法更强调确定性，既然没有竣工决算，就还有发生其他支出的可能性。会计根据重要性原则可以预估金额折旧，但企业所得税不允许。所以说，如果自建固定资产投入使用时还没有决算，严格来说，此时并没有确定的计税基础，只是在实务中企业进行税务处理时基本都还是按照会计预估的入账价值计提折旧了。

四、固定资产申报案例与实务注意事项

【案例4－11】（接案例4－7）ABC公司（增值税一般纳税人）于2017年12月10日购入一套大型生产设备，当月安装完成并投入使用，折旧期限10年。采购合同约定该机器设备的总价不含增值税1 000万元，分3年支付价款，2018年12月31日付款500万元，2019年12月31日支付300万元，2020年12月31日支付200万元，在ABC公司支付款项当日可收到相应金额的增值税专用发票。假设实际折现率为6%。根据案例4－8的分析，该资产企业所得税项下确认计税基础1 000万元。（单位：万元）

案例分析：分期付款购入固定资产，会计准则要求按照全部期间支付价款的现值确认固定资产的入账价值，全部价款和现值的差额分期确认为利息费用；企业所得税法要求全额作为资产的计税基础。本章分期付款方式购买货物与案例7－12分期收款方式销售货物形成完整的买卖双方的财税处理。

2017年12月10日购入时应该以合同约定价款的现值（公允价值）作为固定资产的入账价值：

现值 $=500\div1.06+300\div1.06^2+200\div1.06^3=471.70+267.00+167.92=906.62$ 万元。

未确认融资费用 $=1\ 000-906.62=93.38$ 万元。

ABC公司分期付款会计分录如下：

1. 2017年底购买固定资产。

借：固定资产（本金）　906.62

　　未确认融资费用（利息）　93.38

　　贷：长期应付款（本金＋利息）　1 000

2. 2018年12月31日支付货款时，增值税税率为16%。

借：长期应付款（本金＋利息）　500

　　应交税费——应交增值税——进项税额　80

　　贷：银行存款　580

借：财务费用　54.40（906.62×6%）

　　贷：未确认融资费用　54.40

3. 2019 年 12 月 31 日支付货款时，增值税税率为 13%。

借：长期应付款（本金 + 利息）　　300

　　应交税费——应交增值税——进项税额　　39

　　贷：银行存款　　339

借：财务费用　　27.66［(906.62 - 500 + 54.40) × 6%］

　　贷：未确认融资费用　　27.66

4. 2020 年支付货款时：

借：长期应付款（本金 + 利息）　　200

　　应交税费——应交增值税——进项税额　　26

　　贷：银行存款　　226

借：财务费用（倒挤）　　11.32（93.38 - 54.40 - 27.66）

　　贷：未确认融资费用　　11.32

根据以上会计分录可知，在购买固定资产的前 3 年，会计每年都需要确认财务费用（因延迟付款需承担的利息），但该财务费用企业所得税不予认可，认为应并入该固定资产计税基础。因此，2018—2020 年每年 ABC 公司都需要纳税调增会计上确认的财务费用，3 年总计纳税调增 93.38 万元，如表 4 - 2 所示；同时，该项资产的入账价值和计税基础相差的 93.38 万元在资产持有的十年间每年都需要通过表 A105080 调整 9.338 万元，十年总计纳税调减 93.38 万元，报表填写如表 4 - 1、表 4 - 2 所示。本案例企业所得税不认可实际利率法。

表 4 - 1　　A105080　　资产折旧、摊销及纳税调整明细表

（2018 年度至 2027 年度）　　单位：万元

行次	项　　目		账载金额			税收金额			纳税调整金额
			资产原值	本年折旧、摊销额	累计折旧、摊销额	资产计税基础	税收折旧额	累计折旧、摊销额	
			1	2	3	4	5	8	9（2 - 5）
1	一、固定资								
4	所有固定资产	（三）与生产经营活动有关的器具、工具、家具等	906.62	90.662	90.662n	1 000	100	100n	- 9.338

表 4－2　A105000　纳税调整明细表（2018 年度至 2020 年度）　单位：万元

行次	项　目	账载金额	税收金额	调增金额	调减金额
		1	2	3	4
22	（十）与未实现融资收益相关在当期确认的财务费用（2018 年）	54.4	0	54.4	0
22	（十）与未实现融资收益相关在当期确认的财务费用（2019 年）	27.66	0	27.66	0
22	（十）与未实现融资收益相关在当期确认的财务费用（2020 年）	11.32	0	11.32	0

本案例填报时应注意以下几点：

第一，在实务中，企业所得税的处理比较容易受到票据的干扰。如分期购买固定资产时，有可能只取得实际支付部分的发票，容易引发争议，企业财务人员不仅要能够准确把握政策，还应当妥善保管合同、银行流水等资料。

第二，若固定资产在某一年中处置，无论是否存在差异，当年已经计提的折旧依然要在 A105080 表中体现，不能择出来。

【案例 4－12】（接案例 4－8）ABC 公司应如何进行税务处理？

案例分析：在本案例中，ABC 公司的自建设备存在 5 万元的永久会税差异，可以选择两种处理方式：第一种是调整计税基础；第二种是调整利息扣除金额，保持账面价值和计税基础一致。

第一种调整方式：ABC 公司在该项资产持有的 10 年间，每年纳税调增 0.5 万元，如表 4－3 所示。

第二种调整方式：2018 年 ABC 公司将企业所得税法不予承认的利息支出不考虑具体使用途径，直接按照借款金额和利率差异调整，以保持入账价值与计税基础一致，尽量减少会税差异，报表填写如表 4－4、表 4－5 所示。

表 4－3　　A105080　　资产折旧、摊销及纳税调整明细表

（2019 年度至 2028 年度）　　单位：万元

行次	项目		账载金额			税收金额			纳税调整金额
			资产原值	本年折旧、摊销额	累计折旧、摊销额	资产计税基础	税收折旧额	累计折旧、摊销额	
			1	2	3	4	5	8	9（2－5）
1	一、固定资产								
4	所有固定资产	（三）与生产经营活动有关的器具、工具、家具等	118	11.8	11.8n	113	11.3	11.3n	0.5

表 4－4　　A105000　　纳税调整明细表（2018 年度）　　单位：万元

行次	项目	账载金额	税收金额	调增金额	调减金额
		1	2	3	4
18	（六）与未实现融资收益相关在当期确认的财务费用（2018 年）	18	13	5	0

表 4－5　　A105080　　资产折旧、摊销及纳税调整明细表

（2019 年度至 2028 年度）　　单位：万元

行次	项目		账载金额			税收金额			纳税调整金额
			资产原值	本年折旧、摊销额	累计折旧、摊销额	资产计税基础	税收折旧额	累计折旧、摊销额	
			1	2	3	4	5	8	9（2－5）
1	一、固定资产								
4	所有固定资产	（三）与生产经营活动有关的器具、工具、家具等	118	11.8	11.8n	118	11.8	11.8n	0

案例 4－11 与案例 4－12 都存在固定资产入账价值与计税基础不一致的情况，但是两种情况之间存在本质区别。

在案例 4－11 中，企业所得税法完全认可 ABC 公司支付的 1 000 万元对价并全部确认为计税基础；在财务处理时将 906.62 万元作为固定资产入账价值，剩余93.38万元作为利息，总额依然是1 000万元。此种情况下的会税差异仅仅是暂时性差异，在资产因变卖、报废等原因从账上注销时，所有的会税差异都能找回，即所有的调增项目与所有的调减项目金额一致。此原理在前两章讲投资资产和财政性资金时曾作过详细分析，在本章中也是一样，只是具体的资产变成了固定资产。

在案例4－12中，企业所得税法不完全认可ABC公司花费的118万元，认为其中的5万元属于超标费用，不得税前扣除。因此，产生的会税差异是永久性的，调整时仅有纳税调增或者仅有纳税调减，抑或都有，但金额不一致。按照第一种调整方式，每年纳税调增0.5万元，10年将5万元的会税差异调整完毕；按照第二种方式，将差异一次性纳税调增5万元，调整到位之后不再调整。不管是哪种方式，调整结果都是单向的。

第二节　无形资产

无形资产的大部分企业所得税事项都可以类比固定资产，尤其是涉税处理原则，与固定资产一致。但无形资产也有其特殊性，本节主要分析无形资产的特定事项，其他与固定资产高度一致的事项不再赘述。

一、无形资产的确认

处理无形资产最重要的依然是定性，只有企业所得税法认可的无形资产的摊销才准予扣除。无形资产比较抽象，所有权和使用权边界相对固定资产模糊，在处理时，必须去伪存真、认清事物本质。

第十二条　在计算应纳税所得额时，企业按照规定计算的无形资产摊销费用，准予扣除。

下列无形资产不得计算摊销费用扣除：

（一）自行开发的支出已在计算应纳税所得额时扣除的无形资产；

（二）自创商誉；

（三）与经营活动无关的无形资产；

（四）其他不得计算摊销费用扣除的无形资产。

——《企业所得税法》

第六十五条　企业所得税法第十二条所称无形资产，是指企业为生产产品、提供劳务、出租或者经营管理而持有的、没有实物形态的非货币性长期资产，包括专利权、商标权、著作权、土地使用权、非专利技术、商誉等。

——《企业所得税法实施条例》

【案例4－13】ABC公司购买某工程画图软件一年的使用权并取得13%的软件销售发票，财务人员认为需要计入无形资产，但资产管理部门认为不属于资产不同意计入。ABC公司是否应将该软件使用权按照无形资产摊销，还是可以直接作为费用税前扣除？

案例分析：ABC公司应当将该项使用权直接作为费用扣除。

七、企业外购的软件，凡符合固定资产或无形资产确认条件的，可以按照固定资产或无形资产进行核算，其折旧或摊销年限可以适当缩短，最短可为2年（含）。

——财税〔2012〕27号

根据政策规定，必须是符合固定资产或者无形资产认定条件的软件才需要按照2年摊销。政策的本意是考虑到软件产品更新换代速度快，如果非要死板地按照10年摊销，既不利于企业资产投资也会人为地增加会税差异。但只有一年使用权的软件，是不符合固定资产或无形资产确认条件的，不是无形资产，也不需要摊销，直接按照合同约定的使用期分摊费用即可。在本案例中，ABC公司的财务人员因没有准确把握政策，扩大了政策的适用范围，造成了困扰；资产管理部门的工作人员虽不懂税法，仅从把握事物本质出发，反而却作出了正确的判断。

在实务中，外购无形资产往往与软件使用权、专利、非专利技术的所有权或使用权等密切相关，且不好定性。再加上会计、增值税、企业所得税各项规定缠绕在一起，剪不断、理还乱。作为案例4－13内容的延伸，笔者主要分辨几种常见情形涉及的增值税税目与企业所得税定性。

情形一：购入某种软件长期使用权。增值税属于购买软件产品，应取得销售货物大类13%税率发票。企业所得税可以确认为无形资产，也适用财税

〔2012〕27 号缩短摊销年限至 2 年的优惠。

情形二： 购入某种软件较短时期使用权。增值税同情形一。企业所得税下，一年使用期的可以直接作为费用扣除；二年使用期的更建议作为费用分摊至两年；三年至五年使用期的，如果不符合无形资产确认条件，分期均匀扣除，如果符合则可以加速摊销。

情形三： 购入某项专利技术的所有权。增值税属于购买无形资产，应取得销售无形资产大类下 6% 税率发票。企业所得税下也应确认为无形资产，但不适用财税〔2012〕27 号缩短摊销年限的优惠，因为该文件只针对外购软件。

情形四： 购入某项专利技术使用权/复制权以及非专利技术的使用权，且合同约定长期有效。增值税处理同情形三，因为增值税中的无形资产不仅包括所有权也包括使用权。企业所得税处理同情形三。

情形五： 购入某项专利技术使用权/复制权以及非专利技术的使用权，且合同约定了有效期。增值税处理同情形三。企业所得税下，卖方取得的很有可能是特许权使用费收入，而不是财产（无形资产）转让收入；买方可以根据使用时间确认为费用或者是无形资产。

情形六： 与前五种情形均为外购不同，情形六为自建无形资产。如果企业自主研发，形成的一般均为无形资产，因为研发的主要目的是长期受益。如果企业受托研发则需要看研发完毕后是否拥有著作权，完成后不拥有著作权的相当于提供技术服务，应开具现代服务大类下技术服务 6% 税率发票，企业所得税确认为提供服务收入，之前的作为成本归集；完成后拥有著作权的，应开具销售无形资产大类下 6% 税率发票，但企业所得税下就一定应确认为无形资产吗？如果受托研发的技术短期内或者可预期期间内只有委托方一个购买方，受托方很难再次获利，那么，该著作权就不能满足被长期持有的前提，受托方也不应确认为一项无形资产，而是收入。

【案例 4－14】 ABC 公司买入一套新型检测平台监测产品质量，检测平台若要与 ABC 公司现有的生产线关联则还需要请专人开发操作。为确保顺利使用，ABC 公司将整个检测平台硬件采购包括软件开发全部外包给了一家软件开发公司完成，总价款 100 万元。根据市场公允价值评估，程序开发收费约占全部价款的 10% 以内。检测平台顺利交付后，ABC 公司收到了对方公司开来的金额为100万元、税目为“系统操作软件开发费”的发票。ABC公司应当按照固定资产还是无形资产入账？

案例分析：ABC公司应该按照固定资产入账。发票是经济生活中最重要的凭证之一，遵从增值税规定开具，但对企业所得税也十分重要。增值税和企业所得税是两个不同的税种，不能用增值税的思路去理解企业所得税。增值税允许软件开发公司从事混合销售业务并以公司行业性质为混合销售定性（《营业税改征增值税试点实施办法》（财税〔2016〕36号）第四十条），但企业所得税还是更看重业务本质和企业行为目的。在本案例中，ABC公司的需求是检测平台，是设备，至于软件开发技术，仅是为了使平台正常运作所必需的技术支持，并不构成单独的可以识别的无形资产。所以，即使ABC公司收到的是软件开发的发票，也应该入固定资产而非无形资产。

通过本案例，笔者建议企业能细化并前置内部涉税管理，将一些重要涉税事项写进合同。例如，本案可以在商务谈判阶段使用税务思维，将业务定性并规定合理的发票开具内容，否则，软件开发公司是合理节税了，但ABC公司拿着一张软件开发费用的发票入固定资产，存在一定的涉税风险，并且从财务管理的角度看，也是不符合逻辑的。合同，是可以控税、控风险的，而且是以最低的时间、人力、经济成本。

二、无形资产的计税基础

无形资产的计税基础的确定方式与固定资产基本完全一致。

第六十六条　无形资产按照以下方法确定计税基础：

（一）外购的无形资产，以购买价款和支付的相关税费以及直接归属于使该资产达到预定用途发生的其他支出为计税基础；

（二）自行开发的无形资产，以开发过程中该资产符合资本化条件后至达到预定用途前发生的支出为计税基础；

（三）通过捐赠、投资、非货币性资产交换、债务重组等方式取得的无形资产，以该资产的公允价值和支付的相关税费为计税基础。

——《企业所得税法实施条例》

【案例4－15】ABC公司自2018年起自行组织研发某项污水处理技术。

在研发过程中，ABC公司为了尽早享受研发费用加计扣除优惠政策，便不区分资本化和费用化阶段，将所有支出一律费用化。2019年年底，ABC公司最终研发成功形成专利，欲入账时，发现无价值，无法入账。ABC公司应如何进行税务处理？

案例分析：ABC公司将全部支出直接费用化的处理方式导致形成的无形资产无法摊销。《企业所得税法》第十二条明确规定“下列无形资产不得计算摊销费用扣除：（一）自行开发的支出已在计算应纳税所得额时扣除的无形资产”。

这样的处理，不仅造成财务处理违背逻辑，还会产生涉税风险。企业自行开发的无形资产，以开发过程中符合资本化条件后至达到预定用途前发生的支出为计税基础，符合资本化条件的不得于当期直接扣除，应通过摊销扣除，如果直接扣除会导致当期少缴企业所得税，税务机关有权调整并要求企业补缴税款滞纳金甚至罚款，影响企业纳税信用等级。

三、无形资产的折旧年限

与固定资产一样，无形资产也是通过一定的时间才完全体现为相应的效应的。所以，无形资产的成本也应该分期摊销在企业所得税前扣除。

第六十七条　无形资产按照直线法计算的摊销费用，准予扣除。

无形资产的摊销年限不得低于10年。

作为投资或者受让的无形资产，有关法律规定或者合同约定了使用年限的，可以按照规定或者约定的使用年限分期摊销。

外购商誉的支出，在企业整体转让或者清算时，准予扣除。

——《企业所得税法实施条例》

【案例4-16】ABC公司购买一项技术专利，该专利剩下6年有效保护期，ABC公司将该项技术专利计入无形资产，并按照6年摊销。该处理方式是否存在会税差异？

案例分析：不存在会税差异。无形资产的使用寿命包括法定寿命和经济寿命两个方面。有些无形资产的使用寿命受法律、规章或合同的限制，称为法定寿命，如发明的法定保护期为20年，商标权的法定保护期为10年，外观设计的法定保护期为10年。经济寿命则是指无形资产可以为企业带来经济利益的年限，如有合同约定从约定，没有合同约定从其他法律，没有其他法律规定的，从企业所得税法。

第三节　加速折旧、缩短折旧年限与一次性扣除政策

近几年，国家为鼓励企业资产投资相继出台了多项缩短年限、加大力度的折旧政策，统称加速折旧政策。这些新的折旧政策基本将传统的最低折旧年限全部覆盖。本节主要分析税收优惠政策的理解难点和适用误区，不主要讲解政策本身。

需要额外提醒的是，实务中在提到税收优惠或某项特殊规定时，总存在将特殊规定独立于一般规定单独看待的情况。具体到本章，固定/无形资产的税收优惠政策并不涉及资产确认环节和计税基础确认环节，主要是在折旧年限环节，如一项固定/无形资产连确认环节都过不去，又如何能符合享受优惠条件。税收优惠的享受必须是既要满足前提条件，也要满足优惠条件。

一、缩短折旧年限和加速折旧

第三十二条　企业的固定资产由于技术进步等原因，确需加速折旧的，可以缩短折旧年限或者采取加速折旧的方法。

——《企业所得税法》

第九十八条　企业所得税法第三十二条所称可以采取缩短折旧年限或者采取加速折旧的方法的固定资产，包括：

（一）由于技术进步，产品更新换代较快的固定资产；

（二）常年处于强震动、高腐蚀状态的固定资产。

采取缩短折旧年限方法的，最低折旧年限不得低于本条例第六十条规定

折旧年限的60%；采取加速折旧方法的，可以采取双倍余额递减法或者年数总和法。

——《企业所得税法实施条例》

缩短折旧年限和加速折旧是两种优惠方式：

缩短折旧年限，依然需要按照直线法计提折旧，只是最低折旧年限可以缩短，但不能低于《企业所得税法》规定折旧年限的60%。外购软件情况特殊，有专门的政策规定。

加速折旧，不能减少最低折旧年限，但可以选择按照双倍余额递减法或年数总和法加速，使折旧金额前多后少。

以上两种是《实施条例》规定的加速折旧方式，具有很高的法律效力和持久性，但覆盖范围小、力度低，对企业投资固定资产无法产生实际的刺激效应。为促进投资、鼓励研发，从2014年度开始，加速折旧覆盖面被不断扩大，到2019年，已经包括了全部制造业、信息传输业、软件和信息技术服务业。2020年，两种优惠方式又被扩大到海南自贸区企业。

对在海南自由贸易港设立的企业，新购置（含自建、自行开发）固定资产或无形资产，单位价值不超过500万元（含）的，允许一次性计入当期成本费用在计算应纳税所得额时扣除，不再分年度计算折旧和摊销；新购置（含自建、自行开发）固定资产或无形资产，单位价值超过500万元的，可以缩短折旧、摊销年限或采取加速折旧、摊销的方法。

——财税〔2020〕31号

二、固定资产一次性扣除

2018年施行的固定资产一次性扣除政策可谓是给企业资产投资注入的一剂“强心剂”，该项政策于2020年度结束。企业在使用一次性扣除政策过程中出现了一系列疑问，由于问题主要集中在政策理解层面，如果通过案例形式分析难免显得臃肿啰嗦，所以接下来笔者将通过简易问答的方式就若干典型问题加以说明。

一、企业在2018年1月1日至2020年12月31日期间新购进的设备、器具，单位价值不超过500万元的，允许一次性计入当期成本费用在计算应纳税所得额时扣除，不再分年度计算折旧（以下简称一次性税前扣除政策）。

（一）所称设备、器具，是指除房屋、建筑物以外的固定资产（以下简称固定资产）；所称购进，包括以货币形式购进或自行建造，其中以货币形式购进的固定资产包括购进的使用过的固定资产；以货币形式购进的固定资产，以购买价款和支付的相关税费以及直接归属于使该资产达到预定用途发生的其他支出确定单位价值，自行建造的固定资产，以竣工结算前发生的支出确定单位价值。

（二）固定资产购进时点按以下原则确认：以货币形式购进的固定资产，除采取分期付款或赊销方式购进外，按发票开具时间确认；以分期付款或赊销方式购进的固定资产，按固定资产到货时间确认；自行建造的固定资产，按竣工结算时间确认。

二、固定资产在投入使用月份的次月所属年度一次性税前扣除。

三、企业选择享受一次性税前扣除政策的，其资产的税务处理可与会计处理不一致。

四、企业根据自身生产经营核算需要，可自行选择享受一次性税前扣除政策。未选择享受一次性税前扣除政策的，以后年度不得再变更。

……

——国家税务总局公告 2018 年第 46 号

问题 1：ABC 公司购买 20 台仪器设备共花费 510 万元，是否满足一次性扣除条件？

答：满足。政策要求单位价值不超过 500 万元。如果购买多项资产只考虑单项资产价格即可。

问题 2：ABC 公司于 2019 年 5 月新购入一台 450 万元的设备，但因为需要资金周转，11 月做了售后回租，是否可以一次性扣除？

答：该情况可能会存在执行差异。目前，经与多地税务机关交流，得到的比较中肯的口径是如果企业采用融资性售后回租后继续持有、使用该固定资产，且整个会计核算不变，依然可以继续享受。

问题 3：ABC 公司是生产企业，有些固定资产的折旧形成存货，本年末销售（不影响当年利润），那么这部分资产的折旧是否可以纳税调减当年的应纳税所得额？

答：可以的。与案例 4 - 8 方法二处理类似，不具体考虑用途，不考虑折旧是否进入当期损益，直接先一次性扣除再每年专门调增，以使存货的计税基础和入账价值一致，这样的调整简单明了。需要特别说明的是，必须要每年专门通过表 A105080 纳税调增会计折旧金额，即使折旧金额不影响损益。因为会计核算时，固定资产的折旧进入了产品的成本不直接影响损益，而产品成本是随着销售结转成本全额税前扣除的。如果不专门调增，相当于固定资产先一次性扣除一次，又随着产品成本扣除一次。详细分析见案例 4 - 18。

问题 4：ABC 公司融资租入的固定资产是否可以一次性扣除？

答：不可以。

问题 5：ABC 公司 2019 年分期购买的固定资产，也已经到货并投入使用，但只付了 30% 且发票也只开了全款的 30%，500 万元以下的固定资产一次性扣除是按固定资产总价确认，还是按 30% 确认扣除？

答：总金额。在案例 4 - 7 中已经分析过，分期购买的固定资产按照全部合同金额确认计税基础，一次性扣除时，也应当按照全额扣除。

问题 6：ABC 公司于 2020 年 8 月购买一项 300 万元的生产设备并取得发票。由于生产计划推迟，该设备于 2021 年 3 月投入使用，是否能够在 2021 年享受一次性折旧？

答：笔者理解根据政策表述是可以的。根据政策规定，设备只要满足“企业在 2018 年 1 月 1 日至 2020 年 12 月 31 日期间新购进”和“单位价值不超过 500 万元”这两个条件，就具备了一次性扣除的资格，本案例符合要求、具备资格。然后，具体扣除年度为“固定资产在投入使用月份的次月所属年度一次性税前扣除”，政策没有明确要求必须是 2020 年以前（含）投入使用。

问题 7：ABC 公司于 2020 年 11 月购买一台 100 万元的生产设备并投入使用。但是因为一些原因，该设备发票于 2020 年 12 月才开出。ABC 公司能否在 2020 年享受一次性折旧？

答：笔者理解，根据政策表述是可以的。根据政策规定，设备只要满足“企业在 2018 年 1 月 1 日至 2020 年 12 月 31 日期间新购进”和“单位价值不超过 500 万元”这两个条件，就具备了一次性扣除的资格，本案例符合要求、具备资格。然后，具体扣除年度为“固定资产在投入使用月份的次月所属年度一次性税前扣除”，政策没有明确要求必须是先取得发票、后投入使用，如果设备确实是11月投入使用，按照政策表述应该允许2020年度一次性折旧。但是，如果发票是2021年才取得的，恐怕就不满足一次性扣除的条件了。

问题8：ABC公司是一家医用物资生产企业，为扩大生产融资租赁一台580万元的生产线，能否享受财政部 税务总局公告2020年第28号规定的“对疫情防控重点保障物资生产企业为扩大产能新购置的相关设备，允许一次性计入当期成本费用在企业所得税税前扣除”政策?

答：不可以。能否享受28号公告的一次性扣除优惠，要综合逐一判断是否符合条件。一是属于疫情防控重点保障物资生产企业，而是否属于该类企业并不是由企业自行判断的，是由政府相关部门判断并下发名单；二是为扩大产能，由企业自行判断，类似小汽车是不符合的；三是新购置，同46公告一致，只能是货币购进或自行建造；四是设备，不能是其他，如运输工具等。

问题9：ABC公司于2019年购进一台20万元的精密仪器专门用于研发。2019年研发尚处于实验阶段（全部支出费用化），预计将于2020年转入生产阶段（全部支出资本化）。2019年汇算清缴时，ABC公司是否能够享受一次性扣除政策，并且若符合加计扣除条件，能否将一次性扣除的固定资产全部加计扣除?

答：可以的。若会计依然按照正常年限折旧，后期形成的无形资产的计税基础不能再包括该精密仪器的折旧金额。假设会计核算该精密仪器2万元折旧应计入无形资产成本，该无形资产入账价值53万元，则计税基础为51万元。因为精密仪器在2019年投入使用次月已经被全部做完费用扣除了，相当于企业所得税项下已经直接将该精密仪器注销。为什么本案例没有像问题3一样建议专门调增，而是需求无形资产的计税基础不包括仪器折旧?主要是因为如果专门调增的话，会使得研发形成的无形资产计税基础里包括仪器折旧金额，这样仪器折旧就享受两遍研发费用加计扣除优惠。

三、申报案例及实务注意事项

【案例4－17】 ABC公司于2017年12月底出资100万元购入一台专门用于研发的机器设备并于当月投入使用。会计折旧为10年，无残值；税法符合一次性扣除条件。2019 年度，ABC 公司持有该设备，会计正常计提折旧，企业所得税下折旧金额为零。2020 年 6 月底，ABC 公司研发宣告失败，遂将资产处置，处置价格为 60 万元。会计核算该资产处置损失为 15 万元；企业所得税下，处置收益为 60 万元。ABC 公司应如何进行税务处理？

案例分析： ABC 公司需根据账务处理进行会税差异调整。因研发失败，ABC 公司始终未进入研发支出资本化阶段。(单位：万元)

1. 2017 年 12 月购入固定资产：

借：固定资产——设备　　100

　　贷：银行存款　　100

2017 年 ABC 公司尚未开始折旧，企业所得税也不能一次性扣除，会税无差异。

2. 2018 年 ABC 公司对该研发设备提取折旧：

借：管理费用——研发支出　　10

　　贷：累计折旧　　10

ABC 公司会计按照直线法对设备提取折旧，并于 2018 年度汇算时申报享受一次性扣除优惠，报表填写如表 4 - 6 所示。

表 4 - 6　A105080　　资产折旧、摊销及纳税调整明细表（2018 年度） 单位：万元

行次	项目		账载金额			税收金额			纳税调整金额
			资产原值	本年折旧、摊销额	累计折旧、摊销额	资产计税基础	税收折旧、摊销额	累计折旧、摊销额	
			1	2	3	4	5	8	9（2 - 5）
1	一、固定资产								
4	所有固定资产	（三）与生产经营活动有关的器具、工具、家具等	100	10	10	100	100	100	-90

3. 2019 年 ABC 公司对该研发设备继续提取折旧：

借：管理费用——研发支出　　10

　　贷：累计折旧　　10

填报表 A105080 如表 4 - 7 所示。

表 4－7　　　A105080　　　资产折旧、摊销及纳税调整明细表

（2019 年度）　　　　单位：万元

行次	项　　目		账载金额			税收金额			纳税调整金额
			资产原值	本年折旧、摊销额	累计折旧、摊销额	资产计税基础	税收折旧摊销额	累计折旧、摊销额	
			1	2	3	4	5	8	9（2－5）
1	一、固定资产								
4	所有固定资产	（三）与生产经营活动有关的器具、工具、家具等	100	10	20	100	0	100	10

4. 处置年度企业所得税申报（见表 4－8、表 4－9）。

表 4－8　　　A105080　　　资产折旧、摊销及纳税调整明细表

（2020 年度）　　　　单位：万元

行次	项　　目		账载金额			税收金额			纳税调整金额
			资产原值	本年折旧、摊销额	累计折旧、摊销额	资产计税基础	税收折旧、摊销额	累计折旧、摊销额	
			1	2	3	4	5	8	9（2－5）
1	一、固定资产								
4	所有固定资产	（三）与生产经营活动有关的器具、工具、家具等	100	5	25	100	0	100	5

表 4－9　　　A105000　　　纳税调整明细表（2020 年度）　　　　单位：万元

行次	项　　目	账载金额	税收金额	调增金额	调减金额
		1	2	3	4
31	三、资产类调整项目				
35	（四）其他	－15	60	75	0

本案例填报时需注意以下事项：

第一，该项资产于 2018 年纳税调减 90 万元，2019 年纳税调增 10 万元，

2020 年纳税调增 80 万元，共纳税调增 90 万元，累计调增调减金额一致。在资产不存在绝对会税差异的情况下，所有的差异都是暂时性差异，在资产处置年度要全部调平，否则以后年度无论会计还是企业所得税都没有该项资产了，也就没有机会调整了。

第二，在资产处置年度，已经计提折旧的部分也要在申报表中体现，否则填报申报不完整。

第三，享受一次性扣除优惠的固定资产在处置时一定不会存在资产损失，因此处置时不能在表 A105090 中调整会税差异。

【案例 4 - 18】 ABC 公司是一家食品生产企业。2019 年 6 月，ABC 公司出资 80 万元购入一台产品质量检测仪，按照 10 年计提折旧，无残值。ABC 公司于 2019 年度汇算清缴时申报享受固定资产一次性扣除优惠，应如何填报申报表？

案例分析： ABC 公司购入的质量检测仪直接用于一线生产，因此会计核算时检测仪的折旧并不直接影响当期损益，而是计入制造费用，再根据约当产量法等算法分摊至产品成本中。从理论上讲，检测仪的折旧额会被分至折旧期间生产的每一个产品中，所以，当检测仪的会计与企业所得税采取不同的折旧方式时，就会出现产品的入账价值和计税基础不相等的情况。类似的，凡是资产的折旧或摊销不直接进入损益类科目的，其会税差异就会通过其构建的资产的成本来承载，并且在卖出结转成本或以其他方式进入损益时产生实实在在的会税差异。

在本案例中，ABC 公司 2019 年会计采用直线法折旧而企业所得税采用一次性扣除。因此，2019 年 ABC 公司生产产品的计税基础中不包含折旧额；但会计上的产品成本是均匀的，每年都含 8 万元的折旧额。如果让财务人员将每一个产品的入账价值与计税基础都核算清楚，并且在卖出的时候记录结转成本差异并等汇算清缴的时候再调整，相信没有人能真正核算清楚。那么，该怎么调整才能既不至于工作量太大又可以享受一次性扣除优惠呢？笔者认为，可以继续借鉴案例 4 - 12 第二种调整处理思路，不考虑折旧对产品的影响，将固定资产折旧会税差异单独调整，2019 年度报表填写如表 4 - 10 所示。以后年度表 A105080 第 5 列为 0 即可，总之，千万不能认为折旧不直接影响损益，这张表就不填了。

表 4－10　　A105080　　资产折旧、摊销及纳税调整明细表

（2019 年度）

单位：万元

行次	项目		账载金额			税收金额			纳税调整金额
			资产原值	本年折旧、摊销额	累计折旧、摊销额	资产计税基础	税收折旧、摊销额	累计折旧、摊销额	
			1	2	3	4	5	8	9（2－5）
1	一、固定资产								
4	所有固定资产	（三）与生产经营活动有关的器具、工具、家具等	80	4	4	80	80	80	－76

本案例的填报逻辑表面上看与案例 4－17 几乎完全相同，即企业在享受一次性折旧的当年调减，之后企业所得税折旧金额一直为零，再逐年调增，直至折旧年限。但实质上，两个案例调整的目标完全不同。案例 4－17 第 2 列“账载金额——本年折旧、摊销额”金额本来就是计入损益类科目下的，并通过主表第 13 行“利润总额”直接进入汇算流程，自然而然产生会税差异，所以必须调整；但本案例第 2 列“账载金额——本年折旧、摊销额”金额分散在多种产品或半成品的成本中。假设 2019 年 ABC 公司生产的所有产品都没有卖出去，那么检车仪的折旧金额根本就没有进入利润表，当年也就没有会税差异（会税差异只是在卖出产品并结转成本时自然产生），但为了避免调整成本的会税差异所以只能把折旧差异特意单独拿出来调整。因此，本案例第 2 列的数据并不是来源于利润表中，而是从账上找的。这种调整方式虽然并不十分规范，但胜在简便易行，无论产品生产多少、卖出多少，一律不考虑，只从折旧方式差异角度调整即可。

第四节　长期待摊费用

本章第一节讲固定资产计税基础时曾引用了《实施条例》第五十六条，根据该条描述，长期待摊费用是企业的一项资产。必须要把握好这个定性。

一、与固定资产相关的长期待摊费用

长期待摊费用是介于固定资产与费用之间的支出。虽然是一次性支出，但支出对应的收益期间较长，按收入支出的配比原则，应该将该费用支出在企业的收益期间内平均摊销。

第十三条　在计算应纳税所得额时，企业发生的下列支出作为长期待摊费用，按照规定摊销的，准予扣除：

（一）已足额提取折旧的固定资产的改建支出；

（二）租入固定资产的改建支出；

（三）固定资产的大修理支出；

（四）其他应当作为长期待摊费用的支出。

——《企业所得税法》

【案例4－19】2017年年初，ABC公司租入一批店铺，将产生的装修费用50万元计入长期待摊费用（租入固定资产改良支出）并按照5年合同租赁期摊销。2019年，由于经营战略调整，部分店铺准备关闭，然而被关闭的店铺账上还存在8万元摊销余额。在该情形下，ABC公司企业可以将余额一次性摊销完吗？

案例分析：没有依据。根据现行的企业所得税政策，没有在处置时将资产或类资产剩余金额直接全部折旧或摊销的规定。ABC公司欲将余额一次摊销完的处理方式没有政策依据。笔者建议，ABC公司仍然按照原先设定的金额继续摊销，店铺关闭当月，将8万余额比照资产损失处理。类似的问题还有很多，比如，公司的装修费没摊销完发生了拆迁或者是又要重新装修等。

二、其他长期待摊费用

实务中，企业经常会购买一些单位价值较低但使用时间又超过1年的办公用品或家具设施，比如会议室座椅、走廊垃圾箱、装饰画等。如果将这些物品一次性计入费用，可能总金额比较高，担心引起税务机关的注意；如果作为固定资产，又似乎不符合固定资产的属性。处理起来左右为难。这种情况下，笔者建议可以按照长期待摊费用处理，即摊销年限不低于3年。

第七十条　企业所得税法第十三条第（四）项所称其他应当作为长期待摊费用的支出，自支出发生月份的次月起，分期摊销，摊销年限不得低于3年。

——《企业所得税法实施条例》

与其他资产都给出了定义不同，《实施条例》没有对长期待摊费用下定义，这就使得税企对长期待摊费用的理解可能产生差异。目前政策明确的其他应当作为长期待摊费用的支出主要是企业开办费，其他可以参考会计的低值易耗品。

新税法中开（筹）办费未明确列作长期待摊费用，企业可以在开始经营之日的当年一次性扣除，也可以按照新税法有关长期待摊费用的处理规定处理，但一经选定，不得改变。

——国税函〔2009〕98号

【案例4－20】ABC公司于2019年2月开始筹备建设新公司，到8月底筹备完成，9月1日正式开业。筹备期间，ABC公司发生筹办费用共30万元，其中广告费3万元，业务招待费5万元。正式营业后，ABC公司又发生广告费业务宣传费8万元，业务招待费6万元。假设2019年ABC公司销售额为40万元，2019年度应如何申报筹备期金额？

案例分析：本案例务必要注意区分费用的性质。企业在筹办期的广宣费与业务招待费的扣除标准不同于日常经营时期的扣除标准。

五、关于筹办期业务招待费等费用税前扣除问题

企业在筹建期间，发生的与筹办活动有关的业务招待费支出，可按实际发生额的60%计入企业筹办费，并按有关规定在税前扣除；发生的广告费和业务宣传费，可按实际发生额计入企业筹办费，并按有关规定在税前扣除。

——国家税务总局公告2012年第15号

根据以上规定，ABC公司认为2019年度可以扣除的广告费为9（3＋6）万元，业务招待费为3.2（3＋0.2）万元。填写2019年度企业所得税申报表时，ABC公司发现，如果将11万元的广宣费和11万元的业务招待费填入A105000对应行次，分别只能扣除6万元和0.2万元，不能满足企业扣除要

求。是填报出错了吗？是的。仅是填报出错了吗？不是的，填报出错仅是一个表象。错误的根本问题出在对费用的定性。在实务中，名称相同或相近但是本质大相径庭的情况很多，所以笔者一再强调不能仅凭名称或者表象判断，而是要看到实务的本质。

筹办期发生的广宣费与业务招待费在会计核算时应当计入管理费用下的二级科目“开办费”，由开办费统一归集；待正式营业之后，才按照正常的费用核算。企业所得税下的划分与会计一致，所以在年度申报时，筹办期发生的广宣费与业务招待费并不在表 A105000 对应行次调整，而是与其他开办支出一起在表 A105080 中调整。在本案例中，开办费的会计金额为 30 万元，但其中包含的业务招待费只能按照 60% 扣除，所以开办费的计税基础为 28 万元，比会计核算少了 2（5 ×40%）万元。假设 ABC 公司选择一次性扣除，有关申报表填写如表 4 – 11 所示。

表 4 – 11　　A105080　资产折旧、摊销及纳税调整明细表（2019 年度）

单位：万元

行次	项目	账载金额			税收金额			纳税调整金额
		资产原值	本年折旧、摊销额	累计折旧、摊销额	资产计税基础	税收折旧、摊销额	累计折旧、摊销额	
		1	2	3	4	5	8	9（2 – 5）
33	四、长期待摊费用							
37	（五）开办费	30	30	30	28	28	28	2

本案例填报需注意以下事项：

第一，注重定义，准确定性。在本案例中，ABC 公司在申报时没有正确划分费用性质导致后面对应申报错误。

第二，筹办期发生的广宣费与业务招待费不能在“期间费用明细表”（A104000）对应行次体现。在本案例中，ABC 公司 A104000 表第 4 行“四、业务招待费”合计金额应为 6 万元，第 5 行“五、广告费和业务宣传费”合计金额应为 8 万元。这两个行次合计金额与 A105000 表对应行次“账载金额”列金额要相等，如果表 A105000 不包括筹办期费用而表 A104000 包括，就会使金额不一致从而导致系统校验不通过。

第五章

资产损失税前扣除及纳税调整明细表（A105090）及相关内容讲解

企业在日常经营活动中，不可避免地要处置资产，有处置就可能会有损失。资产损失企业所得税前扣除是一件看似理所应当但玄机暗藏的事项，在实务中非常容易出问题。企业必须要对扣除条件、扣除时间、管理要求等做仔细全面的了解才能保证将发生的资产损失在企业所得税中扣对、扣足。

国家税务总局公告 2020 年第 24 号对表 A105090 的修改并没有本质的改变。本章在讲解报表填写部分内容时，直接套用新报表。

第一节　资产损失税收政策实务分析

在本节中，笔者首先从资产损失的概念出发，详细分析资产损失税前扣除的政策规定及管理要求。

一、判断资产损失是否允许税前扣除

定性是税务处理的第一步。结合本章内容，企业应首先判断发生的资产损失是否属于可以税前扣除的资产损失，至于损失多少、何时申报扣除等具体操作问题，则是定性之后应关注的问题。

第八条　企业实际发生的与取得收入有关的、合理的支出，包括成本、费用、税金、损失和其他支出，准予在计算应纳税所得额时扣除。

——《企业所得税法》

第三十二条　企业所得税法第八条所称损失，是指企业在生产经营活动中发生的固定资产和存货的盘亏、毁损、报废损失，转让财产损失，呆账损失，坏账损失，自然灾害等不可抗力因素造成的损失以及其他损失。

企业发生的损失，减除责任人赔偿和保险赔款后的余额，依照国务院财政、税务主管部门的规定扣除。

企业已经作为损失处理的资产，在以后纳税年度又全部收回或者部分收回时，应当计入当期收入。

——《企业所得税法实施条例》

一、本通知所称资产损失，是指企业在生产经营活动中实际发生的、与取得应税收入有关的资产损失，包括现金损失，存款损失，坏账损失，贷款损失，股权投资损失，固定资产和存货的盘亏、毁损、报废、被盗损失，自然灾害等不可抗力因素造成的损失以及其他损失。

——财税〔2009〕57 号

第二条　本办法所称资产是指企业拥有或者控制的、用于经营管理活动相关的资产，包括现金、银行存款……

第三条　准予在企业所得税税前扣除的资产损失，是指企业在实际处置、转让上述资产过程中发生的合理损失（以下简称实际资产损失），以及企业虽未实际处置、转让上述资产，但符合《通知》财税〔2009〕57 号和本办法规定条件计算确认的损失（以下简称法定资产损失）。

——国家税务总局公告 2011 年第 25 号

综合上述各项政策规定，允许税前扣除的资产损失需要同时满足以下 3

个要求：企业拥有或实际控制；实际发生；用途与生产经营取得收入有关。**企业拥有或者控制**，指的是企业要拥有资产所有权，租入车辆的损毁是出租方的资产损失，在途货物丢失是委托人的资产损失。**实际发生**，指的是损失要已成定局（法定损失除外），股票跌入本里没卖出不能算损失，药品已经过期没处理不能算损失。**与生产经营取得收入有关**，指的是资产对取得收入有贡献，这里的“有贡献”更注重动机而不太注重结果，也不要求是直接贡献，如购买的生产设备准备投入使用因厂房漏雨泡坏了而产生的损失与生产经营取得收入有关，员工食堂的灶具着火了与生产经营取得收入有关。除以上三点之外，还要注意“生产经营中”这个表述。这几个并不太起眼的字眼反而会带来政策理解的严重分歧，详见案例5－3。

【案例5－1】 ABC公司将资金无偿借与DEF公司使用。DEF公司因发生重大事故一夜之间人去楼空，ABC公司资金无法收回。不能收回的应收账款能否税前扣除？

案例分析：可能不能税前扣除，因为该项资产损失不符合第3个条件，不是为生产经营使用，也对取得收入没什么贡献。类似的情况会经常存在于母子公司、兄弟公司之间，要注意规避其中风险。

不约定利息收入和约定利息收入但未实际收到收入是性质不同的两件事，如果能有证据显示双方有约定利息或其他收益，即使债权人没有真正收到利息或者完全是因利益诱惑被骗，其应收账款损失也是允许税前扣除的，比如投资不满一个月投资平台爆雷发生的投资损失。

【案例5－2】 ABC公司将一批货物存入公司仓库。因仓库看管人员玩忽职守，造成ABC公司价值100多万元货物被盗丢失或不同程度损毁。ABC公司因货物丢失损毁的损失能否税前扣除？

案例分析：ABC公司完全符合3个条件，允许扣除。本案例处理时应注意与增值税的区分，在实务中经常发生张冠李戴、政策要求互串的情况。增值税中，对于因被盗、丢失等管理不善原因造成的货物非正常损失，对应的进项税额不得抵扣，已抵扣的要转出。但企业所得税没有这样的规定，并且转出的进项税额还可以作为损毁货物的成本一并税前扣除。

【案例5－3】 ABC公司因地处偏僻，专门购买了一辆大巴车接送距离较远的员工上下班。2019年某天，ABC公司的甲股东因个人搬家需要向公司申请使用大巴车帮其搬运部分大件家具、家电。大巴车在回程路上，因为附近工地施工导致路面湿滑撞毁了路边广告牌，同时车身也有严重损毁并报废。2019 年度申报时，ABC 公司将大巴车造成的损失申报税前扣除，但其主管税务机关认为，该大巴车的碰撞损毁是用于个人私事，不属于在"生产经营过程中"实际发生，所以不能税前扣除。ABC 公司主管税务机关的主张是否正确？

案例分析：ABC 公司主管税务机关的主张是有道理的。前述大巴车的损失能否税前扣除取决于是否满足政策规定的三个条件，根据案例描述，大巴车为公司持有且用于生产经营是毋庸置疑的。但因为该大巴车是在办理私人事项时碰撞损毁的，虽然实际发生，却不属于在生产经营活动中实际发生，所以其损失不能税前扣除。

这里做个关联延伸。假设大巴车是在去接员工上班的路上碰撞损毁的，因为大巴车完全用于职工福利，其损失是计入职工福利费限额扣除还是正常全额扣除？从国家税务总局公告 2011 年第 25 号（以下简称"25 号公告"）对资产损失规定的角度来看，其没有仿效财税〔2009〕57 号的方式直接定义什么是可以税前扣除的资产损失，而是另辟蹊径先定义什么是损失可以税前扣除的资产，然后再规定实际处置或者转让上述资产发生的损失允许税前扣除。所以，用于职工福利的大巴车的损毁就属于 ABC 公司准予在企业所得税税前扣除的资产损失，无须再同时并入其他费用。

再回到本案例，好像也可以采用 25 号公告第二条、第三条的逻辑，认为大巴车即便是在办理私人事项的过程中碰撞损毁的，却也属于"本办法所称资产是指企业拥有或者控制的、用于经营管理活动相关的资产"，ABC 公司"在实际处置、转让上述资产过程中发生的合理损失"应该是准予在企业所得税税前扣除的资产损失。但是 ABC 公司的主管税务机关始终认为是不可以的，而且依据居然也是 25 号公告，不过是第一条。

第一条　根据《中华人民共和国企业所得税法》（以下简称企业所得税法）及其实施条例、《中华人民共和国税收征收管理法》（以下简称征管法）及其实施细则、《财政部　国家税务总局关于企业资产损失税前扣除政策的通知》（财税〔2009〕57 号）（以下简称《通知》）的规定，制定本办法。

——国家税务总局公告 2011 年第 25 号

25号公告第一条就确定了自身的地位，其规定是对《实施条例》和财税〔2009〕57号要求的细化，是不能够超越二者的。既然《实施条例》和财税〔2009〕57号都要求损失是在“生产经营活动中发生的”，即使25号公告没有明确写出，也必须以此条件为前提。本案例因为不满足《实施条例》和财税〔2009〕57号的规定，即使从25号公告解释得过去也不符合税前扣除条件；延伸案例因为符合了《实施条例》和财税〔2009〕57号的规定，才可以引用25号公告作进一步探讨。接下来，再看一个关于车辆损毁的案例。

【案例5-4】 ABC公司因车辆有限，所以很多业务人员外出办事时都需要驾驶自己的私家车。2019年冬天，甲员工在驾驶私家车去邻市出差途中，因下雪天黑视线不好被后面快速行驶车辆追尾，导致车辆几乎报废，人员虽无性命之虞却受伤较重。ABC公司事后向甲员工赔付车辆损失8万元，人员各项损失20万元。2019年度申报时，ABC公司将8万元车辆损失作为资产申报税前扣除。ABC公司的做法是否正确？

案例分析： ABC公司的做法是不正确的。虽然甲员工的车辆是在为ABC公司工作的过程中被撞损毁的，但该车辆是甲员工的车辆，并不属于ABC公司，所以不符合资产损失税前扣除的要求。如此，ABC公司支付的8万元是否就不能税前扣除了？当然还是可以的。ABC公司可以直接将8万元与20万元一起作为差旅事故补偿税前扣除，无须分别处理。

二、实际资产损失、法定资产损失以及税前扣除时点

资产损失的申报时点问题经常被忽略。虽然在一般情况下，资产损失发生得都很直观，也无须理赔等复杂的手续，但在特定情况下，没有选择正确的处理时间会使资产损失税前扣除变得具有较高的税务风险。想要正确选择资产损失申报时点，就必须首先对其准确分类，因为不同分类对申报时间要求不同。

资产损失分为法定资产损失和实际资产损失。

第三条　准予在企业所得税税前扣除的资产损失，是指企业在实际处置、转让上述资产过程中发生的合理损失（以下简称实际资产损失），以及企业虽

未实际处置、转让上述资产，但符合《通知》财税〔2009〕57号和本办法规定条件计算确认的损失（以下简称法定资产损失）。

——国家税务总局公告2011年第25号

根据政策规定，在已进行会计处理的前提条件下，实际资产损失强调实际发生，损失在能够确认金额的当年就必须申报，不能推迟也不能提前；而法定资产损失强调满足政策列举的条件，从满足条件的这一年度开始就可以申报，但不要求必须在这一年申报，时间比较自由。法定资产损失和实际资产损失并不完全独立，会互相转化，这个转化必须是满足一定条件的转化，不是概念的混淆。在实务处理时，判断实际资产损失与法定资产损失绝不能仅凭想象，还需要结合合同约定、其他部门干预结果、实操经验等综合分析。

【案例5-5】ABC公司于1998年对外投资100万元，被投资公司因经营不善，于2005年经法院裁定破产并注销。之后，ABC公司却因种种原因一直未做账务处理（损失未进损益）和税务处理，直至2019年审计时才重新发现该笔股权投资损失并在2019年度申报扣除。ABC公司聘请的税务师事务所认为该笔损失应该在2005年确认，现已超过追溯期；而ABC公司认为该损失属于法定损失，不应该有年限限制。以上两种理解，哪种理解是正确的？

案例分析：税务师事务所的理解是正确的。ABC公司对法定资产损失的概念产生了严重误解，认为“法定”是“法院裁定/判定/决定”。ABC公司的投资损失已确定发生并于2005年处理完毕，属于实实在在的实际资产损失，只是已经不能再在2019年度追补扣除了。

第六条　企业以前年度发生的资产损失未能在当年税前扣除的，可以按照本办法的规定，向税务机关说明并进行专项申报扣除。其中，属于实际资产损失，准予追补至该项损失发生年度扣除，其追补确认期限一般不得超过五年，……属于法定资产损失，应在申报年度扣除。

——国家税务总局公告2011年第25号

一计不成再生一计。ABC公司又认为，25号公告规定企业实际资产损失应当在其实际发生且会计上已作损失处理的年度申报扣除，可否从会计处理角度理解为：虽然实际发生但会计没有做处理，因此2005年不满足“会计上已作损失处理”的条件，待 2019 年会计处理时再申报扣除？答案是否定的。这个逻辑类似于“拿前朝的（尚方宝）剑斩本朝的官”，会计准则与税务规范分别遵从各自的法律法规，会计需要预判估计，重视职业判断；税法强调落袋为安，依赖确定发生的事项。资产损失税前扣除是税法对于企业发生的资产损失是否可以扣除、何时扣除、扣除多少等事项的处理规范，严谨严肃，不应也不能被企业自身的财务判断所引导。因此，ABC 公司该项实际损失发生于 2005 年，2019 年度已经超过了 25 号公告第六条规定的五年追补期限，不得税前扣除。

【案例 5－6】 ABC 公司 2016 年初签订一项 60 万元的采购系统开发合同，开发之初预付款 20 万元。2017 年初，系统交付后 ABC 公司发现系统存在严重缺陷无法使用，未验收合格入账。到 2020 年初，ABC 公司未使用、未验收、未付尾款，预付的 20 万元也一直挂在预付科目。ABC 公司能否将其作为资产损失税前扣除？如果可以，应该在哪一年度扣除？

案例分析： 对这种情况，ABC 公司可以灵活掌握和变通。从理论来讲，该损失既可以做实际资产损失，也可以做法定资产损失，但是，一是还要结合合同约定以及会计处理，二是要明确损失的是什么资产。

假设合同中不涉及赔偿事项，ABC 公司放弃了该系统开发且不再追责，就可以做成实际资产损失，并在处理当年申报扣除。实际资产损失的对象是未开发完毕的系统。

如果合同中有赔偿约定或者是 ABC 公司要追责并预期会得到赔偿，但是对方态度暧昧不愿商谈，结果拖拖拉拉满足了文件列举的法定资产损失的条件，ABC 公司就可以按照法定资产损失的方式来处理。法定资产损失的对象是预付账款，具体应如何判断将在案例 5－9 中分析。

综上所述，在企业发生了资产损失之后，应首先判断是否可以扣除；如果可以，再判断属于哪种资产损失，并以此确定申报扣除年度。

三、实际资产损失的处理要点

实际资产损失申报扣除年度的确定看似并不复杂，但具体操作时，容易忽略关键政策细节。

【案例5－7】ABC公司2017年初向海外DEF公司销售一批价值500万元的货物，并对该应收账款投保，会计于货物交付买方后确认销售收入。2017年中期，受境外市场环境影响，DEF公司面临财务困难，迟迟无法付款。经多次催要，DEF公司最终在2017年11月支付ABC公司200万元货款后进入破产程序，目测再无能力支付，会计确认损失300万元。ABC公司于2017年底向保险公司理赔，并在2017年度汇算清缴时按照实际资产损失申报扣除资产损失300万元。2018年2月，保险公司经调查作出赔偿260万元的决定，并实际支付，ABC公司收到钱后计入利得，于2018年度汇算时并入收入总额。

2019年税务机关开展资产损失专项核查时，认为ABC公司不应该于2017年度申报扣除300万元损失，而应于2018年申报扣除40万元损失。ABC公司需修改2017年度申报表并补缴税款以及滞纳金，但可以于2018年度调减应纳税所得额260万元。

主管税务机关作出要求后，因涉及税额较大，ABC公司持反对意见，认为2017年损失已经真实发生且符合25号公告的三个条件，可以扣除；之后收回的赔偿也已经计入2018年利润总额，总体没有少缴税款，不应调整。ABC公司的观点是否正确？

案例分析：ABC公司的观点是错误的，该项损失2017年度确实尚不满足扣除条件。

第三十二条　……企业发生的损失，减除责任人赔偿和保险赔款后的余额，依照国务院财政、税务主管部门的规定扣除。……

——《企业所得税法实施条例》

本案例中的资产损失属于实际资产损失，根据《实施条例》规定，在计算应纳税所得额时允许扣除的资产损失金额是减除责任人和保险赔偿后的余额。2017年虽然ABC公司的损失确实发生，但是终其全年，其最终的损失余额并不确定，无论会计如何处理，企业所得税下均不能申报扣除。假设企业没有投保，据当时情况分析无人赔偿，300万元就可以认为是损失净额，就允许在2017年度申报扣除；但如果有明确的责任人或者保险，只要获偿有望，都必须要等待最终的处理结果后，方可扣除。那么，ABC公司的会计处理是否也需要同步调整？不要求必须调整，只要申报资产损失时会计上已做处理即可，政策没有强制会计处理与申报扣除必须在同一个年度。

在税务学习及实务处理中，特别强调需要透过现象看本质，相同的税法原理会以不同背景、不同形式、不同内容出现。比如，某企业借款无法回收，后经司法程序取得法院出具的执行裁定书，需查封被执行人名下的财产等待拍卖，由于能够判断债权人会部分收回债权但具体金额未知，就不能确定损失的余额，因此等待期间也不能申报资产损失扣除。

再回到案例中，假设本案例中的 ABC 公司报案，保险公司调查后，保险公司寻找各种理由推脱责任，认为不属于理赔范围不肯赔偿，双方僵持不下，难道 ABC 公司就一直等下去吗？其实，现实工作中谁也不能料事如神，明确知道未来的结果，如果处在事件当时有充足理由相信获得赔偿的概率比较渺茫，就可以按照不会收到赔偿来处理，等以后收到时再计入当期收入，这是政策明确允许的。

第三十二条　……

企业已经作为损失处理的资产，在以后纳税年度又全部收回或者部分收回时，应当计入当期收入。

——《企业所得税法实施条例》

2018 年底 ABC 公司觉得获赔无望，确认实际损失 300 万元。后来，再假设 ABC 公司于 2019 年向法院提起诉讼，要求保险公司履行责任，法院于 2020 年判决保险公司连本带息应赔偿 ABC 公司 270 万元。此时，ABC 公司已经于 2018 年确认了 300 万元的资产损失，就直接在 2020 年再计入 270 万元的收入即可，不需要调整 2018 年申报表。2020 年之后，如果税务机关检查时提出异议，认为 2018 年不应该确认资产损失，那么 ABC 公司就可以积极争取。因为应不应该确认不能站在 2020 年往前看，而是要站在 2018 年往后看。所以，如果资产损失有明显的责任人的，当判断可能不被赔偿时，最好留有痕迹，尤其是当时对方的托辞。

【案例 5－8】（续案例 5－6）ABC 公司于 2016 年初签订一份 60 万元的采购系统开发合同，开发之初预付款 20 万元。2017 年初，在系统交付后 ABC 公司发现系统存在严重缺陷无法使用，未验收合格入账。到 2020 年初，ABC 公司未使用、未验收、未付尾款，并决定放弃该系统开发。ABC 公司应如何进行税务处理？

案例分析：ABC 公司放弃了该系统开发且不再追责，应当按照实际资产损失的要求进行税务处理。但要注意，在实际资产损失处理模式下，ABC 公司损失的是没有成功的在建资产（或在产品），不是预付账款。ABC 公司需要先将预付账款转入在建工程、研发费用等资产（或成本类）科目，然后由企业相关部门出具放弃系统开发的书面决定，再在会计上将这项资产注销，损失实实在在地发生。结合案例中不死不活挂账 3 年的情况，ABC 公司财务部门或者相关业务部门应积极向管理层请示，作出明确的内部处理决定，财务部门依据内部决定处理即可。

总之，想确定实际资产损失，必须等以下数据全都确定之后才能进行年度申报扣除：账面损失金额（历史成本、净值等）、处置回收金额、需要转出的进项税额、预期很可能取得的可赔偿金额。

四、法定资产损失的处理要点

法定资产损失相对于实际资产损失的扣除年度比较宽松，申报金额应与会计处理一致而并非实实在在的余额。但法定资产损失种类稀少，只有 25 号公告中规定的几种。

第二十三条　企业逾期三年以上的应收款项在会计上已作为损失处理的，可以作为坏账损失，但应说明情况，并出具专项报告。

第二十四条　企业逾期一年以上，单笔数额不超过五万或者不超过企业年度收入总额万分之一的应收款项，会计上已经作为损失处理的，可以作为坏账损失，但应说明情况，并出具专项报告。

——国家税务总局公告 2011 年第 25 号

根据税务总局文件规定，法定资产损失现已不需要出具专项报告。

为贯彻落实党中央、国务院关于减证便民、优化服务的部署要求，……税务总局决定取消 20 项税务证明事项（详见附件），现予以发布。

附件：《取消的税务证明事项目录》

3. 专业技术鉴定意见（报告）或中介机构专项报告

证明用途：企业向税务机关申报扣除特定损失时，需留存备查专业技术鉴定意（报告）或法定资质中介机构出具的专项报告。

取消后的办理方式：不再留存。改为纳税人留存备查自行出具的有法定代表人、主要负责人和财务负责人签章证实有关损失的书面申明。

——国家税务总局公告2018年第65号

【案例5－9】（续案例5－6）ABC公司于2016年初签订一份60万元的采购系统开发合同，开发之初预付款20万元。2017年初，系统交付后ABC公司发现系统存在严重缺陷无法使用，未验收合格入账。到2020年初，ABC公司未使用、未验收、未付尾款。预付的20万元一直挂在预付科目。ABC公司能否将其作为资产损失进行税前扣除？如果可以，应该在哪一年度扣除？

案例分析：如果合同中有赔偿约定或者是ABC公司要追责，并且应该会得到赔偿，但是对方态度暧昧不好商谈，若持续期满足了文件列举的法定资产损失的条件，这项损失就应当按照法定资产损失的方式来处理。参照25号公告条款，假设ABC公司追偿期超过3年，就可以作为法定资产损失了。“3年”并不是挂账期，而是ABC公司依据合同索回预付款开始之后3年。假设ABC公司预计对方会赔偿10万元左右，因此20万元计提了坏账准备，就可以按照20万元申报扣除。注意，在ABC法定资产损失处理模式下，ABC公司损失的是应收账款，而不是未开发完毕的系统。

【案例5－10】ABC公司对外借款50万元，2016年底到期。2017年底ABC公司对该笔借款已计提坏账损失。2018年，追款无望的ABC公司上诉法院追偿，2019年取得法院裁定书，但对方经济困难短期无法还款。同时，ABC公司2019年亏损严重，不想再确认资产损失加重亏损，能否推迟至以后年度申报损失扣除？

案例分析：是可以延迟申报的。ABC公司该笔应付账款经法院裁定对方需要继续还款，损失余额未知，不属于实际资产损失。2016—2019年，该笔应收账款逾期3年，满足法定资产损失的条件，即从2019年度开始，ABC公司有权利将该笔应收账款按照法定资产损失申报税前扣除，但不一定只能在2019年，以后的每一个年度都可以。

假设ABC公司一直未申报资产损失，2023年对方公司破产，则ABC公司损失做实，该笔应收账款从法定资产损失变为实际资产损失，必须在2023年度申报扣除。

第二节　资产损失申报案例示范及实务提要

一、资产损失申报案例示范

表 A105090 适用于发生资产损失税前扣除项目及纳税调整项目的纳税人填报。

第四条　企业实际资产损失，应当在其实际发生且会计上已作损失处理的年度申报扣除；法定资产损失，应当在该项资产已符合法定资产损失确认条件，且会计上已作损失处理的年度申报扣除。

——国家税务总局公告 2011 年第 25 号

根据 25 号公告规定，资产损失税前扣除必须经申报，没有申报不得扣除。在年度申报时，企业需要如实填报表 A105090。表 A105090 发挥着双重作用：一是调整会税差异；二是完成规定“申报”动作。在实务中，关于资产损失的申报存在一些理解误区，下面笔者将结合实务案例详细讲解报表填报及纠正理解误区。

【案例 5－11】 ABC 公司于 2019 年 5 月因管理不善造成账面价值 300 万元的货物被毁掉，货物适用增值税税率为 13%。保险公司赔付 230 万元。经追查，管理人员需承担责任，共赔付 60 万元。会计上已经处理。

案例分析： 本案例填报示范如表 5－1 所示，同时还应注意以下事项。

表 5－1　　A105090　　资产损失税前扣除及纳税调整明细表　　单位：万元

行次	项目	资产直接计入本年损益金额	资产处置收入	赔偿收入	资产计税基础	资产损失的税收金额	纳税调整金额
		1	3	4	5	6（5－3－4）	7
5	三、存货损失						
6	其中：存货盘亏、报废、损毁、变质或被盗损失	49	0	290	339	49	0

本案例填报时需注意以下几点：

第一，本案例中存货的损失是由管理不善造成，根据增值税相关规定，被损毁的存货对应的进项税额需要转出。转出的进项税额也可以作为损失资产计税基础，这会造成申报损失时的计税基础339万元不等于原始计税基础300万元，但这不属于调整计税基础。339万元可以理解为损失了货物和进项税额两项资产。

第二，本案例的处理没有会税差异。但是只要属于资产损失，只要需要税前扣除，就必须在表A105090反映。有差异调整差异，没有差异能起到向税务机关报告的作用。

【案例5－12】 ABC公司2018年投资股票市场，并于2019年将所购股票全部抛售。（单位：万元）

情形一：

1. 2018年2月，ABC公司购买时成本100万元。

借：交易性金融资产——成本　　100

　　贷：银行存款　　100

2. 2018年底公允价值150万元，会计计入公允价值变动损益贷方。

借：交易性金融资产——公允价值变动　　50

　　贷：公允价值变动损益　　50

3. 2019年3月抛售时，卖价120万元，会计处理赔30万元。

借：银行存款　　120

　　投资收益　　30

　　贷：交易性金融资产　　150

情形二：

1. 2018年2月ABC公司购买时成本100万元。

借：交易性金融资产——成本　　100

　　贷：银行存款　　100

2. 2018年底公允价值50万元，会计计入公允价值变动损益借方（为方便与情形一比对分录以贷方负数体现）。

借：交易性金融资产——公允价值变动　　－50

　　贷：公允价值变动损益　　－50

3. 2019 年 3 月抛售时，卖价 80 万元，会计处理赚 30 万元。

借：银行存款　　80

　　贷：交易性金融资产　　50

　　　　投资收益　　30

基于以上两种情形，ABC 公司分别应如何进行税务处理？

案例分析：判定资产处置是否为损失的一个关键数据是前面章节曾多次强调过的计税基础。

第五十六条　企业的各项资产，包括固定资产、生物资产、无形资产、长期待摊费用、投资资产、存货等，以历史成本为计税基础。

前款所称历史成本，是指企业取得该项资产时实际发生的支出。

企业持有各项资产期间资产增值或者减值，除国务院财政、税务主管部门规定可以确认损益外，不得调整该资产的计税基础。

——《企业所得税法实施条例》

基于此，2018 年度两种情况下会计对股票公允价值的调整均不被认可，无论股票账面价值多少，计税基础仍为 100 万元。因此，在情形一下，2019 年度虽在会计上是亏损的，但是从税法角度理解该股票的处置并没有损失并且赚取 20 万元，不需要填写表 A105090，若有会税差异，应在表 A105030 中调整，2018 年度报表填写如表 5－2 所示；在情形二下，2019 年度虽在会计上是赚钱的，但是税法角度理解该股票的处置亏损 20 万元，属于企业所得税下的资产损失，需要填写表 A105090 申报损失、调整会税差异，报表填写如表 5－3 所示。

表 5－2　　A105000　　纳税调整项目明细表（2018 年度）　　单位：万元

行次	项　　目	账载金额	税收金额	调增金额	调减金额
		1	2	3	4
1	一、收入类调整项目	*	*		
7	（六）公允价值变动净损益（情形一）	50	0		50
	（六）公允价值变动净损益（情形二）	－50	0	50	

表 5-3　A105090　资产损失税前扣除及纳税调整明细表（2019 年度）

单位：万元

行次	项目	资产损失直接计入本年损益金额	资产处置收入	赔偿收入	资产计税基础	资产损失的税收金额	纳税调整金额
		1	3	4	5	6（5-3-4）	7
25	十、通过各种交易场所、市场买卖债券、股票、期货、基金以及金融衍生产品等发生的损失	-30	80	0	100	20	-50

本案例填报时需要注意以下几点事项：

第一，“资产损失”指的是税法口径下的资产损失，并非会计核算口径下的。本案例中情形一的会税差异应在表 A105030 中调整。

第二，“资产损失直接计入本年损益金额”填报纳税人会计核算计入当期损益的资产损失金额，不包含当年度通过准备金项目核销的资产损失金额。该金额必须能够是负数，否则当会计盈利而税法损失时，则无法正确调整。

第三，资产处置是资产处理的终端，如果在之前该项资产有暂时性会税差异的，一定要在处置时找回，否则再无调整机会。如果资产处置是企业所得税下的损失，就在 A105090 中调整；如果有所得，应根据不同情况在表 A105000 或者其他报表中调整。

二、资产损失税前扣除备查资料的准备

一、企业向税务机关申报扣除资产损失，仅需填报企业所得税年度纳税申报表“资产损失税前扣除及纳税调整明细表”，不再报送资产损失相关资料。相关资料由企业留存备查。

二、企业应当完整保存资产损失相关资料，保证资料的真实性、合法性。

……

——国家税务总局公告 2018 年第 15 号

根据文件规定，资产损失税前扣除已不需要提交备案资料，但这不意味着不需要准备资料。25号公告中关于资料要求的条款依然有效，税务机关对申报资产损失税前扣除的资料要求没有改变，仅仅是从申报时上交税务机关变为留在企业备查，企业自行判断是否符合条件，并对结果承担全部责任。结合税务机关的工作情况，每5年会将所有的资产损失申报核查一遍。如果企业在申报当年不能有效准备资料，等到后期再补，很多凭证就很难取得了。

在实务中企业要将资料准备到哪种程度才能既顺利过关又不至于过度准备呢？笔者建议仍然参照原来“清单申报”与“专项申报”的标准，虽然现在已经没有所谓清单申报和专项申报的说法，但划分标准仍然值得借鉴参考。

下列资产损失，应以清单申报的方式向税务机关申报扣除：

（一）企业在正常经营管理活动中，按照公允价格销售、转让、变卖非货币资产的损失；

（二）企业各项存货发生的正常损耗；

（三）企业固定资产达到或超过使用年限而正常报废清理的损失；

（四）企业生产性生物资产达到或超过使用年限而正常死亡发生的资产损失；

（五）企业按照市场公平交易原则，通过各种交易场所、市场等买卖债券、股票、期货、基金以及金融衍生产品等发生的损失。

三、与会计处理的时间的衔接

25号公告规定：“第四条　企业实际资产损失，应当在其实际发生且会计上已作损失处理的年度申报扣除；法定资产损失，应当在该项资产已符合法定资产损失确认条件，且会计上已作损失处理的年度申报扣除。”会计上已作损失处理的年度有两种理解：第一种是会计处理和资产损失申报二者必须在同一年度；第二种是申报资产损失时只要会计已做损失处理即可，无论是哪个年度做的损失处理。基于上述对会计与税法关系的分析，应选择第二种。

四、股权损失确认时间需要注意的问题

问：我公司主管税务机关要求，股权转让损失应该在股权变更手续完成的年度按照申报扣除股权转让损失，是否合理？

答：是有道理的。《国家税务总局关于关于贯彻落实企业所得税法若干税收问题的通知》（国税函〔2010〕79号）第三条规定，企业转让股权收入，应于转让协议生效且完成股权变更手续时，确认收入的实现。根据前述描述，资产损失金额的确定需要明确资产计税基础、资产处置收入金额、赔偿金额等内容。由于股权转让的收入是在完成变更手续的年度确认的，所以相应转让损失也应该按照同一逻辑确认。没有明确的收入金额又怎会有确定的损失金额。

问：在会计上，转让金额已经收到，我公司也已做账，申报扣除还需要等手续办完吗？

答：是的。会计和税法遵从不同的政策要求。虽然钱款已经到账，财务判断该项业务达到了会计确认的要求，但并不代表满足税法收入确认的条件。

第三节　资产的税务处理规律

写到这里，与资产相关的内容基本就讲解完毕了。资产，无论是金融资产、存货、固定资产还是其他任何的资产，经常会涉及多张报表联合调整，因此，如果只是单一地看某一张申报表的规定或资产某一环节的处理事项，这样的学习是碎片化的、不成体系的，也不能更透彻地去体会企业所得税法的精神。中国词汇虽丰富精深，限于笔者水平，却仍难免只可意会不可言传，很多阅读感受、实务经验都很难用文字准确、清晰地表达。不过，笔者仍愿意尝试着去分析、表述一些规律性的事项，同时也是对本篇内容的简单总结。

资产从购买到使用再到最后处置，所涉及会税差异是否有规律可循？或

者说，如果需要自查一项资产的处理是否正确，有什么有效检验的判断标准？在一般情况下，资产（包括金融资产）不会产生永久性会税差异，只会是暂时性差异。如果某项资产在处置年度之前因减值、公允价值变动等原因调整过账面价值，那么在该资产处置当年年度申报时所有之前会税差异累计金额必须反向调回，否则，就说明调整申报是不完整的。处置包括核销、转让等各种使资产从本企业资产负债表中消除的情况。如果资产处置后，确实发现整个环节纳税调增与调减金额不相等，也不一定是处置年度有问题，也许问题出在以前年度，甚至有可能计税基础就不正确。

在什么情况下资产会产生永久性的会税差异呢？特殊情况主要出现在资产初始确认时账面价值与计税基础不一致，最典型的就是用不征税收入购买的固定资产，还比如，自建的固定资产的金额里包含了超额的利息，或者超标的福利费等。在这种情况下有两种调整思路：一种是固定资产计税基础因为不能包含企业所得税不允许扣除部分，所以不等于账面价值，在资产折旧年限内每年调整；另一种是额外调增税法不允许扣除的部分，保持计税基础与账面价值一致，资产折旧期间也不用每年调整。在两种方式中，第一种更符合企业所得税本意，应尽量采用，第二种属于第一种调整方式过于烦琐的情况下的变通方式。

损益篇

本篇为损益篇，主要讲解损益性质的会税差异，即会税差异主要来源于企业所得税与会计准则直接对收入确认与支出扣除在时间、金额等方面要求的不同。

本篇主要涉及内容为新收入准则及企业所得税各种收入的确认，对应报表为“视同销售和房地产开发企业特定业务纳税调整明细表”（A105010）和“未按权责发生制确认收入纳税调整明细表”（A105020）；费用扣除分析与税前扣除凭证，对应报表为“职工薪酬支出及纳税调整明细表”（A105050）、“广告费和业务宣传费等跨年度纳税调整明细表”（A105060）、“捐赠支出及纳税调整明细表”（A105070）、“纳税调整项目明细表”（A105000）。

本篇包括六章内容。第六章与第七章合起来是对新收入准则会税差异的完整分析，其中，第六章主要以销售货物为分析场景，但也包括提供较短期劳务，因为二者在新收入准则中原理一致；第七章偏向提供长期劳务，比如建造不动产、签订多年服务合同等。第八章到第十一章主要讲解企业所得税对部分费用的处理，其中，第十一章是对企业处理费用问题的整体分析，理论性相对较强，在阅读本篇内容时推荐先读这一章。

还需要提示的是，与第一篇一样，本篇依然格外注重定性，阅读时请务必时刻留有这根弦。另外，本篇所表述的纳税调增或纳税调减，均指的是对应纳税所得额的影响，比如“视同销售成本纳税调减 3 万元”并不是减少了 3 万元的成本，而是增加了 3 万元的成本，从而减少了 3 万元应纳税所得额。

第六章

视同销售和房地产开发业务特定业务纳税调整明细表（A105010）及相关内容讲解

本章主要讲解企业所得税下适用权责发生制原则的销售货物和提供劳务新收入准则与企业所得税收入确认的差异，并在此基础上延伸至企业所得税视同销售的判断及处理。新收入准则给出的新的思维模式是对企业所得税收入确认思路的一个挑战，企业所得税是否能够认可新收入准则，能认可哪些部分、认可到哪种程度，将是未来几年内需重点关注的问题。如果企业暂不关注新收入准则，可以直接跳至第四节企业所得税视同销售政策分析。

第一节　新收入准则与企业所得税法收入确认

一、新收入准则与企业所得税法收入确认的核心原则比对

第四条　企业应当在履行了合同中的履约义务，即在客户取得相关商品

控制权时确认收入。

取得相关商品控制权，是指能够主导该商品的使用并从中获得几乎全部的经济利益。

——《企业会计准则第 14 号——收入》（以下简称“新收入准则”）

为了防止混乱，本章将 2007 年实施的现行收入准则称为“旧收入准则”。

新收入准则主要用于销售货物及提供劳务收入确认，其收入确认判断核心点为“控制权转移”。新收入准则改变了旧收入准则重风险报酬、重利润的利润表确认模型，取而代之的是以资产负债表为核算核心的收入确认思维。其具体体现为，新收入准则从合同约定出发，将整体约定拆分为需要具体执行的履约义务，每一项履约义务都有具体的权利与义务，权利形成资产，义务形成负债。通过对履约过程形成的资产和负债进行会计处理，反映资产和负债的变化，资产负债的差额自然形成了企业利润（或亏损）。这样一来，无论什么性质的业务，新收入准则都可以采用统一的收入确认模型来规范所有与客户之间的合同产生的收入的计量，并在履行合同中的履约义务即客户取得相关商品（或服务）控制权时确认收入。这就比较好地解决了旧收入准则要求区分销售商品收入和提供劳务收入，但在某些情形下当销售货物与提供劳务的边界并不清晰时，企业只因采用不同的收入确认方法就改变了企业财务报告和经营成果的问题。

新收入准则下的五步法收入确认模型完整体现了从判断合同到拆分履约义务，再到将确定的交易价格分配至各履约义务，最后根据履约进度确认收入的过程。五步法具体每一步的处理原则与企业所得的差异将在第二节做简要介绍。下面再分析企业所得税下的收入确认。

第九条　企业应纳税所得额的计算，以权责发生制为原则，属于当期的收入和费用，不论款项是否收付，均作为当期的收入和费用；不属于当期的收入和费用，即使款项已经在当期收付，均不作为当期的收入和费用。本条例和国务院财政、税务主管部门另有规定的除外。

——《企业所得税法实施条例》

虽说《实施条例》第九条是对所有企业所得税的收入而言的，但根据其他条款的规定，九项企业所得税收入除了销售货物和提供劳务之外，有五项明确不完全按照权责发生确认收入，只剩财产转让收入和其他收入，但这两项一般也不属于企业的主营业务，所以，按照权责发生制确认收入主要还是针对销售货物收入和提供劳务收入。

二、企业将资产移送他人的下列情形，因资产所有权属已发生改变而不属于内部处置资产，应按规定视同销售确定收入。

——国税函〔2008〕828 号

从税法角度来说，谁控制商品并不重要，只要商品所有权发生了变化，就应该确认为收入。

——《企业所得税法实施条例释义及适用指南》

对比于新收入准则的“控制权转移”，企业所得税的核心判断标准是“所有权转移”。因为旧收入准则于 2007 年实施，现行《企业所得税法》于 2009 年实施，两者时间距离近，社会背景相似度高，所以，《企业所得税法》很多收入确认的具体要求都有旧收入准则的影子。但新收入准则全面实施后，再进行会税差异分析时就应当跳出旧收入准则原有的思维模式，改用新收入准则的原则对照企业所得税：不违反企业所得税立法精神和收入确认原则的，企业所得税可以接受；违反的，或者企业所得税有具体规定的，按照企业所得税要求处理。

要知道，旧收入准则施行十多年产生的思维惯性并非一朝一夕就能改变，还需要整个社会税务环境的配合。但万事开头难，面对注定要淘汰的“旧世界”就必须要勇于迈出改变的第一步。在后续具体案例分析中，笔者还将多次强调思维模式的调整，以期采用新收入准则的企业在实务处理时能够有意识地打破现有思维模式的限制，更多地采用新收入准则带来的新思路。

二、企业所得税销售商品收入的确认

本部分只讨论符合按权责发生制确认销售货物收入的业务，不涉及分期收款方式销售货物，因为企业所得税下分期销售更偏向于按照收付实现制确认收入，将在第七章中讲解。

在实务中，对于销售货物收入的确认主要以国税函〔2008〕875 号（以下简称“875 号函”）为参考。875 号函基本采用的是旧收入准则的理念，而没有从企业所得税角度给出收入确认的条件。与之相比，笔者更倾向于采用

《释义及适用指南》给出的销售货物确认收入的条件。下面通过案例详细分析两份文件收入确认的差异。

【案例6-1】2018年初，ABC公司向DEF公司销售一批价值100万元的货物，货物成本80万元，合同约定DEF公司先支付40%的货款，待货物全部收到后再支付60%的尾款。2018年8月，ABC公司将货物全部发出，并于当月得知从7月开始DEF公司的财务状况明显恶化。2018年年底，ABC公司综合多方因素，判断DEF公司很难再支付剩余60%货款。根据收入准则，ABC公司未确认60万元收入，且无会税差异。2020年初税务机关检查时，发现ABC公司存在该情况，要求在2018年确认100万元收入。税务机关的要求是否符合税法规定？

案例分析：税务机关的要求符合875号函的规定，但可能不太符合《释义及适用指南》的规定。

一、除企业所得税法及实施条例另有规定外，企业销售收入的确认，必须遵循权责发生制原则和实质重于形式原则。

（一）企业销售商品同时满足下列条件的，应确认收入的实现：

1. 商品销售合同已经签订，企业已将商品所有权相关的主要风险和报酬转移给购货方；

2. 企业对已售出的商品既没有保留通常与所有权相联系的继续管理权，也没有实施有效控制；

3. 收入的金额能够可靠地计量；

4. 已发生或将发生的销售方的成本能够可靠地核算。

——国税函〔2008〕875号

875号函是目前大部分地区税务机关确认货物销售收入的重要参考，也几乎是唯一参考。875号函的收入确认的条件直接引用了旧收入准则的收入确认条件，除了“相关的经济利益很可能流入企业”这条。因此，根据文件规定，ABC公司由于根据所签订已经全部发货，货物控制权和所有权也已转移至DEF公司，满足收入确认条件，应该确认收入。但如果根据《释义及适用指南》的理解，可能就是另一番思路。

上述各种货物类型销售时，在税务和会计处理（摊销）上各有所不同：

1. 收入时间的确认根据《企业会计准则第14号——收入》第四条，销售商品收入同时满足下列条件的，才能予以确认：①企业已将商品所有权上的主要风险和报酬转移给购货方；②企业既没有保留通常与所有权相联系的继续管理权，也没有对已售出的商品实施有效控制；③收入的金额能够可靠地计量；④相关的经济利益很可能流入企业；⑤相关的已发生或将发生的成本能够可靠地计量。

由于税法与会计存在的目的不同，在收入确认方面也有所差别：①会计上将“商品所有权的风险转移”作为销售商品收入实现的重要条件。根据《〈企业会计准则第14号——收入〉应用指南》，与商品所有权有关的风险，是指商品可能发生减值或毁损等形成的损失，而这些风险本质上属于企业经营风险，应由企业获得的利润来弥补，不能由国家来承担，否则会造成税收的不公平，因为每个企业面临的风险大小是不一样的。因此，税法对收入的确认就不能以“风险转移”为必要条件。②会计上确认收入的第二个条件是“不再保留继续管理权”。也就是说，对实际上继续控制的商品，其销售收入不能确认，但从税法角度来说，谁控制商品并不重要，只要商品所有权发生了变化，就应该确认为收入，所以这一条件也不适用于所得税法确认收入。③“相关收入和成本能够可靠地计量”也是会计上确认收入的一个必要条件，符合会计的稳健性原则，税法上对此的要求是收入和成本要合理，出于反避税的目的，税务机关如果认为收入和成本不合理，有权采取合理的方法进行调整。

通过以上分析，我们可以得出所得税法中对销售货物收入的确认条件：一是企业获得已实现经济利益或潜在的经济利益的控制权，二是与交易相关的经济利益能够流入企业，三是相关的收入和成本能够合理地计量。

——《企业所得税法实施条例释义及适用指南》

从合理性方面看，诚如《释义及适用指南》所分析的，企业所得税虽不考虑风险但也在乎收入实现能力，毕竟所得不能只建立在概念上，税款也是要用真金白银缴纳，难以获得的收入非收入。此外，《释义及适用指南》还明确指出，不仅销售货物确认收入需要考虑收入实现能力，提供劳务收入等也都需要考虑。“与交易相关的经济利益能够流入企业”是企业所得税确认收入的重要核心指标。

从准确性方面看，《释义及适用指南》始终从税法角度看待问题，虽然讲解是以分析与会计差异的形式开展的，但最终的落脚点均是在企业所得税税收的原理上，并非仅是表面形式的分析。

从权威性方面看，《释义及适用指南》是由《实施条例》立法起草小组编写的，很多需要明确又无法在《实施条例》中具体描述的内容都被编入《释义及适用指南》，这就好比近几年国家税务总局在出台文件时也会出台配套政策解读，其对政策的解释的权威性和对政策把握的准确性是其他任何部门的任何文件都无可比拟的。而“函”这种公文形式的效力就低得多，按照国务院办公厅的规定，函适用于不相隶属机关之间商洽工作、询问和答复问题、请求批准和答复审批事项。

综上所述，875号函无论是合理性还是权威性、准确性都不及《释义及适用指南》，但875号函胜在易于征管。《释义及适用指南》给出的三个确认条件：一是企业获得已实现经济利益或潜在的经济利益的控制权可以通过合同以及货物出仓运输等资料观察到；二是相关的收入和成本能够合理地计量可以通过账务处理观察到；三是与交易相关的经济利益能够流入企业却很难直接观察到，要更多依靠企业财务部门的经营和主观判断，税务机关对企业能否获得经济利益的分寸难以准确拿捏。在以往“保姆式”的税务管理模式下，如果企业货物已转移却不确认收入的话，主管税务机关的管理风险是比较高的，所以875号函不考虑相关的经济利益很可能流入企业的规定是符合当时的征管水平的，便于操作、易于判断。

此外还需要强调一点，有一个地方可能会让读者觉得困惑，怎么理解分析中提到的“只要商品所有权发生了变化，就应该确认为收入”和三个收入确认条件的结论中“二是与交易相关的经济利益能够流入企业”的关系呢，未免自相矛盾啊？相信实务中这很可能是一个争议聚焦点。笔者的理解是凡事都不能太“任性”，商品所有权发生变化是收入确认的大前提，是基础，但不是唯一，主要体现在第一个收入确认条件，即企业获得已实现经济利益或潜在的经济利益的控制权；而与交易相关的经济利益能够流入企业也是必不可少的条件之一。

不过，笔者承认，只要875号函还有效一日，笔者的分析就很难实现一日；即使废止了，其影响还不知道要多少年才能消除。但随着新收入准则的全面铺开，旧收入准则确认收入的思路必将被逐渐淘汰，企业所得税也势必要寻找新的收入确认原则，除非另辟蹊径，否则采用《释义及适用指南》给出的收入确认条件几乎是唯一的选择。

三、企业所得税提供劳务收入的确认

本部分只讨论符合按权责发生制确认提供劳务收入的业务，不涉及企业受托加工制造大型机械设备、船舶、飞机，以及从事建筑、安装、装配工程业务或者提供其他劳务等，持续时间超过12个月的情况，因为这些劳务在企业所得税下按照纳税年度内完工进度或者完成的工作量确认收入，更偏向于收付实现制，将在第七章中讲解。

企业所得税的劳务是无形的商品，是为他人提供服务的行为，包括体力和脑力劳动等，涉及的行业也比较广泛。企业所得税下的劳务基本等同于增值税下劳务和服务的总和，却不包括租金和利息。“租金收入”和“利息收入”在增值税下是属于提供服务收入的，但企业所得税下，与“提供劳务收入”是并列关系。

企业所得税下发的文件中，关于提供劳务服务收入的确认明确规定少之又少，用得比较多的主要是875号函第二条：“二、企业在各个纳税期末，提供劳务交易的结果能够可靠估计的，应采用完工进度（完工百分比）法确认提供劳务收入。”但此条款主要还是用于未按照权责发生制确认收入且持续时间超过12个月的长期劳务，而非适用于按权责发生制确认收入的短时劳务。如果都按照完工进度法确认，就相当于提供劳务都未适用权责发生制确认收入，与《实施条例》要求相悖。与销售货物收入确认的情况一样，笔者推荐按照《释义及适用指南》给出的依据确认提供劳务收入。

二、各种劳务类型的收入确认方法

上述各种劳务类型按以下方法确认收入：

（一）收入时间的确认企业同时满足下列条件时，应确认提供劳务收入的实现：一是收入的金额能够合理地计量；二是相关的经济利益能够流入企业；三是交易中发生的成本能够合理地计量。

……

（三）收入金额的确认

1. 企业应当按照从接受劳务方已收或应收的合同或协议价款确定提供劳务收入总额。

……

3. 企业提供劳务，但不按照纳税年度内完工进度或者完成的工作量确认收入的，应当分别下列情况处理：若已经发生的劳务成本预计能够得到补偿的，按照已经发生的劳务成本金额确认提供劳务收入，并按相同金额结转劳务成本；若已经发生的劳务成本预计不能够得到补偿的，可暂不确认提供劳务收入，但也不将已经发生的劳务成本计入当期损益，待已经发生的劳务成本确定不能得到补偿时，再经主管税务机关核定作为损失扣除。

——《企业所得税法实施条例释义及适用指南》

《释义及适用指南》关于提供劳务收入条件虽然主要仍然参考的是旧收入准则，但放在企业所得税下却非常合理。尤其是如果成本不能补偿时，即不用确认收入也不能扣除成本，彻底地体现了“所得”的含义。理论上确实完美，实务中是否会变相引起企业故意推迟确认收入？答案是肯定的。但随着科技的发展、发票管理的完善与征管手段的进步，必将使违规行为付出更高的成本。

四、企业所得税下看新收入准则五步法模型

前面提到，新收入准则下无论是销售货物还是提供劳务企业都应该按照统一的模型——五步法模型进行财务处理。五步法的概念出自于《〈企业会计准则第 14 号——收入〉应用指南》，其中，第一步、第二步和第五步主要与收入的确认有关，第三步和第四步主要与收入的计量有关。下面，笔者将从企业所得税角度简单分析五步法可能产生的会税差异。笔者建议可以在不违反立法精神以及原则的前提下积极地拥抱改变，以最大限度地缩小会税差异。

第一步，识别与客户订立的合同。

在市场经济条件下，市场主体之间的交易主要依据合同，合同约定了交易各方的权利和义务。此中所说“合同”不等同于《合同法》中的合同，而

是具有更广泛的含义，比如去餐厅拿菜单点单，就可以视为合同的形成。企业所得税没有专门强调对合同的判断，但很多收入的确认也都与合同约定密切相关，比如采用分期付款方式销售货物。因此，企业也应审时度势，增强专业意识，规范合同管理，强化合同风险控制。

在新模式下，企业在合同签订时已经不需要再区分销售货物或提供劳务了，但企业所得税还要，比较典型的就是提供大型设备并施工安装以及销售操作平台并嵌入专门为客户定制的软件系统。不过好在收入模型第五步也需要判断收入确认的方式，合同区分的差异可以暂不考虑，等到后面步骤时再区分。

新收入准则要求合同签订完毕后还需要对合同持续评估，或者交易双方要变更合同事项，这就容易产生会税差异。

合同持续评估主要是因为在合同签订后，如果客户的信用风险显著提升，企业就需要评估在未来向客户转让剩余商品而有权取得的对价是否很可能收回，如果不能满足很可能收回的条件，则合同不再同时满足五项条件，应当停止确认收入；但企业所得税是否允许停止确认收入还是未知数，即使使用《释义及适用指南》的收入确认条件，会计的“很可能收回”与企业所得税的“能够流入”也还是有差异。

新收入准则中合同变更主要是三种形式：一是变更部分作为单独合同，不影响原合同，一般会税无争议。二是合同变更部分作为原合同的组成部分，比如在签订了1 000万元的建造合同后因房屋设计发生了变化导致合同金额变化，重新签订调整事项合同后新增部分被补充进了原合同中，一般会税无争议。三是合同变更作为原合同终止及新合同订立，比如买卖双方签订1 000件总价8 000元的产品定制合同，在生产完成300件产品后买方又追加500件且价格为3 600元，该价格是基于前一笔业务的续费优惠金额，不能单独反映单独售价，根据新准则要求买卖双方目前未开展的合同共定制产品为1 200（1 000 - 300 + 500）件且合同金额9 200元，在这种情况下企业所得税是否还会认可就存在一定的不确定性了，但综合来看，认可新合同并不违反企业所得税原理。

第二步，识别合同中的单项履约义务。

如果单项履约义务能够准确划分，从道理上讲，增值税项下的混合销售业务应大大减少，企业在取得发票时也应该更加注重税目的准确性以避免逻辑的荒谬。比如，在案例 4－14 中，企业搭建检测平台购买相关设备，实际是购买货物但却因销售方的原因就变成了购买系统操作程序，这种故意颠倒主次的行为从增值税政策角度似乎也无力反驳。现在根据新收入准则，提供设备并开发生产线关联程序这两项行为都是在市场上有单独报价的，所以销售方应当将合同拆分为两项履约义务并按照各自市场公允报价分摊 100 万元的合同总额，这样的单独核算为分税目开票提供了有益的参考，可以更大限度地避免销售方为适用混合销售而将本不应混合的业务生生糅在一起。

虽说增值税对履约义务的拆分会适应得比较好，但企业所得税下大概率会产生不同的理解。

【案例 6－2】 ABC 公司从事手机零售业务，与客户签订的销售合同中包含售后两年期的免费保修服务（假设均为非法定义务）。根据新收入准则，ABC 公司按照分摊至各单项履约义务的交易价格计量收入，对于提供的免费保修服务，ABC 公司根据经验值计算出不同机型的平均保修率并以此为依据确认免费保修服务金额；对于尚未发生的免费保修服务不确认收入，作为合同负债核算，并在以后服务期内均匀确认收入。企业所得税申报时，ABC 公司是否应当以收取价款的全额确认收入，还是两项业务依照各自的金额分别确认收入？

案例分析： 如果按照现行偏旧收入准则的理解习惯，基本会认为企业以后年度提供保修服务的履约义务属于企业的或有支出，未实际发生，不能准确计量，因此企业应先按销售全额确认收入，以后年度企业实际发生保修支出时作为当期费用税前扣除。

可是，如果从新收入准则履约义务的角度理解，或许事情会有不同。新收入准则认为，提供手机维修并不是企业的或有事项，而是实实在在在合同写明需要提供的一项单项履约义务，是销售手机合同中明确包含的独立的业务。那么，企业所得税是否能够接受提供保修服务被拆成一项独立的业务呢，是否有这样的包容力呢？

本案例中，关系到独立性判断的主要有两个不利条件：没有明确的成本，并且是免费的。

关于成本，所谓或有的、未实际发生的、不能确定的是保修服务需要花费的具体成本金额，企业所得税下没有实际发生确实不能扣除，但是这并不能用于判断业务的独立性，在实务中几乎所有服务在尚未完成时具体的成本金额都是未知数，比如建筑服务，不到决算谁也不知道真金白银到底花了多少钱，但总不能说该建筑服务不独立存在吧。

关于收入，所谓的“免费保修”其实只是一种商业习惯，并不能以此完全决定税务处理。保修服务的收入是可以依据市场公允价值、维修支出估计等方式从总价值中合理拆分出来的，这就为保修业务的独立提供了重要支持，毕竟如果连单独的收入都没有又怎么好意思“宣布独立”呢？更重要的是，现行的《企业所得税法》开始实施于2009年，虽然当时会计尚无拆分履约义务的说法，但企业所得税是允许拆分的。

首先，有文件依据。《释义及适用指南》在讲解第十五条企业提供劳务如何确认收入金额时明确提出：“4. 企业与其他企业签订的合同或协议包括销售商品和提供劳务时，销售商品部分和提供劳务部分能够区分且能够单独计量的，应当将销售商品的部分作为销售商品处理，将提供劳务的部分作为提供劳务处理。销售商品部分和提供劳务部分不能够区分，或虽能区分但不能够单独计量的，应当将销售商品部分和提供劳务部分全部作为销售商品处理。”此处其实就是体现了业务（合同）拆分的思想。《释义及适用指南》中“能够区分且能够单独计量的”是由企业按照收入准则核算决定的，因为企业所得税没有相关规定。既然新收入准则拆分单项履约义务可以做到“能够区分且能够单独计量”，企业所得税按说就可以接受这一拆分的思想，毕竟自己没有相关规定去否定业务的独立性。

其次，新收入准则将合同业务拆分为单项履约义务的做法符合企业所得税实质重于形式的原则（所谓赠送只是形式，搭配销售是实质），且不改变权责发生制，也不与其他企业所得税原理相违背。

再次，不会威胁税基安全。新收入准则可能会改变收入确认时间，但都是暂时性的，最终会在合理期间内全部确认收入，企业所得税对资金的时间价值并不在意，除非有特殊规定，按说应该能够容忍收入确认时间的暂时调整。

第三步，确定交易价格。

交易价格是税企双方共同关注的焦点。财务管理的天性要求企业可以根据实际情况估算或者依据更加重要的业务实质进行账务核算；但税收更强调稳健，有依据，不准估计。二者的差异在确定交易价格环节展现得淋漓尽致，与或有事项相关的处理也大多是在这一步。本步骤具体内容将于第二节分析。

第四步，将交易价格分摊至单项履约义务。

如果一份合同包含多项履约义务，那么就需要给各项履约义务分摊合同金额。

第二十条　合同中包含两项或多项履约义务的，企业应当在合同开始日，按照各单项履约义务所承诺商品的单独售价的相对比例，将交易价格分摊至各单项履约义务。企业不得因合同开始日之后单独售价的变动而重新分摊交易价格。

——《企业会计准则第 14 号——收入》

既然第二步中曾分析企业所得税也许可以接受拆分的思想，那么关于具体如何拆解计算是否也有相关规定呢？笔者认为，可以参考 875 号函的思路。

三、企业以买一赠一等方式组合销售本企业商品的，不属于捐赠，应将总的销售金额按各项商品的公允价值的比例来分摊确认各项的销售收入。

——国税函〔2008〕875 号

虽说 875 号函按公允价值比例分摊的政策只针对买一赠一行为，但在实务中也会经常被借鉴参考。比如，某车辆销售合同包含 3 辆车，合同金额 100 万元，三辆车的单独市场售价（可作为公允价值）分别为 55 万元、30 万元和 25 万元，其中 55 万元的车辆要等次年才能交车，其他两辆顺利交车。从新收入准则角度来看，该合同包含三项履约义务，本年销售的两辆按照市场价格占比 50% 收入确认应为 50 万元；从企业所得税角度来看也是如此，虽然企业所得税没有拆分单项履约义务或者拆分业务的概念，但三辆相互独立的车辆，其中一辆的所有权未发生转移是不应当确认收入的，在合同金额只有一个的情况下很自然就会按照 875 号函公允价值的比例分摊了。

所以，关于价格分摊可以大致总结为，当企业所得税不认可被拆分的单项履约义务时，按主业务整体确认收入，后期实际发生的支出作为成本费用扣除，会税差异大。当企业所得税认可被拆分的单项履约义务时，非关联方的单独售价可以认为是公允价值，一般情况下没有会税差异；但如遇特殊情况，比如分摊的价格是可变的，或者合同的折扣仅是针对部分商品的，必将又形成新的会税差异点，这也是未来会税磨合的重点之一。

第五步，履行各单项履约义务时确认收入。

在合同满足条件的情况下，企业应当在履行了合同中的义务，即客户取得相关产品控制权时确认收入。企业将商品的控制权转移给客户，该转移既可能在某一时间段内完成，也可以在一个时间点内完成。在一个时间段内完成的，主要对应建造合同或者较长时间的服务合同；在一个时间点完成的，主要对应货物销售合同或短时间服务合同。新收入准则在一个时间段内完成的履约义务的收入确认与企业所得税提供服务收入确认的对比将在第七章分析。在一个时间点内完成的履约义务的收入确认与企业所得税收入确认的差异其实是前四步累积的会税差异的综合体现。对于一些特殊销售业务，如商品积分、售后回购等，将在第三节讲解。

2021 年是新收入准则全面推开的第一年，新的思路、新的业务都尚待磨合，企业如果出现较特殊的重要业务处理，建议首先与主管税务机关沟通。

第二节　新收入准则下确定交易价格的会税差异分析

确定交易价格是新会计准则的第三步，也是非常重要的定量步骤。在很多情况下，因受多方因素影响，双方签订的合同很可能不是最终交易金额，此时会计就可能会放弃合同金额而根据经验估计一个最有可能的金额作为收入额，或者根据业务实质打破合同给出的业务模式，再按照更符合实质的业务模式核算。而企业所得税法因为其确定性的特点，要求用更直观的模式和更明确的金额作为处理依据，合同永远是重要的参考之一。所以，与拆分单项履约义务主要是思路方面需要磨合不同，会计确定交易价格时做出的预估判断或者对合同的打破重建违反了企业所得税法确定性的要求，所以，几乎所有的预估判断或打破重建都会引起会税差异。但无论是何种原因产生的何种会税差异，关于收入的会税差异全部都为时间性差异，随着业务全部完成，所有差异全部找平。受笔者业务能力限制，本节仅就发生频率较高的两种业务进行会税差异分析。为了确保案例会计处理部分的准确性、以便让读者更多聚焦于对企业所得税原理的分析，本节所有案例原型均来源于《〈企业会计准则第 14 号——收入〉应用指南》。

一、可变对价

企业与客户的合同中约定的对价金额可能是固定的，也可能会因折扣、折让、返利、退款、奖励积分、激励措施、业绩奖金、索赔等因素而变化。这些变化在会计处理时应予以反应，但企业所得税的思路基本是先参照合同或者市场的价格，等一切尘埃落定后再调整。

【案例 6 - 3】2018 年 12 月，ABC 公司与其分销商 DEF 公司签订合同，向 DEF 公司销售 1 000 件产品，每件产品的售价为 100 元，合同总价为 10 万元，DEF 公司当月取得这些产品。DEF 公司通常在取得产品后的 90 天内将其对外售出，且 DEF 公司在这些产品售出后才向 ABC 公司支付货款。上述价格均不包含增值税。该合同中虽然约定了销售价格，但是基于 ABC 公司过往的实务经验，ABC 公司预计会给予客户大约 20% 的折扣，估计并确认收入 8 万元。2019 年，ABC 公司实际收到 8.5 万元。两个年度 ABC 公司应如何进行税务处理？（单位：万元）

案例分析：ABC 公司账务处理如下。

1. 2018 年确认 8 万元收入。

借：应收账款　　8

　　贷：主营业务收入　　8

借：主营业务成本

　　贷：库存商品

ABC 公司向 DEF 公司销售的 1 000 件产品满足《释义及适用指南》给出的企业所得税收入确认条件，收入金额为 10 万元。填报相关报表如表 6 - 1 所示。

表 6－1　　A105000　　纳税调整项目明细表（2018 年度）　　单位：万元

行次	项　　目	账载金额	税收金额	调增金额	调减金额
		1	2	3	4
1	一、收入类调整项目（2＋3＋…8＋10＋11）	*	*		
10	（八）销售折扣、折让和退回	2	0	2	0

2. 2019 年实际收到货款 8.5 万元。

借：银行存款　　8.5

　　贷：主营业务收入　　0.5

　　　　应收账款　　8

填报相关报表如表 6－2 所示。

表 6－2　　A105000　　纳税调整项目明细表（2019 年度）　　单位：万元

行次	项　　目	账载金额	税收金额	调增金额	调减金额
		1	2	3	4
1	一、收入类调整项目（2＋3＋…8＋10＋11）	*	*		
11	（九）其他	0	2	0	2

本案例填报时应注意以下几点：

第一，2018 年度申报时，企业所得税不认可的折扣金额应通过表 A105000 第 10 行“一、收入类调整项目——（八）销售折扣、折让和退回”调整。需要注意的是，第 10 行的调整规则与其他收入类调整项目相反，当账载金额大的时候，要纳税调增。

第二，2019 年度申报时表 A105000 第 11 行“一、收入类调整项目—其他”纳税调减 2 万元是包含了两项调整：一项是 2019 年会计又确认的 0.5 万元收入已经被包含在 2018 年收入中，无须二次确认，否则会造成重复纳税，应纳税调减；另一项是 2019 年交易最终完成，确认了 1.5 万元的折扣，企业所得税认可，将去年多确认的 1.5 万元收入纳税调减。

第三，2019 年度申报时 1.5 万元折扣不能够再通过第 10 行调减。根据填报说明，第 10 行“（八）销售折扣、折让和退回”：填报不符合税收规定的销售折扣、折让应进行纳税调整的金额和发生的销售退回因会计处理与税收规定有差异需纳税调整的金额。……第4列仅为销货退回影响损益的跨期时间性差异。”本案例2019年度的企业所得税认可的1.5万元折扣不属于销售退回情况，不符合填报范围，只能通过“其他”行次调整。

第四，整个业务完成后，纳税调增金额等于纳税调减金额，所有会税差异全部找平。

二、存在重大融资成分

当一份合同被认为含有重大融资成分时，会计是要将合同给出的简单的买卖业务模式推倒重建的。但企业所得税因为不在意资金的时间价值，仍然按照合同的逻辑处理，所以必然会产生较大的会税差异。

第十七条　合同中存在重大融资成分的，企业应当按照假定客户在取得商品控制权时即以现金支付的应付金额确定交易价格。该交易价格与合同对价之间的差额，应当在合同期间内采用实际利率法摊销。

合同开始日，企业预计客户取得商品控制权与客户支付价款间隔不超过一年的，可以不考虑合同中存在的重大融资成分。

——《企业会计准则第14号——收入》

【案例6－4】2018年1月1日，ABC公司与DEF公司签订合同并向其销售一批产品。合同约定，该批产品将于两年后交货，合同中包含两种可供选择的付款方式，即DEF公司可以在两年后交付产品时支付449.44万元，或者在合同签订时支付400万元。DEF公司选择在合同签订时支付货款，此产品的控制权在交货时转移。ABC公司按照上述两种付款方式计算的内含利率为6%，并认为该合同包含重大融资成分，在确定交易价格时，应当对合同承诺的对价金额进行调整，以反映该重大融资成分的影响。ABC公司和DEF公司应分别如何进行企业所得税处理？（单位：万元）

案例分析：企业所得税下，ABC公司两年后交货时按照合同约定价款400万元确认收入，并开具不含增值税价400万元销售货物发票；DEF公司购入该批货物的计税基础为400万元。

先分析ABC公司的账务处理。

1. 2018 年 1 月 1 日收到货款。

借：银行存款　　400

　　未确认融资费用　　49.44

　　贷：合同负债　　449.44

2018 年，ABC 公司货物所有权未发生转移，不满足企业所得收入确认条件。

2. 2018 年 12 月 31 日确认融资成分的影响。

借：财务费用　　24（400×6%）

　　贷：未确认融资费用　　24

2018 年，ABC 公司未实际对外支付利息，企业所得税不认可，需纳税调增，报表填写如表 6-3 所示。

表 6-3　　A105000　　纳税调整项目明细表（2018 年度）　　单位：万元

行次	项　　目	账载金额	税收金额	调增金额	调减金额
12	二、扣除类调整项目	*	*		
22	（十）与未实现融资收益相关在当期确认的财务费用	24	0	24	0

3. 2019 年 12 月 31 日交付产品。

借：财务费用　　25.44（424×6%）

　　贷：未确认融资费用　　25.44（424×6%）

借：合同负债　　449.44

　　贷：主营业务收入　　449.44

填报相关报表如表 6-4 所示。

表 6-4　　A105000　　纳税调整项目明细表（2019 年度）　　单位：万元

行次	项　　目	账载金额	税收金额	调增金额	调减金额
1	一、收入类调整项目	*	*		
11	（九）其他	449.44	400	0	49.44
12	二、扣除类调整项目	*	*		
22	（十）与未实现融资收益相关在当期确认的财务费用	25.44	0	25.44	0

而 DEF 公司财务处理与 ABC 公司相反。

1. 2018 年 1 月 1 日支付货款。

借：应收账款　　449.44

　　贷：未实现融资收益　　49.44

　　　　银行存款　　400

2. 2018 年 12 月 31 日确认融资成分的影响。

借：未实现融资收益　　24

　　贷：财务费用　　24

填报相关报表如表 6－5 所示。

表 6－5　　A105000　　纳税调整项目明细表（2018 年度）　　单位：万元

行次	项　　目	账载金额	税收金额	调增金额	调减金额
12	二、扣除类调整项目	*	*		
22	（十）与未实现融资收益相关在当期确认的财务费用	－24	0	0	24

3. 2019 年 12 月 31 日收到产品。

借：未实现融资收益　　25.44

　　贷：财务费用　　25.44

借：库存商品　　449.44

　　贷：应收账款　　449.44

填报相关报表如表 6－6 所示。

表 6－6　　A105000　　纳税调整项目明细表（2019 年度）　　单位：万元

行次	项　　目	账载金额	税收金额	调增金额	调减金额
12	二、扣除类调整项目	*	*		
22	（十）与未实现融资收益相关在当期确认的财务费用	－25.44	0	0	25.44

本案例填报时应注意以下几点：

第一，2019 年交货时，ABC 公司应向 DEF 公司开具 400 万元发票。

第二，DEF 货物的入账价值为 449.44 万元，计税基础为 400 万元。后期 DEF 公司将货物处置时，企业所得税要比会计多确认 49.44 万元的收入。

第三，无论是ABC公司还是DEF公司，等货物销售完毕后，所有会税差异全部找回。DEF公司的会税差异找回不在本案例中，而是等处置后，其本质为第一篇资产计税基础不等于入账价值的情况。

第三节　新收入准则关于特定交易的会税差异分析及申报表填报示范

一、附有销售退回条款的销售

【案例6-5】 ABC公司是一家健身器材销售公司。2018年10月1日，ABC公司向DEF公司销售5000件健身器材，单位销售价格为0.06万元，单位成本为0.04万元，开出的增值税专用发票上注明的销售价格为300万元。健身器材已经发出，但款项尚未收到。根据协议约定，DEF公司应于2018年12月1日之前支付货款，在2019年3月31日之前有权退还健身器材。发出健身器材时，ABC公司根据过去的经验，估计该批健身器材的退货率约为20%；在2018年12月31日，ABC公司对退货率进行了重新评估，认为只有10%的健身器材会被退回。ABC公司为增值税一般纳税人，健身器材发出时纳税义务已经发生，实际发生退回时取得税务机关开具的红字增值税专用发票。假定健身器材发出时控制权转移给DEF公司，不考虑增值税，ABC公司的账务处理如下。（单位：万元）

案例分析： 会计根据谨慎性原则依照预估确认收入金额。但因为所有货物所有权发生转移且有权全额收款，企业所得税全额确认收入。

1. 2018年10月1日发出健身器材：

借：应收账款　　300

　　贷：主营业务收入　　240

　　　　预计负债——应付退货款　　60

借：主营业务成本　　160

　　应收退货成本　　40

贷：库存商品 200

2. 2018 年 12 月 1 日前收到货款：

借：银行存款 300

贷：应收账款 300

3. 2018 年 12 月 31 日对退货率进行重新评估认为只有 10% 会被退：

借：预计负债——应付退货款 30

贷：主营业务收入 30

借：主营业务成本 20

贷：应收退货成本 20

填报相关报表如表 6－7 所示：

表 6－7　A105000　纳税调整项目明细表（2018 年度）　单位：万元

行次	项　目	账载金额	税收金额	调增金额	调减金额
		1	2	3	4
1	一、收入类调整项目（2＋3＋…8＋10＋11）	*	*		
10	（八）销售折扣、折让和退回	30	0	30	0
12	二、扣除类调整项目（13＋14＋…24＋26＋27＋28＋29＋30）	*	*		
30	（十七）其他	0	20	0	20

本案例填报申报表时需注意以下几点：

第一，2018 年度 ABC 公司因预估会有部分销售退回，所以仅确认了 90% 的收入；但因全部商品的所有权都发生了转移且已全额收款，企业所得税申报时需要纳税调增 10% 的收入。填写申报表时，应通过表 A105000 第 10 行“一、收入类调整项目—（八）销售折扣、折让和退回”调整。需要注意的是，第 10 行的调整规则与其他收入类调整项目相反，当账载金额大的时候，要纳税调增。

第二，不要忘记调整成本。根据配比原则，企业所得税下也应该结转全部成本。因为 ABC 公司账面只结转了 90% 的产品成本，所以还需要再额外结转 20 万元的成本。

4. 2019 年 3 月 31 日发生销售退回，实际退货量为 400 件，退货款项已经支付。

借：库存商品　　16

主营业务成本　　4

预计负债——应付退货款　　30

贷：应收退货成本　　20

主营业务收入　　6

银行存款　　24

填报相关报表如表 6 - 8 所示。

表 6 - 8　　A105000　　纳税调整项目明细表（2019 年度）　　单位：万元

行次	项　　目	账载金额	税收金额	调增金额	调减金额
		1	2	3	4
1	一、收入类调整项目（2 +3 + …8 +10 +11）	*	*		
10	（八）销售折扣、折让和退回	0	24	0	24
11	（九）其他	0	6	0	6
12	二、扣除类调整项目（13 + 14 + …24 + 26 + 27 +28 +29 +30）	*	*		
30	（十七）其他	20	0	20	0

本案例填报申报表时需注意逻辑对应：

第一，2019 年度，ABC 公司需要对收入进行两步调整。首先，因为 2018 年度已在企业所得税项下全额确认了收入，所以 ABC 公司会计上 2019 年确认的 6 万元收入需要纳税调减，申报时应填入表 A105000 第 11 行“其他”；然后，企业所得税要再减去实际退货减少的收入 24 万元，该金额填入表 A105000 第 10 行。

第二，结转成本的逻辑同确认收入的逻辑。因为没有具体对应行次，申报时全部填入表 A105000 第 30 行。

第三，因为会计与企业所得税认可的总收入金额是一样的，所以收入的会税差异是暂时性差异，随着业务全部完成，之前年度的累积调整额全部被找回。

二、附有质量保证条款的销售

企业在销售货物时会经常搭配以质量保证服务，新收入准则下将不同质保服务分为两大类：一类是为了向客户保证所销售的商品符合既定标准从而能正常使用，这样的质保和货物是一体的，不能拆分；而另一类质量保证则是在向客户保证所销售的商品符合既定标准之外提供了一项单独的服务，无论是否单独收费都应当单独核算。

【案例 6－6】 ABC 公司对外销售手机 5 000 元，无其他影响售价的情况。该手机自售出起一年内如果发生质量问题，ABC 公司负责提供质量保证服务，此保修服务属于法定保修范围。此外，在此期间内由于客户使用不当等原因造成的产品故障，ABC 公司也免费提供维修服务，该维修服务不属于法定维修内容。

案例分析： 在本例中，ABC 公司提供了三种服务：销售手机、提供质量保证服务以及维修服务。从新收入准则角度分析，ABC 公司针对产品的质量问题提供的质量保证服务是为了向客户保证所销售商品符合既定标准，因此不构成单项履约义务；但 ABC 公司对由于客户使用不当而导致的产品故障提供的免费维修服务，属于在向客户保证所销售商品符合既定标准之外提供的单独服务，尽管其没有单独销售，该服务与手机可明确区分，应该作为单项履约义务，分摊合同总金额。ABC 公司提供的此项所谓的免费维修服务非常类似于案例 6－2，处理思路已在该案例中分析过，此处不再赘述，仅假设企业所得税认可维修服务是一项单项履约义务。

因此，在该合同下，ABC 公司基于销售手机合同的履约义务有两项：销售手机（含法定质量保证服务）和提供维修服务。提供维修服务属于单独业务，应与销售手机共同分担 5 000 元合同金额，无会税差异；而法定质量保证服务费用属于或有事项，企业所得税下预提费用不能税前扣除，需要通过表 A105000 第 26 行“二、扣除类调整项目——（十三）跨期扣除项目”纳税调增，待实际发生时，再纳税调减。

三、主要负责人和代理人

当企业向客户销售商品或提供劳务涉及其他方参与其中时，企业应当确定其自身在该交易中的身份是主要责任人还是代理人。主要责任人应当按照已收或应收对价总额确认收入；代理人应当按照预期有权收取的佣金或手续费的金额确认收入。一般来说，一家公司对自己的主业应该有清晰认识，但受“营改增”开具发票的影响，发票全额开具收入就应全额确认的思路被越来越多人接受，以至于企业仿佛无法认清自己的核心业务，从而使企业所得税下的收入金额和企业规模完全不匹配。

【案例6－7】ABC公司为国际货运代理企业，会计核算确认的主营业务收入是按照向客户收取服务款项的全额扣除支付给劳务企业费用后的余额来确认的，而计提增值税销项税的基数（计征增值税的收入）是按照收款开具发票的全额计算，取得的货运企业的劳务发票再进行抵扣，二者收入相差金额较大。ABC公司的主管税务机关认为，企业取得的经济利益流入，属于所有者投入资本和形成企业负债的以外，均应计入企业当年收入总额，即国际货运代理企业取得的客户全额款项应计入企业所得税收入，支付给境内外运输企业的运输费作为成本费用扣除。ABC公司主管税务机关的理解是否正确？

案例分析：ABC公司主管税务机关的理解是不太合理的。

首先，从直观逻辑角度来看，作为一家国际货运代理公司，是不会承担实际运输工作的，其收到的运输款是仅为代收行为；其次，企业收到代收款账务处理时贷方应计入“应付账款”等往来应付款项科目，形成企业负债；最后，国际货运代理公司收取的代理费用一般占比很低，如果按照全额确认收入，其收入数据与企业规模不吻合不能反映企业的经营状况，还会极度扩大广告费与业务宣传费、业务招待费的计算基数，缩小企业所得税税基。

因此，企业在确认企业所得税收入范围时，也可以参考新收入准则主要责任人和代理人的划分，以更加准确地核算收入金额。

第三十四条　企业应当根据其在向客户转让商品前是否拥有对该商品

的控制权，来判断其从事交易时的身份是主要责任人还是代理人。企业在向客户转让商品前能够控制该商品的，该企业为主要责任人，应当按照已收或应收对价总额确认收入；否则，该企业为代理人，应当按照预期有权收取的佣金或手续费的金额确认收入，该金额应当按照已收或应收对价总额扣除应支付给其他相关方的价款后的净额，或者按照既定的佣金金额或比例等确定。

企业向客户转让商品前能够控制该商品的情形包括：

（一）企业自第三方取得商品或其他资产控制权后，再转让给客户。

（二）企业能够主导第三方代表本企业向客户提供服务。

（三）企业自第三方取得商品控制权后，通过提供重大的服务将该商品与其他商品整合成某组合产出转让给客户。

在具体判断向客户转让商品前是否拥有对该商品的控制权时，企业不应仅局限于合同的法律形式，而应当综合考虑所有相关事实和情况，这些事实和情况包括：

（一）企业承担向客户转让商品的主要责任。

（二）企业在转让商品之前或之后承担了该商品的存货风险。

（三）企业有权自主决定所交易商品的价格。

（四）其他相关事实和情况。

——《企业会计准则第 14 号——收入》

四、附有客户额外购买权的销售

【案例 6 –8】2019 年 5 月，ABC 公司以 9 万元的价格向 DEF 客户销售商品，并给予客户一张 1 万元的代金券，DEF 公司可以在未来的一年内用于购买 ABC 公司产品时作为现金使用。根据以往经验，ABC 公司预计 DEF 公司很可能使用该折扣券。由于金额重大，ABC 公司将该选择购买权作为一项单项履约义务，分摊的价格为 10%，即 0.9 万元。2020 年 4 月，DEF 公司又购买总额为 5 万元的产品，实际支付 4 万元。ABC 公司应如何处理？（单位：万元）

案例分析：ABC 公司根据新收入准则，认为提供折扣券属于一项重大选择权并应该分摊 0.9 万元销售金额。

1. 2019 年 ABC 公司销售 9 万元产品。

借：银行存款　　9

　　贷：主营业务收入　　8.1

　　　　合同负债　　0.9

如果企业所得税认可新收入准则的拆分，认为该项合同属于两项交易行为，10% 部分因为对应货物所有权并没有转移，不应确认收入。但与案例 6－2和 6－6 不同，因为 0.9 万元没有明确对应的货物或者服务，所以很大概率企业所得税是不会认可拆分的。

如果企业所得税法不认可新收入准则的拆分，认为该项合同属于一项交易行为，2019 年度申报时需通过表 A105000 纳税调增 0.9 万元，因为不影响商品数量，所以不用调整成本，报表填写如表 6－9 所示。

表 6－9　　A105000　　纳税调整项目明细表（2019 年度）　　单位：万元

行次	项　　目	账载金额	税收金额	调增金额	调减金额
		1	2	3	4
1	一、收入类调整项目（2＋3＋…8＋10＋11）	*	*		
10	（八）销售折扣、折让和退回	0.9	0	0.9	0

2. 2020 年 ABC 公司又销售 5 万元产品。

借：银行存款　　4

　　预计负债　　0.9

　　贷：主营业务收入　　4.9

因为企业实际收到的款项为 4 万元，其中 0.9 万元已在 2019 年度确认过，所以要在 2020 年度申报是通过表 A105000 纳税调减 0.9 万元，报表填写如表 6－10 所示。

表 6－10　　A105000　　纳税调整项目明细表（2020 年度）　　单位：万元

行次	项　　目	账载金额	税收金额	调增金额	调减金额
		1	2	3	4
1	一、收入类调整项目（2＋3＋…8＋10＋11）	*	*		
11	（九）其他	0.9	0	0	0.9

本案例填报申报表时需注意以下几点：

第一，同案例6-3，2020年度销售金额确定后，折扣金额不能够再通过第10行纳税调减，只能通过第11行。

第二，1万元的代金券是票面价格，不是实际价值。企业基于两项业务的实际获得收入是13万元，会税各自确认收入均为13万元。

第四节　企业所得税视同销售政策分析

第二十五条　企业发生非货币性资产交换，以及将货物、财产、劳务用于捐赠、偿债、赞助、集资、广告、样品、职工福利或者利润分配等用途的，应当视同销售货物、转让财产或者提供劳务，但国务院财政、税务主管部门另有规定的除外。

——《企业所得税法实施条例》

一、企业所得税视同销售定性分析

企业所得税与增值税等税种都有视同销售的规定，虽然都称为视同销售，但两种税种都仅是从自身税收原理出发作出的规定。增值税属于流转税，主要遵从属地原则，只要货物发生转移，就怀疑是销售行为，所以货物在同一家公司内部跨地区的流动或者将货物发给委托销售人等都被认为属于销售。而企业所得税对于居民企业更多遵从属（法）人原则，主要强调所有权，这些内容已在第一节详细分析过，不再赘述。

一、企业发生下列情形的处置资产，除将资产转移至境外以外，由于资产所有权属在形式和实质上均不发生改变，可作为内部处置资产，不视同销售确认收入，相关资产的计税基础延续计算。

（一）将资产用于生产、制造、加工另一产品；

（二）改变资产形状、结构或性能；

（三）改变资产用途（如，自建商品房转为自用或经营）；

（四）将资产在总机构及其分支机构之间转移；

（五）上述两种或两种以上情形的混合；

（六）其他不改变资产所有权属的用途。

二、企业将资产移送他人的下列情形，因资产所有权属已发生改变而不属于内部处置资产，应按规定视同销售确定收入。

（一）用于市场推广或销售；

（二）用于交际应酬；

（三）用于职工奖励或福利；

（四）用于股息分配；

（五）用于对外捐赠；

（六）其他改变资产所有权属的用途。

——国税函〔2008〕828 号

【案例 6－9】 ABC 公司主要生产精密仪器设备，其芬兰母公司会对每批生产设备进行抽测，被抽到设备的核心部件需发往芬兰总部进行测试。被发往芬兰总部的核心部件需要视同销售缴税吗？

案例分析： 被发往芬兰的核心部件做完检查之后还能回到 ABC 公司，或者直接按照 ABC 公司的要求发往销售方，那么这些核心部件的所有权属按说并未改变，不属于视同销售。只是母公司处于境外，根据文件表述，即使所有权没有发生改变，也需要视同销售。

【案例 6－10】 ABC 公司购入一批灯具，放置很多年始终没有使用。现 ABC 公司搬迁，嫌灯具的搬迁保管都十分麻烦，想不收取任何费用让其他单位使用，这样操作是否属于视同销售行为？

案例分析： 该行为不应属于企业所得税下视同销售行为。因为在 ABC 公司看来，无论该批灯具购入时支付多少，在搬迁时要费力地搬运和保存，这已经超出其使用价值。ABC 公司将不需要的资产以很低的价值甚至免费处理出去，与有意识地将资产用于具有某项目的的行为是不一样的。

【案例 6－11】 ABC 公司与 DEF 公司签订合同，合同载明 ABC 公司应按照 DEF 公司的要求加工产品。发货前把样品寄给他们，验收合格再发货。测试不过关，就不买了，样品也不退回。ABC 公司发送样品给 DEF 公司样品的行为是否属于视同销售？

案例分析： 要根据最终业务情况判断。如果样品合格，销售业务完成，

ABC 公司发送样品的行为应与加工销售行为作为一项业务看待，样品的账面价格属于业务成本的一部分。如果样品不合格，业务终止，则发送样品需按照视同销售处理。

这里再顺便说一下赠送行为，如果所谓的赠送都是以其他销售业务为基础的，则不属于视同销售，而属于折扣优惠行为，且如果受赠方为个人的，也不需要代扣代缴个人所得税。

二、视同销售对费用税收金额的影响

二、企业移送资产所得税处理问题

企业发生《国家税务总局关于企业处置资产所得税处理问题的通知》（国税函〔2008〕828 号）第二条规定情形的，除另有规定外，应按照被移送资产的公允价值确定销售收入。

——国家税务总局公告 2016 年第 80 号

【案例 6－12】 ABC 公司外购 100 盒饼干发放给职工，饼干的售价为每盒 100 元。取得增值税普通发票，价税合计金额 113 万元。ABC 公司应如何进行税务处理?

案例分析： 根据会计准则，企业以外购的商品作为非货币性福利提供给职工的，不确认销售收入，应当按照该商品的公允价值和相关税费确定职工薪酬的金额，并计入当期损益或相关资产成本。因此，ABC 公司应按照产品公允价值 1 万元作为职工福利费并确认为费用。需要提醒的是，如本案例将自产的饼干用于发放职工福利，会计处理时要确认收入结转成本，没有会税差异，不需要再视同销售。

在税务处理时，根据 80 号公告规定，应按照饼干的公允价值 1 万元纳税调增视同销售收入，同时 1 万元纳税调减视同销售成本，虽然税务处理与会计处理产生差异，但对应纳税所得额的影响为零。同时，该调整增加了企业销售收入，扩大了广告费与业务宣传费、业务招待费的计算基数，反而有利于减少企业应纳税所得额。因为填报简单，不再给出填报示范。

一、关于销售（营业）收入基数的确定问题

企业在计算业务招待费、广告费和业务宣传费等费用扣除限额时，其销售（营业）收入额应包括《实施条例》第二十五条规定的视同销售（营业）收入额。

——国税函〔2009〕202号

对于视同销售成本，实务中还出现了另一种理解。虽然销售价格按照公允价值为1万元，但因为饼干作为职工福利进项税额不能抵扣，所以成本为1.13万元。视同销售之后，纳税调减0.13万元。不知道这种理解税务机关是否会认同，总之笔者不太认同。但如果视同销售收入和视同销售成本均为1.13万元，笔者觉得是有道理的。

【案例6－13】ABC公司生产某新产品饼干，并将本公司生产的1 000盒饼干用于各大卖场促销试吃。每盒饼干成本70元，市场零售价为100元。ABC公司应如何进行税务处理？（单位：万元）

案例分析：ABC公司将自产饼干用于宣传的账务处理为：

借：销售费用/管理费用——广告费　　7

　　贷：库存商品　　7

税务处理时本案例被视为包括两项业务：一是按照产品公允价值10万元确认收入并结转成本7万元，年度申报时在表A105010中调整，调整结果为表A105010整体纳税调增3万元；二是按照产品公允价值10万元作为广告费与业务宣传费，企业所得税认可的宣传费用比会计核算多3万元，但按照目前申报表的勾稽关系，多认可的3万元无法进入表A105060，只能通过表A105000第30行进行纳税调减。

三、表A105000第30行填报口径分析

30. 第30行"（十七）其他"：填报其他因会计处理与税收规定有差异需纳税调整的扣除类项目金额，企业将货物、资产、劳务用于捐赠、广告等用途时，进行视同销售纳税调整后，对应支出的会计处理与税收规定有差异需纳税调整的金额填报在本行。

——国家税务总局公告2019年第41号

国家税务总局公告2019年第41号对表A105000第30行填报说明的调整具有非常重要的意义，它是官方正式明确在按照视同销售处理的情况下，企

业所得税认可的费用金额应按照视同销售的收入额确认，而不再按会计核算金额确认。比如在案例 6－13 中，企业将饼干用于宣传需视同销售，那么企业所得税下的广告费与业务宣传费就应是视同销售的 10 万元。其实，视同销售就是企业所得税对会计支出额的重新确认，这个金额按国家税务总局公告 2016 年第 80 号的规定要按照公允价值确认，既可能与会计一致，如案例 6－12；也可能不一致，如案例 6－13。这样一来，企业所得税与会计的界限被进一步划清，会计下认可的价值归会计，企业所得税下认可的价值归企业所得税。

虽然表 A105000 第 30 行填报说明的调整是理论上的一次进步，但实际填报时，还有些不完美。如案例 6－13，企业所得税比会计多认可的 3 万元广告费根据年度申报表的整体布局应加入表 A105060 中，与会计确认的 7 万元一起计算调整。但因为表 A105060 对广告费取数的口径限制，3 万元无法进入表 A105060。为了解决这个问题，国家税务总局公告 2019 年第 41 号将表 A105000 第 30 行用于视同销售二次引发的会税差异的调整，也就是 3 万元需要通过第 30 行纳税调减。

这样规定之后问题就被完美解决了吗？根据目前多地税务机关的官方解读，是的，只需直接将 3 万元填入第 30 行纳税调减就可以了。但是，笔者认为这样的做法并不太妥当。既然是广告费与业务宣传费，无论是企业会计核算的还是由视同销售产生的，都应该受到不超过销售收入 15% 的限制，否则会造成多扣除费用。如果说广告费与业务宣传费总归是能全额扣除的，前面扣除了后面就不扣了，那么用于捐赠呢，用于业务招待呢？所以，笔者认为不应将差异一股脑儿全填入第 30 行纳税调减，而是应分析填报。比如，酿酒企业将自产白酒用于业务招待，会计按成本确认费用为 8 万元，企业所得税按照公允价值确认费用 10 万元，多认可的 2 万元就不能再通过第 30 行调整。因为业务招待费本来就不能全部扣除，绝大部分企业业务招待费发生额的 60% 都远大于销售收入的 5‰，额外多认可的 2 万元其实已经没有余地再扣除了，如果放入第 30 行纳税调减，业务招待费就扣多了。

四、劳务的视同销售

受 828 号函以及《增值税暂行条例》货物移送需视同销售规定的影响，企业在实务中往往只关注资产的视同销售，但实际上需要视同销售的不仅仅有资产，还有劳务（含服务）。

企业所得税下的劳务不仅仅包括加工、修理修配，根据《释义及适用指南》的解释，还包括建筑安装、交通运输、仓储租赁、金融保险、邮电通信、咨询经纪、文化体育、科学研究、技术服务、教育培训、餐饮住宿、中介代理、卫生保健、社区服务、旅游、娱乐、加工等各种劳务服务。需要注意的是，不包括租赁、借款和提供特许权，具体分析见案例 7-2。

关于提供劳务的视同销售比较让人头疼的是成本。很多提供服务的企业为了图方便，所有的支出都计入费用，从来不归集成本。这种做法如果视同销售的话，其实是很吃亏的。

【案例 6-14】 ABC 公司从事兴趣班教育，每节课程收取 500 元。为了达到促销目的，ABC 公司给 100 位潜在客户每人提供一节免费试听课。根据规定，当企业资产的所有权发生改变或将劳务用于广告业务宣传时，应按公允价值视同销售收入。在税务处理时，ABC 公司应做到如下两点：一是应视同提供劳务，按公允价格 5 万元确认视同提供劳务收入；二是按 5 万元确认促销费用（因为没有核算成本，所以会计上没办法确认任何促销费用）。ABC 公司应如何进行企业所得税年度纳税申报？是否该公司视同销售后要纳税调增 5 万元的应纳税所得额？（单位：万元）

案例分析：与案例 6-12 等案例相比，本案例中的 ABC 公司的会计处理并不规范。按收入与成本配比的要求，提供服务的公司也需要归集支出，然后计算出每节课的成本。但 ABC 公司却将平时的开支全部费用化，提供试听课时，因为课程对应成本为零，所以会计也无法确认广告费。

那么，如果 ABC 公司将试听课做视同销售处理，年底汇算时是否需要全额纳税调增？ABC 公司平时账务核算时将所有的开支费用化，确认视同销售收入时没有对应的成本可结转，所以填写表 A105010 时没有可以纳税调减的成本金额，只能将 5 万元全额纳税调增，报表填写如表 6-11 所示。假设企业当年除了 100 节试听课外，ABC 公司没有发生其他任何形式的广告费与业务宣传费，与案例 6-13 原理相同，企业所得税认可企业发生了 5 万元的广告费和业务宣传费并允许税前扣除。与财务核算的广告费与业务宣传费通过表 A105060 调整不同，因视同销售产生的 5 万元只能通过表 A105000 第 30 行

"二、扣除类调整项目——（二十七）其他"纳税调整。

表 6 - 11　　A105010　　视同销售和房地产开发企业特定业务纳税调整表

单位：万元

行次	项　目	税收金额	纳税调整金额
		1	2
1	一、视同销售（营业）收入（2 +3 +4 +5 +6 +7 +8 +9 +10）		
……			
9	（八）提供劳务视同销售收入	5	5

与案例 6 - 13 同样的情况，表 A105000 表第 30 行第 2 列是否可以直接填写 5 万元呢？详见第九章讲解。

第七章

未按权责发生制确认收入纳税调整明细表（A105020）及相关内容讲解

上一章曾介绍过，除特殊规定外，《企业所得税法》要求计算应纳税所得额时企业取得的收入与支出要以权责发生制为确认原则。税款是要拿真金白银缴纳的，考虑到税收必要资金的现实问题，除了权责发生制之外，税法还采取了一种更接近收付实现制的收入确认方式，并指定了适用该方式的收入类型。表 A105020 归集了目前已明确的“未按全责发生制确认收入”的收入类型，但没有包括股息红利收入。本章将主要分析这些收入在企业所得税下的确认条件以及会税差异，并穿插讲解对应的新收入准则。

第一节　租金、利息与特许权使用费

一、租金、利息与特许权使用费的定性

第十八条　企业所得税法第六条第（五）项所称利息收入，是指企业将

资金提供他人使用但不构成权益性投资，或者因他人占用本企业资金取得的收入，包括存款利息、贷款利息、债券利息、欠款利息等收入。

利息收入，按照合同约定的债务人应付利息的日期确认收入的实现。

第十九条　企业所得税法第六条第（六）项所称租金收入，是指企业提供固定资产、包装物或者其他有形资产的使用权取得的收入。

租金收入，按照合同约定的承租人应付租金的日期确认收入的实现。

第二十条　企业所得税法第六条第（七）项所称特许权使用费收入，是指企业提供专利权、非专利技术、商标权、著作权以及其他特许权的使用权取得的收入。

特许权使用费收入，按照合同约定的特许权使用人应付特许权使用费的日期确认收入的实现。

——《企业所得税法实施条例》

企业所得税处理的第一步是定性。在实务中，租金收入、利息收入与特许权使用费收入的定性最忌讳望文生义。很多时候，企业直接根据合同或者业务表面表达就直接作出判断而不仔细考虑实质，导致很多业务都这么稀里糊涂地过去了。

【案例7－1】2019年1月，ABC公司向DEF公司转让子公司股权总计580万元。按照合同约定，该笔款项分两笔支付，4月底支付一笔280万元，7月底支付尾款300万元，倘若DEF公司未按时支付，ABC公司可按同期银行贷款利率计算利息。DEF公司第二笔款项晚支付一个月，假设同期贷款利率为10%，ABC公司确认2.5万元利息收入。ABC公司的处理是否正确？

案例分析：ABC公司收取的2.5万元利息不应当作为ABC公司的利息收入，而应并入股权转让收入，收款时不需要开具增值税发票。

【案例7－2】为了鼓励小微企业发展、减轻小微企业负担，ABC公司应政府要求，于2018年5月将其持有的两套写字间免费提供给符合帮扶条件的小微公司使用两年。为了奖励ABC公司积极响应政府号召的行为，2019年2月政府向ABC公司下拨了一笔补助款8万元（与市场价接近），ABC公司将其作为政府补助处理。主管税务机关检查时认为ABC公司免费提供房屋给他人使用，增值税与企业所得税应做视同销售，主管税务机关的主张是否有依据？

案例分析：本案例主要讨论两个问题。

一是ABC公司收取的8万元是政府补助还是租金。根据案例描述，政府给予ABC公司的补助与其让渡房屋使用权的行为密切相关，相当于政府将房屋租入后再免费提供给其他公司使用。所以，ABC公司收取的8万元不应确认为政府补助款，而应确认作为租金收入。

二是假设ABC公司确实无偿让他人使用其房屋，企业所得税下是否需要视同销售。

第二十五条　企业发生非货币性资产交换，以及将货物、财产、劳务用于捐赠、偿债、赞助、集资、广告、样品、职工福利或者利润分配等用途的，应当视同销售货物、转让财产或者提供劳务，但国务院财政、税务主管部门另有规定的除外。

——《企业所得税法实施条例》

《实施条例》第二十五条明确规定，企业所得税下视同销售的范围包括货物、财务和劳务，但是劳务不包括出租。

第六条　企业以货币形式和非货币形式从各种来源取得的收入，为收入总额。包括：

（一）销售货物收入；

（二）提供劳务收入；

（三）转让财产收入；

（四）股息、红利等权益性投资收益；

（五）利息收入；

（六）租金收入；

（七）特许权使用费收入；

……

——《企业所得税法》

企业所得税下，劳务收入同租金、利息收入与特许权使用费收入是并列关系。凡超出销售货物、提供劳务和转让财产范围的任何免费项目，都不属于企业所得税需要视同销售的业务范围，不过，两家关联企业之间的免费行为可能会根据特别纳税调整的规定进行特别纳税调整。

【案例7－3】2019年，ABC公司与DEF公司签订合同，将其研发生产的系统软件转让给 DEF 公司，有效期 3 年，并于每年支付 80 万元使用费。根据合同约定，ABC 公司许可 DEF 公司在 3 年内无限制地复制销售，也可以基于该软件再升级开发。ABC 公司预估，该套系统软件有市场开发价值的时间约为 30 个月。ABC 公司每年确认 80 万元特许权使用费收入。ABC 公司的处理是否正确?

案例分析：从案例表述和付款方式看，很容易认为 ABC 公司取得的是特许权使用费收入。但是，ABC 公司不仅允许 DEF 公司直接使用，还可以开发升级，这就已经触及版权的范围。更重要的是，该软件的市场价值就剩下不到 3 年的时间，之后就不再有价值了，ABC 公司基本是将所有该软件日后的价值都全部给了 DEF 公司，这就更倾向于一种所有权的转让了。

实务中，技术特许权与所有权的定性是经常容易产生歧义的地方，本书在第四章无形资产的讲解部分就此问题有比较全面的分析总结，可以参考。

二、租金、利息与特许权使用费收入确认会税差异

根据企业所得税的规定，租金、利息与特许权使用费确认收入的逻辑是基本完全一致的，都是根据合同约定对方应付款项的日期确认收入实现。

【案例 7－4】2018 年初，DEF 公司向 ABC 公司租用其房产并签订合同。合同约定租期 3 年，每年租金 80 万元于每年 12 月 31 日向 ABC 公司支付。2019 年上半年，DEF 公司因产品发生严重质量问题被媒体曝光，导致公司收入大幅度缩水，下半年，公司情况仍未见明显好转。2019 年底，ABC 公司未收到租金款，会计与企业所得税均未确认收入。2020 年下半年主管税务机关核查时，要求 ABC 公司按照合同约定收入时间确认收入。主管税务机关的要求是否正确?

案例分析：税务机关的要求是正确的。笔者在上一章讲解销售货物时，曾引用《释义及适用指南》“与交易相关的经济利益能够流入企业”的收入确认条件，并认为预期无法回收的货款部分不应该确认收入。本案例几乎面对同样的预期无法回收的情况，为何又需要确认收入?是因为二者收入确认原则不一样。

租金收入应当按照合同约定的承租人应付租金的日期确认实现。这一规

定，已经不完全属于权责发生制，而更接近于收付实现制。租金的支付时间是租赁合同的重要条款，承租人应当按照租赁合同约定的租金支付时间履行支付租金的义务，因此自合同约定支付租金之日起，该笔租金在法律上就属于出租人所有，发生财产转移的法律效力。

企业租金收入金额，应当按照有关租赁合同或协议约定的金额全额确定。

——《企业所得税法实施条例释义及适用指南》

根据《释义及适用指南》解释的收入确认条件，租金、利息与特许权使用费自合同约定的支付使用费之日起，该笔使用费在法律上就转归所有权人所有，在法律上已发生财产转移的效力，所以需要全额确认收入。

【案例7-5】2018年初，ABC公司向DEF公司借出100万元。合同约定借款期限为3年，利率8%；合同同时还约定，如果DEF公司能够在2018年底一次性支付3年利息，总共仅需支付21万元。ABC公司在2018年底收到DEF公司支付的21万元利息。2018年，ABC公司会计确认7万元利息收入。2020年底税务机关检查时，要求ABC公司于2018年确认21万元利息收入。税务机关的要求是否合理?

案例分析：税务机关的要求是合理的。ABC公司在2018年底收到了21万元利息，说明两家公司选择履行的是3年利息在2018年一次性支付的约定。那么，合同约定的利息支付日期就为2018年底，金额为21万元。且对于跨年度的利息收入，ABC公司不可以选择分期均匀确认。

一、关于租金收入确认问题

根据《实施条例》第十九条的规定，企业提供固定资产、包装物或者其他有形资产的使用权取得的租金收入，应按交易合同或协议规定的承租人应付租金的日期确认收入的实现。其中，如果交易合同或协议中规定租赁期限跨年度，且租金提前一次性支付的，根据《实施条例》第九条规定的收入与费用配比原则，出租人可对上述已确认的收入，在租赁期内，分期均匀计入相关年度收入。

——国税函〔2010〕79号

国税函〔2010〕79号中仅规定租金可以分期均匀确认收入，不包含利息与特许权使用费。该文件虽然改变了《实施条例》第十九条收入确认的时间，但毕竟还在第九条权责发生制的范围内，若征纳双方都没有异议，也依然可以使用。

在此案例的基础上，笔者做一个延伸。假设，ABC 公司向 DEF 公司借出 100 万元却没有约定利息支付时间，利率等其他条件不变，ABC 公司应如何进行所得税处理？是否可以在实际收到利息时同步确认利息收入实现？这样做是否符合企业所得税下关于利息收入“准收付实现制”的确认原则的？

所谓“术业有专攻”，ABC 公司是否有权主张收取利息是民法规范的内容，不妨先看看新《民法典》对于该事项的规定。

第六百八十条【禁止高利放贷以及对借款利息的确定】禁止高利放贷，借款的利率不得违反国家有关规定。

借款合同对支付利息没有约定的，视为没有利息。

借款合同对支付利息约定不明确，当事人不能达成补充协议的，按照当地或者当事人的交易方式、交易习惯、市场利率等因素确定利息；自然人之间借款的，视为没有利息。

——《民法典》

根据《民法典》的规定，首先应认可 ABC 公司的借款合同是有利息的；其次，借款利息不超过国家有关规定的，应该得到支持；最后，按照习惯，一般三年的借款利息应每 12 个月支付一次利息，如果 ABC 公司一年后提出让 DEF 公司支付利息，对于该主张，《民法典》是能够支持的，所以 ABC 公司无论是否收到款项，都应于每年确认利息收入，这与案例 7－4 中“自合同约定支付租金之日起，该笔租金在法律上就属于出租人所有，发生财产转移的法律效力”的逻辑是一致的。但是，如果该借款合同中并未提及任何利息事项，在《民法典》看来就是没有利息，则 ABC 公司不需要每年确认利息收入；假设 DEF 公司在一年半后突然想起此事，主动向 ABC 公司支付了一年半的利息，那么 ABC 公司应该于收到利息时确认利息收入的实现。

由此可见，未来企业所得税不仅要与新收入准则“磨合”，还要跟新《民法典》有效对接。企业所得税的变化，已经不在于自身条款的变化，更多是被所处环境变化引发的被动变化，这种变化更隐蔽，也必将要求更多的学习与付出。

【案例 7－6】2018 年初，ABC 公司向 DEF 公司借出 100 万元。合同约定借款期限为 3 年，利率 8%，每年 12 月 31 日 DEF 公司向 ABC 公司支付利息。2018 年下半年，ABC 公司出现短暂性的资金周转困难，DEF 公司因与 ABC 公司常年合作且关系融洽，在合同并没有修改的情况下，直接于2018年一次性向ABC公司支付24万元。ABC公司于2018年、2019年分别确认了8万元利息收入。2020年年底税务机关检查时，要求ABC公司于2018年确认24万元利息收入。主管税务机关的要求是否合理？

案例分析：与上一案例类似，主管税务机关的要求是有道理的，但两个案例在实务处理中也有不同的理解。

《释义及适用指南》在讲解分期付款时指出："按照合同约定的收款日期确认收入的实现，这其实是对权责发生制原则的一个例外，接近于收付实现制原则，主要是出于纳税必要资金的考虑。"租金、利息与特许权使用费企业所得税收入确认方式也是出于同样的考虑。既然必要资金都已经实现，其实就是对原合同的调整，就应在取得必要资金时确认收入。笔者更倾向于此观点。

另一种理解是既然合同未修改其效力就仍然存在。企业虽然提前收取款项但约定的服务尚提供完毕，不能说明财产已经转移，所以不应确认收入。更何况，企业所得税本身也没有对类似情况的具体规定，所以仍然应该坚持"按照合同约定的应付租金的日期确认收入的实现"。同上例，笔者认为合同其实已经被实际行为修改了，只是还没有落实到纸面上。合同，应该是实际执行的合同，而不是纸上的空文。

【案例7－7】2018年10月底，ABC公司将自持店面经营租赁给DEF公司使用，租期4年，租金每月4万元，按半年支付。为鼓励DEF公司深度装修，ABC公司给予DEF公司2个月免租期，并承担2万元的装修费用。ABC公司企业所得税应如何处理？

案例分析：首先应分析会计处理思路：企业所得税与之一致的，无会税差异；不一致的，差异调整。

第十四条　在租赁期开始日，承租人应当对租赁确认使用权资产和租赁负债，应用本准则第三章第三节进行简化处理的短期租赁和低价值资产租赁除外。

使用权资产，是指承租人可在租赁期内使用租赁资产的权利。

租赁期开始日，是指出租人提供租赁资产使其可供承租人使用的起始日期。

第十八条　租赁付款额，是指承租人向出租人支付的与在租赁期内使用租赁资产的权利相关的款项，包括：

（一）固定付款额及实质固定付款额，存在租赁激励的，扣除租赁激励相关金额；

——《企业会计准则第21号——租赁》（以下简称“新租赁准则”）

根据新租赁准则的要求，ABC公司对此项租赁行为作出了两个重要判断：一是租赁是从2018年11月开始的，并非2019年1月；二是租赁总额需减去给予客户的激励金额2万元，为190万元。

再分析企业所得税是否认可会计处理判断。一是企业所得税并未对具体租赁开始日起做明确规定，会计判断为2018年11月，企业所得税应认可。二是企业所得税不采用差额确认收入，所以应按照192万元确认收入，《释义及适用指南》在讲解租金收入确认时明确：“企业租金收入金额，应当按照有关租赁合同或协议约定的金额全额确定。”额外支付的2万元激励款应作为企业为取得收入发生的费用税前扣除。因为不对应增值税应税行为，所以不需要取得发票扣除。

三、售后回购

售后回购，是指企业销售商品的同时承诺或有权选择日后再将该商品购回的销售方式。新会计准则下，售后回购一般都不是销售货物行为，应按照具体情况进行区分判断，并作出相应的账务处理。

【案例7-8】2019年1月1日，ABC公司向DEF公司销售一台240万元刚刚新购入的设备，销售价格为200万元，同时双方约定两年之后，即2020年12月31日，ABC公司将以120万元的价格回购该设备。会计处理时，根据合同约定，ABC公司负有在两年后回购该设备的义务，因此，DEF公司并未取得该设备的控制权而是支付了80万元的对价，取得了该设备2年的使用权。ABC公司将该交易作为租赁交易进行会计处理，并对该设备计提折旧，折旧期限为10年，无残值。

第三十八条　对于售后回购交易，企业应当区分下列两种情形分别进行会计处理：

（一）企业因存在与客户的远期安排而负有回购义务或企业享有回购权利的，表明客户在销售时点并未取得相关商品控制权，企业应当作为租赁交易或融资交易进行相应的会计处理。其中，回购价格低于原售价的，应当视为租赁交易，按照《企业会计准则第21号——租赁》的相关规定进行会计处理；回购价格不低于原售价的，应当视为融资交易，在收到客户款项时确认金融负债，并将该款项和回购价格的差额在回购期间内确认为利息、费用等。企业到期未行使回购权利的，应当在该回购权利到期时终止确认金融负债，同时确认收入。

——《企业会计准则第14号——收入》

本业务应如何进行企业所得税处理？

案例分析：企业所得税大概率会认为，在合同模式为销售设备的情况下（区别于直接签订租赁合同的情况）货物的所有权看似就已经发生了转移。如果不存在融资性质，企业所得税下认为该业务为先卖出再买入的行为。

一、除企业所得税法及实施条例另有规定外，企业销售收入的确认，必须遵循权责发生制原则和实质重于形式原则

（三）采用售后回购方式销售商品的，销售的商品按售价确认收入，回购的商品作为购进商品处理。有证据表明不符合销售收入确认条件的，如以销售商品方式进行融资，收到的款项应确认为负债，回购价格大于原售价的，差额应在回购期间确认为利息费用。

——国税函〔2008〕875号

企业所得税的规定逻辑并不复杂，但在实务具体操作时容易忽略操作细节处理，使得调整不全面。

ABC公司进行2019年企业所得税年度申报时，需做如下三项工作：一是对会计确认的40万元租赁收入纳税调减；二是重新确认200万元销售货物收入的同时结转240万元成本；三是对会计上计提的24万元设备折旧纳税调增。2020年度，需做如下三项工作：一是对会计确认的40万元租赁收入纳税调减；二是对会计上计提的24万元设备折旧纳税调增；三是确认新购入设备计税基础为120万元。注意，2021年1月1日，该设备的账面价值为192万元，而计税基础为120万元，假设没有再次售后回购，未来要通过折旧或者于资产处置时纳税调增72万元。统算下来，ABC公司累计纳税调减金额为120万元（包括销售成本高于收入的40万元），累计纳税调增金额也为120万元，说明调整正确无疏漏。

DEF公司进行2019年企业所得税年度申报时，需做如下两项工作：一是对会计确认的40万元租赁支出纳税调增；二是对新购入的设备按照期限十年

无残值计提折旧，纳税调减20万元。2020年企业所得税年度申报时，需做如下三项工作：一是对会计确认的40万元租赁支出纳税调增；二是对新购入的设备计提折旧，纳税调减20万元；三是确认销售收入120万元，结转成本160万元。统算下来，DEF公司累计纳税调减金额为80万元（包括销售成本高于收入的40万元），累计纳税调增金额也为80万元，说明调整正确无疏漏。企业所得税处理时，DEF公司很容易会忽略设备在企业所得税下是可以提取折旧的。

【案例7-9】（续案例7-8）假定ABC公司将在2020年12月以240万元的价格回购该设备，则该交易的实质是ABC公司以该设备作为质押取得了200万元的借款，两年后归还本息合计240万元。ABC公司应当将该交易视为融资交易，不应当终止确认该设备，在收到客户款项时确认金融负债，并将该款项和回购价格的差额在回购期间内确认为利息费用。本业务应如何进行企业所得税处理？

案例分析：当ABC公司回购价格大于原售价的，属于875号函“有证据表明不符合销售收入确认条件的”情况。企业所得税与会计原则上认定一致，无会税差异。DEF公司应当确认利息收入，ABC公司确认利息支出。

四、授予知识产权许可

【案例7-10】2019年1月，ABC公司将自己研发的专利技术授权给DEF公司使用，合同约定使用期两年，每年年初DEF公司向ABC公司支付8万元使用费。DEF公司取得的专利技术，仅限于合同签订时的状态，这两年中ABC公司对专利的更新升级都与DEF公司无关。ABC公司在2019年确认16万元收入。本业务企业所得税应如何处理？

案例分析：ABC公司授予DEF公司两年的专利技术使用权后就不再负有其他义务。交付完成之后，合同也履行完毕，只等两年到期后收回所有权即可。因此，新收入准则认为该合同属于在某一时间点履行的履约义务，应一次性全额确认收入。

企业所得税认为，ABC公司将专利技术使用权授予DEF公司取得的收入属于特许权使用费收入，应按照合同约定的付款时间确认收入实现。因此，ABC公司应于2019年、2020年分别确认8万元收入。

【案例7－11】 2019年1月，ABC公司将DEF公司招为加盟商，运营旗下“天才宝宝”教育品牌。双方合同约定，DEF公司一次性向ABC公司支付3年加盟费30万元，ABC公司负责DEF公司运营管理、教学咨询以及绩效考评。此外，ABC公司还会通过做广告、找代言人等方式不停提升品牌知名度。ABC公司分3年每年确认收入10万元。本业务企业所得税应如何处理?

案例分析： ABC公司收取加盟费后要不停地向DEF公司提供服务，同时还要不停维护品牌形象以提高加盟商的招生数量。因此，ABC公司签订的加盟合同属于在某一时间段内履行的履约义务，应在加盟期间内，均匀确认收入。

企业所得税认为，ABC公司收取的加盟费属于特许权使用费收入，应按照合同约定的付款时间确认收入的实现。因此，ABC公司应在2019年度确认30万元收入。

第二节　分期确认收入会税差异分析

企业所得税下分期确认收入主要用于采用分期收款方式销售货物以及持续时间超过12个月的受托加工或劳务。分期确认收入也是对权责发生制原则的例外，更接近于收入实现制，这主要是出于纳税必要资金的考虑，而新收入准则仍然遵循权责发生制。所以，企业所得税与会计不可避免地会出现差异。

一、分期销售货物会税差异分析

第二十三条　企业的下列生产经营业务可以分期确认收入的实现：

（一）以分期收款方式销售货物的，按照合同约定的收款日期确认收入的实现；

——《企业所得税法实施条例》

企业所得税不考虑资金的时间价值，所以认为分期收款方式销售就是多次收取款项金额的简单相加。

第十七条　合同中存在重大融资成分的，企业应当按照假定客户在取得商品控制权时即以现金支付的应付金额确定交易价格。该交易价格与合同对价之间的差额，应当在合同期间内采用实际利率法摊销。

合同开始日，企业预计客户取得商品控制权与客户支付价款间隔不超过一年的，可以不考虑合同中存在的重大融资成分。

——《企业会计准则第 14 号——收入》

新会计准则规定，对具有融资性质的分期收款销售货物，其实质为企业向购货方提供了一笔信贷资金，因而企业应按照应收的合同或协议价款的公允价值确定收入金额。应收的合同或协议价款与公允价值之间的差额应当在合同或协议期间按实际利率法进行摊销，并相应冲减财务费用。

【案例 7－12】 ABC 公司（增值税一般纳人）于 2018 年 1 月 1 日销售给 DEF 公司（增值税一般纳税人）一套大型生产设备，当月安装完成，投入使用。采购合同约定该机器设备的总价不含增值税价格为 1 000 万元，分 3 年支付价款：2018 年 12 月 31 日付款 500 万元，2019 年 12 月 31 日支付 300 万元，2020 年 12 月 31 日支付 200 万元，在 DEF 公司支付款项当日 ABC 公司为其开具增值税专用发票，增值税款按货款比例支付。该设备成本为 700 万元，假设根据设备现值与分期付款总额确定的实际折现率为 6%。ABC 公司应如何进行账务处理和税务处理？（单位：万元）

案例分析： ABC 公司已经将设备交付给 DEF 公司，且 DEF 公司也取得了设备控制权，ABC 公司可以确认会计收入。ABC 公司采用分期收款方式销售货物相当于向 DEF 公司提供贷款，会计处理时要考虑重大融资成分对收入的影响。为了便于理解，本案例先直接给出了实际利率，再根据合同金额与实际利率计算会计收入额。然而在实务中，设备现值与合同金额是可以观察到的，反而合同利率是需要计算的，计算出合同利率后可以再反算出一个更加精确的收入额。

1. 2018 年 1 月份确认收入额。

ABC 公司 2018 年 1 月 1 日会计应确认的收入额为 $500/(1+6\%)+300/(1+6\%)^2+200/(1+6\%)^3=471.70+267.00+167.92=906.62$（万元）。ABC 公司的未实现融资收益为 $1\ 000-906.62=93.38$（万元）。

借：长期应收款　　　　　　　　　　　　　　　　1 000

贷：主营业务收　　906.62

　　未实现融资收益　　93.38

借：主营业务成本　　700

　　贷：库存商品　　700

2. 2018 年 12 月 31 日收到第一笔货款。

ABC 公司按照摊余成本计算每年应确认的收入和利息金额如表 7－1 所示。

表 7－1　　摊余成本计算表　　单位：万元

年份	期初摊余成本	实际利息收入	现金流入	期末摊余成本
2018 年	906.62	54.4	500	461.02
2019 年	461.02	27.66	300	188.68
2020 年	188.68	11.32	200	—

借：银行存款　　500（本金＋利息）

　　贷：长期应收款　　500

借：银行存款　　65

　　贷：应交税费——应交增值税（销项税额）　　65

借：未实现融资收益　　54.40（906.62×6%）

　　贷：财务费用　　54.40

与会计处理相比，企业所得税考虑问题更加直观，直接按照合同约定的收款日期和金额确认收入的实现即可，这里的收入也包含了会计“未实现融资收益”科目核算的利息收入，对应成本也应根据配比原则对应结转。填报相关报表如表 7－2、表 7－3 所示。

表 7－2　　A105020　　未按权责发生制确认收入纳税调整明细表（2018 年度）　　单位：万元

行次	项　　目	合同金额	账载金额		税收金额		纳税调整金额
			本年	累计	本年	累计	
		1	2	3	4	5	6（4－2）
5	二、分期确认收入						
6	（一）分期收款方式销售货物收入	1 000	906.62	906.62	500	500	－406.62

表 7－3　　A105000　　纳税调整项目明细表（2018 年度）　　单位：万元

行次	项　　目	账载金额	税收金额	调增金额	调减金额
1	一、收入类调整项目	*	*		
3	（二）未按权责发生制原则确认的收入	906.62	500	0	406.62
12	二、扣除类调整项目	*	*		
22	（十）与未实现融资收益相关在当期确认的财务费用	－54.4	0	0	54.4
30	（十七）其他	700	350	350	0

3. 2019 年 12 月 31 日收到第二笔货款

借：银行存款　　300（本金＋利息）

　　贷：长期应收款　　300

借：银行存款　　39

　　贷：应交税费——应交增值税（销项税额）　　39

借：未实现融资收益　　27.66（461.02×6%）

　　贷：财务费用　　27.66

填报相关报表如表 7－4、表 7－5 所示。

表 7－4　　A105020　　未按权责发生制确认收入纳税调整明细表（2019 年度）　　单位：万元

行次	项　　目	合同金额	账载金额		税收金额		纳税调整金额
			本年	累计	本年	累计	
		1	2	3	4	5	6（4－2）
5	二、分期确认收入						
6	（一）分期收款方式销售货物收入	1 000	0	906.62	300	800	300

表 7－5　　A105000　　纳税调整项目明细表（2019 年度）　　单位：万元

行次	项　　目	账载金额	税收金额	调增金额	调减金额
1	一、收入类调整项目	*	*	*	*
3	（二）未按权责发生制原则确认的收入	0	300	300	0
12	二、扣除类调整项目	*	*	*	*
22	（十）与未实现融资收益相关在当期确认的财务费用	－27.66	0	0	27.66
30	（十七）其他	0	210	0	210

4. 2020 年 12 月 31 日收到第三笔货款。

借：银行存款　　　　200（本金 + 利息）

　　贷：长期应收款　　　　200

借：银行存款　　　　26

　　贷：应交税费——应交增值税（销项税额）　　　　26

借：未实现融资收益　　　　11.32（倒挤）

　　贷：财务费用　　　　11.32

填报相关报表如表 7－6、表 7－7 所示。

表 7－6　　A105020　　未按权责发生制确认收入纳税调整明细表（2020 年度）

单位：万元

行次	项目	合同金额	账载金额		税收金额		纳税调整金额
			本年	累计	本年	累计	
		1	2	3	4	5	6（4－2）
5	二、分期确认收入						
6	（一）分期收款方式销售货物收入	1 000	0	906.62	200	1 000	200

表 7－7　　A105000　　纳税调整项目明细表（2020 年度）

单位：万元

行次	项目	账载金额	税收金额	调增金额	调减金额
1	一、收入类调整项目	*	*	*	*
3	（二）未按权责发生制原则确认的收入	0	200	200	0
12	二、扣除类调整项目	*	*	*	*
22	（十）与未实现融资收益相关在当期确认的财务费用	－11.32	0	0	11.32
30	（十七）其他	0	140	0	140

本案例在填报时需要注意以下几点：

第一，表 A105020 仅调整收入不能调整成本，为了满足企业所得税配比原则，ABC 公司对应的 50% 的成本调整只能在表 A105000 第 30 行“二、扣除类调整项目—（十七）其他”调整。

第二，对于若 2018 年底 ABC 公司没有根据合同约定的时间收到货款是否还需要继续确认收入的问题，《释义及适用指南》并没有加以明确。但企业所得税下分期收款方式销售货物的收入确认原则与租金、利息、特许权使用费是一致的，所以笔者认为还是应该继续确认收入。

第三，企业所得税一般不认可实际利率法，（特殊情况见案例 2 - 12）因此不认可 ABC 公司确认的融资收益，认为属于货款的一部分。在调整时，应通过表 105000 第 22 行“二、扣除类调整项目——（十）与未实现融资收益相关在当期确认的财务费用”纳税调减，并且第 1 列的金额以负数填列。

第四，分期收款主要指的是有融资性质的，仅是留有尾款或者分多次支付，不建议套用分期收款的处理规定。

第五，与分期销售货物相对应的 DEF 公司采用分期付款方式购入固定资产的会税处理见案例 4 - 7 与案例 4 - 11。

二、持续时间超过 12 个月的业务

第二十三条　企业的下列生产经营业务可以分期确认收入的实现：

（二）企业受托加工制造大型机械设备、船舶、飞机，以及从事建筑、安装、装配工程业务或者提供其他劳务等，持续时间超过 12 个月的，按照纳税年度内完工进度或者完成的工作量确认收入的实现。

——《企业所得税法实施条例》

在实务中，持续时间超过 12 个月的业务的会税差异产生的原因有多种，比如未取得合规票据，发生罚款等不允许税前扣除的支出等，但这些差异具有普遍性，其政策分析将在其他相关章节中介绍。本部分主要介绍的是因会税对工程完工进度政策规定及计算要求不同产生的会税差异。

【案例 7 - 13】 ABC 公司是一家施工企业，2019 年负责一项工程施工。到 2019 年年底，工程尚未完工且业主也未付款。ABC 公司需要在 2019 年确认收入吗？

案例分析： 是否需要在 2019 年确认收入还需要看预计工程进展时间。如果预计时间不超过 12 个月，注意并不是跨年，则可以按照第六章讲解的短时劳务处理，在完工后并满足确认收入条件时再确认收入；如果预计工程时间超过 12 个月，在 2019 年年底无论是否收到或者收到多少进度款，都应当按照纳税年度内完工进度或者完成的工作量确认收入的实现。

企业所得税下持续时间超过 12 个月的业务主要对应新收入准则第五步“履行每一单项履约义务时确认收入”中“在某一时间段内履行的履约义务”。为了方便阅读，接下来笔者以介绍会计准则为主线，穿插讲解企业所得税规定及分析会税差异。

第十二条　对于在某一时段内履行的履约义务，企业应当在该段时间内按照履约进度确认收入，但是，履约进度不能合理确定的除外。企业应当考虑商品的性质，采用产出法或投入法确定恰当的履约进度。其中，产出法是根据已转移给客户的商品对于客户的价值确定履约进度；投入法是根据企业为履行履约义务的投入确定履约进度。对于类似情况下的类似履约义务，企业应当采用相同的方法确定履约进度。

——《企业会计准则第 14 号——收入》

【案例 7－14】 ABC 公司与 DEF 公司签订合同，约定在未来的 3 年期间内每月为 DEF 公司提供两次全面保洁，每次保洁内容差不多，如果有遇到重大改变，如 DEF 公司装修或扩大办公面积等，均需额外付款。ABC 公司会计将 3 年保洁服务确认为一项在某一段内履行的履约义务，并按产出法确认收入。ABC 公司的会计处理企业所得税是否认可，应如何与企业所得税的规定衔接？

案例分析： 国税函〔2008〕875 号给出的劳务收入比例确认的方法有 3 种。

二、企业在各个纳税期末，提供劳务交易的结果能够可靠估计的，应采用完工进度（完工百分比）法确认提供劳务收入。

（二）企业提供劳务完工进度的确定，可选用下列方法：

1. 已完工作的测量；

2. 已提供劳务占劳务总量的比例；

3. 发生成本占总成本的比例。

——国税函〔2008〕875 号

新收入准则下的产出法根据已转移给客户的商品对于客户的价值确定履约进度，与“已完成工作的测量”或者“以提供劳务占劳务总量的比例”性质是一致的，所以一般无会税差异。

产出法比较偏向于客户方的获得，而与之对应的投入法则偏向于企业的付出。比如，购买某公园优惠门票：一种是购买次票，包含 60 次，在一定时期内（可长可短）按次计算；另一种是购买年票，没有次数限制，随时都可以进入公园锻炼等。第一种方式，公园要为顾客提供60次的游览服务，顾客每入园一次公园就完成一次，更加适合按照产出法确认收入。第二种方式，公园随时准备为顾客提供服务，每天的付出都是基本相等的且又无法预估顾客一年的入园次数，所以更加适合按照投入法确认收入。

【案例7-15】2019年6月，ABC公司承接一项大楼装修工程，合同总额900万元，工期预计15个月。按照预算，ABC公司预计发生成本600万元。但因大楼所处地区夏季雨水量大且工程项目管理混乱，在一次连续大雨过后，工程大量装修材料被淹被毁，ABC公司只得重新购买，又花费40万元。2019年年底，不包括重新购买且投入使用的40万元材料，ABC公司发生的成本为360万元，ABC公司确认工程进度为60%。企业所得税应如何处理？（单位：万元）

案例分析：根据《新收入准则应用指南》的要求，ABC公司因材料损坏额外购买的40万元是由非正常损耗造成的，并未反映企业履行合同义务的进度，应计入当期损益。因此，在确认工程进度时，总成本为600万元，实际发生成本为360万元，占比60%，确认收入540万元。

1. 2019年底，ABC公司确认收入（结算款项处理略）

借：合同结算	540	
贷：主营业务收入		540
借：主营业务成本	360	
贷：合同履约成本		360
借：营业外支出	40	
贷：银行存款		40

企业所得税下，根据875号函给出的完工进度计算依据，ABC公司应采用发生成本占总成本的比例来确认完工进度。ABC公司2019年发生的成本以及总成本应为多少呢？

第二十八条　企业发生的支出应当区分收益性支出和资本性支出。收益性支出在发生当期直接扣除；资本性支出应当分期扣除或者计入有关资产成本，不得在发生当期直接扣除。

——《企业所得税法实施条例》

为实现应税收益与支出在时间上的配比，企业所得税要求划分收益性支出与资本性支出。收益性支出产生的效益主要在发生当年，所以在当期扣除。

资本性支出发生的效益能够惠及以后，所以要归集或者分摊，不能直接在当期扣除。ABC 公司额外出资购买的 40 万元材料，显然是用于成本，应当首先资本化后再通过结转成本的方式扣除，不能直接扣除。因此，企业所得税下该工程实际发生成本 400 万元，工程总成本 640 万元，完工进度为 62.5%，确认收入 562.5 万元。填报相关报表如表 7-8、表 7-9 所示。

表 7-8　　A105020　　未按权责发生制确认收入纳税调整明细表（2019 年度）

单位：万元

行次	项　目	合同金额	账载金额		税收金额		纳税调整金额
			本年	累计	本年	累计	
		1	2	3	4	5	6（4-2）
5	二、分期确认收入						
6	（三）其他分期确认收入	900	540	540	562.5	562.5	22.5

表 7-9　　A105000　　纳税调整项目明细表（2019 年度）

单位：万元

行次	项　目	账载金额	税收金额	调增金额	调减金额
12	二、扣除类调整项目	*	*	*	*
30	（十七）其他	40	40	40	40

2. 2020 年，ABC 公司装修完工确认收入（结算款项处理略）。

借：合同结算　　360

　　贷：主营业务收入　　360

借：主营业务成本　　240

　　贷：合同履约成本　　240

2020 年企业所得税确认收入 337.5 万元，如表 7-10 所示。

表 7-10　　A105020　　未按权责发生制确认收入纳税调整明细表（2020 年度）

单位：万元

行次	项　目	合同金额	账载金额		税收金额		纳税调整金额
			本年	累计	本年	累计	
		1	2	3	4	5	6（4-2）
5	二、分期确认收入						
6	（三）其他分期确认收入	900	360	900	337.5	900	-22.5

本案例在填报申报表时应注意以下几点：

第一，2019 年度表 A105000 承担了两项调整。一是新会计准则认为后来发生的 40 万元材料费未反映在合同价款中且对履约进展没有帮助，所以直接计入当期损益；企业所得税认为 40 万元属于成本需要资本化，不能在发生当期直接扣除，所以要纳税调增 40 万元。二是会计认为 2019 年结转的工程成本为 360 万元，企业所得税认为是 400 万元，所以需要纳税调减 40 万元。

第二，除未取得发票、被行政部门罚款等情况，企业所得税与会计确认的收入和成本（包括会计直接计入发生当期损益的金额）都是一致的。到工程全部结束时，所有的调整事项都应该被找回。

【案例 7－16】 2019 年 9 月，ABC 公司与 DEF 公司签订合同，为其装修一栋办公楼并安装一部电梯，合同总金额为 100 万元。ABC 公司预计的合同总成本为 80 万元，其中包括电梯的采购成本 30 万元。电梯安装与装修属于同一履约义务，不能拆分。工程时间预计 12 个月。

2019 年 12 月，ABC 公司将电梯运达施工现场并经过客户验收，客户已取得对电梯的控制权，但是根据装修进度，预计到第 2 年才会安装该电梯。截至 2019 年 12 月，ABC 公司累计发生成本 40 万元，其中包括支付给电梯供应商的采购成本 30 万元。ABC 公司会计核算时确认的工程进度为 20%。企业所得税应如何处理？

案例分析： 根据《新收入准则应用指南》要求，ABC 公司从与自己无关的第三方购买的电梯价款对于全部工程成本而言是重大的，且如此重大的支出发生后，已发生的成本金额与履约进度不成比例，那么在电梯未安装的情况下，ABC 公司在确认完工进度时就不能够将电梯支出包含在成本中。2019 年 12 月确认进度时，ABC 公司应视为总成本为 50 万元，已经发生成本为 10 万元，完工进度为 20%。因此，ABC 公司应确认的收入为 44 万元（$70\times20\%+30$），成本 40 万元。还需要注意的是，案例 7－5 中的材料与本案例的电梯有重大的区别。案例 7－5 中的材料的所有权是归于 ABC 公司的，等交付之后，随着其他装修一起整体归 DEF 公司；但电梯因为金额重大且非常关键，一般业主都会亲自把关验收，所以电梯在整修完成之前其所控制权就已经归 DEF 公司。

企业所得税在确定成本时没有更复杂的考虑，所有工程需要花费的支出都属于工程成本。因此，企业所得税确认的完工进度为 50%，企业所得税确认收入 50 万元，成本 40 万元。具体账务处理与会税差异调整与案例 7－16 类似，不再赘述。

第八章

职工薪酬支出及纳税调整明细表（A105050）及相关内容讲解

人员是公司的核心，对人员支出的处理是企业所得税费用类处理的重要内容。从理论上说，企业所得税下公司对个人的有偿劳动支付只有两种类别：一种是工资福利，其中包括工资、福利费、社保等；另一种是劳务报酬，这里仅指个人向企业提供劳务时的企业支付，不包括赔偿支出、租用支出等。

一直以来，工资薪金、福利费等的支出与各项费用的界定是最容易引发税企争议的主题之一。在实务处理中，无论是哪种情形、哪种模式，落脚到企业所得税处理时，核心问题都是准确定性，在准确定性的前提下，后续的处理才顺理成章。

第一节　工资薪金支出定性分析及涉税处理

本节主要讲解工资薪金部分的税收定性分析和实务操作。企业所得税的工资薪金支出不包括福利费等其他部分支出，仅指工资部分；而个人所得税的工资、薪金所得包括职工从公司取得的全部与任职受雇有关的收入，是包括福利、社保等内容的。

第三十四条　企业发生的合理的工资、薪金支出，准予扣除。

前款所称工资、薪金，是指企业每一纳税年度支付给在本企业任职或者受雇的员工的所有现金形式或者非现金形式的劳动报酬，包括基本工资、奖金、津贴、补贴、年终加薪、加班工资，以及与员工任职或者受雇有关的其他支出。

——《企业所得税法实施条例》

根据政策规定，企业允许税前扣除的工资薪金必须满足以下条件：**一是每一纳税年度支付**，指的是按照权责发生制原则属于本申报年度且已真金白银实际发放，在汇算清缴期仅做了预提却未发放的不能税前扣除。**二是在本企业任职或受雇的员工**，指的是发放的对象必须是员工，给非员工发工资本身逻辑也是有问题的，这里的员工是广义概念，可以是实习生、季节工、临时用工人员等。**三是现金和非现金形式**，指的是只要是企业工资性质的支出，如现金、物品、股权股票，都属于工资，非现金形式的工资按照公允价值折算。**四是劳动报酬**，不是劳务报酬，指的是员工取得的与为公司工作相关的回报性的收入，比如，员工自己因垫钱购买出差车票取得的报销款属于公司与员工之间的往来款，公司将自己名下的房屋租赁给公司使用取得收入属于房屋租赁收入，都不属于劳动报酬。**五是合理的**，指的是工资的支出要符合社会环境和工作内容，决定工资合理性的重要尺度是市场工资水平。接下来，笔者将对前四项工资薪金条件展开详细的分析，由于第五项合理性不仅是工资税前扣除的判断标准，也是所有费用都要遵循的重要原则之一，本节不再单独讲解，并入第十一章讲解。

一、实际支付及股权激励会税差异调整

【案例 8－1】 ABC 公司每年都会把给业务员的提成留下 10% 作为销售风险金，若发生销售退回、购买方违约等情况，公司可以扣回相应比例的提成；若一切顺利，则在发货后发放剩余风险金。比如，甲先生本月工资 3 万元，公司留下 0.26 万元作为销售风险金，风险金留滞公司的时间从 3 个月到 2 年

不等。每个月月末，ABC 公司都将风险金转入“其他应付款”，并全额申报个税。假设甲先生前一年被留下的风险金到第二年汇算结束仍未收到，ABC 公司应按照 3 万元还是 2.74 万元扣除？

案例分析：这是一道争议题，争议核心在于是否只有真金白银支付出去了才是支付。有没有什么办法让这种情况看起来更应该可以扣除？

很多时候，税务处理并不是一道数学题，而是语文题。同样的事情，不同的表述会带来大相径庭甚至截然相反的理解。如果 ABC 公司表述为扣下 0.26 万元工资作为销售风险金，那么工资根本就没有实际支付，税前扣除就基本没希望了，相应地个人所得税也应该按照 2.74 万元申报；如果希望更加有利于税前扣除，则可以表述为工资发放后由个人按照一定比例上交企业留存或者如果个人愿意也可以由企业在发放时直接扣下等额工资，这样 0.26 万元工资款就变成了个人与公司之间的往来款，个人所得税相应地就需要按照 3 万元申报。虽说个人所得税不能决定企业所得税，但至少可以作为参考。

税务机关在对工资薪金进行合理性确认时，可按以下原则掌握：

（一）企业制订了较为规范的员工工资薪金制度；

（二）企业所制订的工资薪金制度符合行业及地区水平；

（三）企业在一定时期所发放的工资薪金是相对固定的，工资薪金的调整是有序进行的；

（四）企业对实际发放的工资薪金，已依法履行了代扣代缴个人所得税义务；

（五）有关工资薪金的安排，不以减少或逃避税款为目的。

——国税函〔2009〕3 号

这里再延伸一个小案例。假设 ABC 公司有多位从日本母公司 DEF 公司派来工作的日本员工。按照约定，这些日本员工的工资由 ABC 公司计算并在国内申报个人所得税，之后再将现金汇给日本母公司，最后由日本母公司向员工日本账户实际发放工资。2021 年 1 月，因为日本员工居留许可过期还没来得及更新，银行按规定不认可垫付、不允许对外付汇，所以 ABC 公司无法向 DEF 公司汇出日本员工 2020 年 12 月份 20 万元工资款。但 DEF 公司已经先行垫付向在 ABC 公司工作的日本员工发放了工资，国内也配套申报了个人所得税。假设到 2021 年 6 月份居留许可申请仍然没有更新，银行仍然不给汇款，

ABC 公司在 2020 年度企业所得税申报时是否需要将 20 万元纳税调整？

这看似确实有点“绕”。不需要调增吧，ABC 公司确实没出钱啊；需要调增吧，日本员工收到工资了啊。其实，《实施条例》第三十四条的“实际发放”主要是从员工的角度来说的，至于是不是企业实际出钱，那是另外一个层面的问题。DEF 公司替子公司发钱，形成了对 ABC 公司 20 万元的债权，企业走个往来即可；假设 ABC 公司最终不需要偿还了，也是计入 20 万元营业外收入，与工资薪金的处理没有任何关系。

【案例 8－2】 ABC 公司是一家生产企业。2019 年全年，ABC 公司发放职工薪酬 600 万元，其中 240 万元工资薪金属于管理人员或销售人员工资，直接计入管理费用或销售费用；另外 360 万元属于一线生产人员工资薪金，根据会计准则要求，应先计入制造费用归集成本等产品销售后再通过结转成本影响损益。到 2019 年底，库存商品、半成品等科目中包含工资薪金 60 万元。企业所得税下，ABC 公司发生的职工薪酬是 540 万元还是 600 万元？

案例分析： 算上本案例，因发放问题引起的职工工资薪金的差异调整主要有三种情形。

情形一： 企业存在没有完全发放的情况，比如计提 600 万元到年度汇算结束后只发放了 560 万元，剩下 40 万元没有发放也没有冲回，则账载金额为 600 万元，税收金额等于实际发生额为 560 万元，纳税调增 40 万元。

情形二： 企业发放的工资中有上年已计提未发放部分，比如上年有 40 万元在汇算结束前未发放且已纳税调增的工资薪金 40 万元，本年工资薪金 600 万元，实际发放了 640 万元。多发放的 40 万元目前有两种调整方式：一种方式类似于收付实现制，即计入发放当年，表 A105050 申报本年工资薪金账载金额为 600 万元，税收金额等于实际发放金额为 640 万元，纳税调减 40 万元；另一种方式类似于权责发生制，追溯调整修改上年年度纳税申报表，将上一年的纳税调增修改回来。两种不同的调整方式看似没有差别，但会影响后面福利费、职工教育经费等的扣除。如果本年福利费多、上年福利费少，40 万元当然计入本年的税收金额合适；如果上年福利费多、本年福利费少，则计入上年税收金额能使扣除更充分。这两种方式企业是不是可以自由选择？在大多数情况下税务机关不会太计较，但也有特殊情况，比如案例 8－15，到时候还会再次分析本案例的两种填报方式。

情形三：企业虽然将工资全数发放，但发放的工资不全部直接进损益，年底留有部分在资产负债表中，如制造费用、在建工程等，也就是本案例的情况。严格来讲，根据年度申报表的设计逻辑，企业应纳税所得额是经过对会计利润进行纳税调整计算出来的，如果一项支出没有进入损益，比如购入的货物未取得发票也未销售，即使预见将来处理时会有会税差异也暂不调整，待计入损益的年度再纳税调整。但有时候该处理原则会使会税差异调整起来非常复杂。假设一线职工福利费超过工资薪金 14%，等到产品销售结转成本工资薪金、福利费等进入损益当年再调整时，就等于要一个产品、一个产品地对照，所以不推荐这种调整方式。本案例在处理时，可直接将税收金额确定为实际发生额 600 万元，将本年度发放的工资薪金、福利费等一次纳税调整，这样当产品销售时，就不再考虑产品包含的超标的福利费等会使计税基础与账面价值不一致的问题，这与案例 4－8 利息费用的纳税调整思路是一致的，报表填写如表 8－1 所示。

表 8－1　　　　A105050　　职工薪酬支出及纳税调整明细表　　　　单位：万元

行次	项目	账载金额	实际发生额	税收金额	纳税调整金额	累计结转以后年度扣除额
		1	2	5	6（1－5）	7（2＋4－5）
1	一、工资薪金支出	600	600	600	0	*

本案例填写申报表时应注意以下几点：

第一，第 1 列应填入 600 万元。根据填报说明，第 1 列“账载金额”：填报纳税人会计核算计入成本费用的职工工资、奖金、津贴和补贴金额。根据表达习惯，填报说明中的“成本”应仅指“主营业务成本”等损益类科目，所以实际应填入 540 万元。但是，600 万元企业实实在在发放了，而且处理时采用的是全额通调的思路，以后也不会再转回，所以为了不引发过于复杂的纳税调整，倒推第 1 列金额为 600 万元。

第二，税收金额是企业所得税法认可的工资薪金额度，也是后面福利费、职工教育经费等限额的计算基数。所以，后面三项经费税前扣除比较扣除限额时，都是与第 5 列税收金额比对。

对于工资薪金的扣除到底应遵循权责发生制还是收付实现制，实务中是有一些争论的。笔者认为工资薪金属于企业费用的一种，税法规定中没有给予例外的规定，应该适用《实施条例》第九条规定的权责发生制。虽然《实施条例》第三十四条强调了实际支付，但所有的费用税前扣除都强调实际支付，不能因此就认为可以不遵循权责发生制了。关于实际支付与权责发生制二者矛盾统一的关系将会在第十一章作详细分析。但股权激励确实是一种例外。

股权激励是一种特殊形式的工资薪金，完全遵循了实际支付的原则，企业在等待期内计提时不得扣除，等激励对象实际行权获得现金或权益工具时才可以扣除。

二、上市公司依照《管理办法》要求建立职工股权激励计划，并按我国企业会计准则的有关规定，在股权激励计划授予激励对象时，按照该股票的公允价格及数量，计算确定作为上市公司相关年度的成本或费用，作为换取激励对象提供服务的对价。上述企业建立的职工股权激励计划，其企业所得税的处理，按以下规定执行：

（一）对股权激励计划实行后立即可以行权的，上市公司可以根据实际行权时该股票的公允价格与激励对象实际行权支付价格的差额和数量，计算确定作为当年上市公司工资薪金支出，依照税法规定进行税前扣除。

（二）对股权激励计划实行后，需待一定服务年限或者达到规定业绩条件（以下简称等待期）方可行权的。上市公司等待期内会计上计算确认的相关成本费用，不得在对应年度计算缴纳企业所得税时扣除。在股权激励计划可行权后，上市公司方可根据该股票实际行权时的公允价格与当年激励对象实际行权支付价格的差额及数量，计算确定作为当年上市公司工资薪金支出，依照税法规定进行税前扣除。

（三）本条所指股票实际行权时的公允价格，以实际行权日该股票的收盘价格确定。

——国家税务总局公告 2012 年第 18 号

第九条　……行权日，是指职工和其他方行使权利、获取现金或权益工具的日期。

——《企业会计准则第 11 号——股份支付》

和普通工资薪金相比，股权激励的会税差异比较大，既有因发放时间产生的暂时差异，还有因发放金额产生的永久差异。关于发放金额的计算，北京市税务局给出了明确的答复意见。

（前面条件略）问：按照《国家税务总局关于我国居民企业实行股权激励计划有关企业所得税处理问题的公告》（国家税务总局公告 2012 年第 18 号，以下简称 18 号公告）的规定，实际行权时应以该股票的公允价格（50 元）与激励对象实际行权支付价格（30 元）的差额（20 元）和数量（800 股），计算确定当年工资薪金支出 16 000 元进行税前扣除。然而，企业在会计上仅确认了 12 000 元的工资费用。应按哪个数额确认扣除额？

答：根据 18 号公告第二条第（二）项的规定，“在股权激励计划可行权后，上市公司方可根据该股票实际行权时的公允价格与当年激励对象实际行权支付价格的差额及数量，计算确定作为当年上市公司工资薪金支出，依照税法规定进行税前扣除。”股权激励支出的税务处理与会计处理存在差异。按照《企业所得税法》第二十一条的规定，“在计算应纳税所得额时，企业财务、会计处理办法与税收法律、行政法规的规定不一致的，应当依照税收法律、行政法规的规定计算。”因此企业在对股权激励支出进行税务处理时应按 18 号公告第二条第（二）项的规定执行，即在 2019 年实际行权时按 16 000 元进行税前扣除。

——《北京税务局——企业所得税操作指引（一）》（有删减）

该回答既是给企业吃了一颗“定心丸”，也是对会税差异的尊重和对税收政策的严格落实。

【案例 8－3】 ABC 公司为一家上市公司。2017 年 1 月 1 日，公司向 200 名管理人员每人授予 100 股股票期权，这些职员从 2017 年 1 月 1 日起在该公司连续服务 3 年，即可以 5 元购买 100 股的 ABC 公司股票，从而获益。该期权在授予日的公允价值为 18 元，ABC 公司估计 3 年中离开的职员比例将达到 20%。第一年有 20 名职员离开；第二年又有 10 名员工离开，ABC 公司将离职比例修改为 15%；第三年又有 15 名职员离开。

假设全部 155 名员工都在 2020 年 12 月 31 日行权，当天股票 ABC 公司股票收盘价为每股 32 元。股份面值为 1 元。2020 年，ABC 公司全年发生工资薪金 1 000 万元并全部发放完毕。该股权激励业务所涉及年度应分别如何业务处理以及填报申报表？（单位：万元）

案例分析：本案例主要讲解以权益结算的股份支付的会税差异，会计分录严格按照会计准则第11号要求编写。ABC公司费用与资本公积计算过程如表8-2所示。

表8-2　　股权激励费用计算表

年份	计算	当期费用	累计费用
2017	200×100×80%×0.0018×1/3	9.6	9.6
2018	200×100×85%×0.0018×2/3-9.6	10.8	20.4
2019	155×100×0.0018-20.4	7.5	27.9

ABC公司股权激励账务处理如下：

1. 2017年1月1日授予日不做处理。2017年12月31日：

借：管理费用　　9.6

　　贷：资本公积——其他资本公积　　9.6

2017年底9.6万元的职工激励费用是企业估计数，员工并没有实际行权，企业也没有实际付出，所以企业所得税不认可9.6万元的管理费用支出，应纳税调增，如表8-3所示。

表8-3　A105050　职工薪酬支出及纳税调整明细表（2017年度）　单位：万元

行次	项目	账载金额	实际发生额	税收金额	纳税调整金额	累计结转以后年度扣除额
		1	2	5	6（1-5）	7（2+4-5）
1	一、工资薪金支出					*
2	其中：股权激励	9.6	0	0	9.6	*

2. 2018年12月31日：

借：管理费用　　10.8

　　贷：资本公积——其他资本公积　　10.8

3. 2019年12月31日：

借：管理费用　　7.5

　　贷：资本公积——其他资本公积　　7.5

会税差异调整同2017年度，不再赘述。

4. 假设全部155名员工都在2020年12月31日行权，当天股票ABC公司股票收盘价为32元每股。股份面值为1元。

借：银行存款　　7.75

　　资本公积——其他资本公积　　27.9

　　贷：股本　　1.55

　　　　资本公积——股本溢价　　34.1

在员工行权后，ABC公司可以确认股权激励支出。但是企业所得税认可的股权激励支出是不是之前累计纳税调整的27.9万元呢？会计确认的27.9万元是基于授予日公司股票的公允价值计算的，而且不考虑员工支付金额；但企业所得税认可的金额是基于行权日股票收盘价格计算的，且考虑员工支付金额，以每股差额27元作为计算基础。这必然导致企业所得税下确认的股权激励支出不等于27.9万元。

根据国家税务总局公告2012年第18号第二条计算ABC公司2020年股权激励的税收金额为41.85万元（27×100×155/10 000），报表填写如表8－4所示。

表8－4　A105050　职工薪酬支出及纳税调整明细表（2020年度）　单位：万元

行次	项目	账载金额	实际发生额	税收金额	纳税调整金额	累计结转以后年度扣除额
		1	2	5	6（1－5）	7（2＋4－5）
1	一、工资薪金支出	1 000	1 041.85	1 041.85	－41.85	*
2	其中：股权激励	0	41.85	41.85	－41.85	*

本案例填报时需注意以下几点：

第一，企业所得税不区分以权益结算或是以现金结算，也不考虑会计核算具体科目，只要是符合要求的股权激励，处理方式一致。

第二，以现金支付的股权激励在等待期通过“应付职工薪酬”核算，但税法不承认，需要通过表A105050第1行纳税调整；等待期满至实际行权日产生的公允价值变动损益企业所得税不承认，通过表A105000第7行“一、收入类调整项目——公允价值变动净损益”纳税调整。

第三，根据后面职工教育经费等的填报说明，企业实际发生的股权激励是可以作为三项经费的扣除基数的。所以，在实务中，股权行权如果比较分散，对于其他费用的扣除是更加有利的。

二、员工/职工

【案例8-4】ABC公司为集团总部，根据集团用人安排规定，于2018年底将3名拟提拔管理人员派至外地全资子公司DEF公司工作3年，即2019年至2021年。3名外派人员的工资、奖金等都由DEF公司发放，但社保仍由ABC公司在总部所在地缴纳。ABC公司3名外派高管的工资薪金与社保等应如何协调处理？

案例分析：3位高管的工资薪金与社保费等，应该全部作为DEF公司的费用支出。

对于集团公司来说，人员调整借调十分常见，根据集团内部规定和具体情况表现各不相同，有时候工资薪金等全部随人走，有时候只带走一部分，或者全部留在原公司发放。在工资薪金确认的问题上笔者一直比较倾向于看人员实际在为谁工作。这里的为谁工作，不是仅依据在谁那里上班或者是为谁干活，而是要综合判断。比如案例8-8甲律师虽然被外派到企业担任顾问，看似是在企业上班，但其实他是在履行律师事务所的合同义务，所以他是在为律师事务所工作。

在本案例中，三名外派人员既不是去替ABC公司实施管理，也不是去履行某项合同，而就是去DEF公司正常上班，他们的劳动仅使DEF公司受益，无论ABC公司是否还对其保留一定的管理，他们的工资等都应属于DEF公司的成本费用。至于社保，也应该是属于DEF公司的费用，但是可以由ABC公司代为缴纳。

这样操作企业所得税是完美解决了，却造成了社保申报数与在当地缴纳数不一致的情况，基于现有的社保管理模式是解决不了的。其实，社保与税费的逻辑是完全不一样的，税费哪怕是个人所得税也是当时清、当时了，顶多涉及年底的汇算清缴。但社保动辄是十几年的打算，在可见范围内都要尽量基于长远考虑。虽然社保已经全面向税务机关移交，但移交的只是征收，对于社保计划、核定、管理等还是以社保局为主。社保是灵活的，税收是确定的，所以既不能以税法管理的思路去清缴社保，也不能以社保管理的思路去治理税费，否则就全乱套了。事实上，绝大多数的税务机关是明白这一点的，而且也是这样做的。

【案例8－5】 ABC公司为某集团总部，公司的高管人员中大部分除了在总部担任高管之外，还会在下属子公司任职，比如，甲高管是ABC公司财务部门的副总，也是子公司DEF公司的财务总。甲高管以及其他有类似情况高管的工资均由ABC公司全部承担并发放。由于高管普遍年薪较高且ABC公司作为集团总部主要从事管理职能，对外经营业务收入并不多，再加上其他费用也由总部承担，所以造成连年亏损。不考虑其他事项，ABC公司对高管人员工资薪金的处理方式是否正确？

案例分析： ABC公司对高管人员工资薪金的处理不够合理。在本案例中，甲高管属于两处任职，既然在两家公司都有工作，都贡献劳动，工资也应当由两家公司共同承担。ABC公司与其下属子公司应对集团内两处任职员工的工资等按照一定标准进行合理拆分，并根据拆分结果作为各自的工资薪金支出分别申报个人所得税；发放时，可以由子公司将工资薪金集中至总部统一发放。

在实务中，拆分工资的做法得到了大部分地方税务机关的认可，因为这样既符合企业所得税成本费用支出配比、合理、相关等原则，也可以使工资薪金等支出在整个集团内部税前扣除得更加充分。不仅工资薪金如此，其他由总部承担但与其他成员公司共同使用的支出都可如此处理。

类似于上一案例，在实务中还要考虑社保问题。有些子公司在外地，员工两边工作工资薪金等可以两边发放，个税也可以两处申报，但是社保不愿意两处缴纳。不得不说，社保在移交至税务机关征收后确实对企业用人产生了很大影响，很多企业所得税和个人所得税都可以良好适应的用人安排到了社保就适应不过去了。前面已经分析过，社保与税收根本不是一套管理逻辑，未来也不是一个使用方向，完全套用税收的思路征收管理社保会大大提升企业用人成本和个人负担。对于这样的情况，笔者只能说，暂且将就，未来可期。想想个人所得税在本次改革之前其实也存在问题，但改革之后无论几处发工资理论上都没有区别了，这得益于征管水平的提升。社保也是一样，随着明年全国医保联网的脚步越来越近，多处社保、重复社保、社保与工资死板捆绑的问题想必也会得到一定的解决。

【案例8－6】 ABC公司招聘在校应届毕业生为实习生，应聘者可以先通过网站选择实习业务方向以及实习岗位，实习期一年。在实习期间，ABC 公司每月向实习生支付费用，ABC 公司是否需要实习生开具发票进行税前扣除？

案例分析：支付给实习生的费用是否需要用发票扣除主要看实习生提供的是内部工作还是外部劳务。实习生通过应聘直接进入企业内部，根据企业的岗位设置提供与职务相关的劳动，属于提供内部工作。哪怕实习生留在 ABC 公司很短的时间，也是属于职工性质，取得的所得也是工资薪金收入。

但道理上的判断在有争议时往往是站不住脚的。鉴于企业所得税并没有相关员工或职工的定义，在实务操作中企业可以借鉴会计准则对“职工”的定义。

第三条　本准则所称职工，是指与企业订立劳动合同的所有人员，含全职、兼职和临时职工，也包括虽未与企业订立劳动合同但由企业正式任命的人员。

——《企业会计准则第 9 号——职工薪酬》

会计准则规定，职工的定性应按照实质重于形式的原则而不仅以服务时间或者是否签订合同等表现判断，所以，兼职工、季节工、实习生、临时工等，都可以认为属于企业职工。

一、关于季节工、临时工等费用税前扣除问题

企业因雇用季节工、临时工、实习生、返聘离退休人员所实际发生的费用，应区分为工资薪金支出和职工福利费支出，并按《企业所得税法》规定在企业所得税前扣除。其中属于工资薪金支出的，准予计入企业工资薪金总额的基数，作为计算其他各项相关费用扣除的依据。

——国家税务总局公告 2012 年第 15 号

与会计的规定原则基本一致，企业所得税认为企业对季节工、临时工、实习生等实际发生的费用可以视为工资薪金支出。另外，关于服务时间较短是否就属于支付劳务费，《释义及适用指南》认为所谓任职或者雇用关系，一般是指所有连续性的服务关系，……虽然对某些临时工的使用是一次性的，但从企业经营活动的整体需要看又具有周期性，服务的连续性应足以对提供劳动的人确定计时或者计件工资，应足以与个人劳务支出相区别。

本案例的问题并不算复杂，可是在实务中很多企业即使明白属于工资薪金支出，但考虑到社保负担等问题，为降低用工成本宁愿选择按照服务费处

理。企业劳务报酬处理是一种无奈选择，在实务中也处理得过去；但认为实习生取得的收入就是属于劳务报酬则纯属误读。

二、正在接受全日制学历教育的学生因实习取得劳务报酬所得的，扣缴义务人预扣预缴个人所得税时，可按照《国家税务总局关于发布〈个人所得税扣缴申报管理办法（试行）〉的公告》（2018 年第 61 号）规定的累计预扣法计算并预扣预缴税款。

——国家税务总局公告 2020 年第 13 号

注意，国家税务总局公告 2020 年第 13 号的表述为“正在接受全日制学历教育的学生因实习取得劳务报酬所得的……”。“因实习取得劳务报酬所得的”和“因实习取得的劳务报酬所得”虽一字不差，但“的”字位置不一样含义就不一样。“因实习取得的劳务报酬所得”倾向于判定，认为实习取得的收入性质属于劳务报酬；而“因实习取得劳务报酬所得的”是情况列举，并不判定实习生取得的收入是什么性质。结合文件表述，国家税务总局公告 2020 年第 13 号的意思是，如果企业认为实习生取得的收入属于劳务报酬的话，扣缴义务人预扣预缴个人所得税时可按照国家税务总局公告 2018 年第 61 号规定的累计预扣法计算并预扣预缴税款。

【案例 8－7】 2019 年 10 月，ABC 公司与劳务派遣公司 DEF 公司签订合同，由 DEF 公司派遣 8 位员工在 ABC 公司任职工作。ABC 公司将 8 位员工全部的工资、福利、社保等费用直接支付给 DEF 公司，由 DEF 公司代为发放。2020 年春节过后回来第一天上班时，为讨“开门红”的彩头，公司向每位员工直接发放 500 元红包。ABC 公司直接向 8 位劳务派遣员工发放的红包是否可以税前扣除？

案例分析： ABC 公司向员工发放的红包可并入工资薪金（或者福利费）税前扣除，8 名劳务派遣人员是否属于企业员工呢？

第三条　……未与企业订立劳动合同或未由其正式任命，但向企业所提供服务与职工所提供服务类似的人员，也属于职工的范畴，包括通过企业与劳务中介公司签订用工合同而向企业提供服务的人员。

——《企业会计准则第 9 号——职工薪酬》

根据会计准则的规定，在会计核算时，通过企业与劳务中介公司签订用工合同而向企业提供服务的人员也属于职工的范畴。因此，在会计核算时，8

名劳务派遣人员对支出应按照工资薪金支出处理。注意，这里的合同是指“用工合同”，如果是其他服务外包合同，即使是长期派驻人员在企业工作都不应该认为是企业职工。

二、从业人数，包括与企业建立劳动关系的职工人数和企业接受的劳务派遣用工人数。

——财税〔2019〕13号

企业所得税下，8名劳务派遣人员属于企业职工，但对他们的付费却并不一定是工资薪金支出，这其实是不合适的。

三、企业接受外部劳务派遣用工支出税前扣除问题

企业接受外部劳务派遣用工所实际发生的费用，应分两种情况按规定在税前扣除：按照协议（合同）约定直接支付给劳务派遣公司的费用，应作为劳务费支出；直接支付给员工个人的费用，应作为工资薪金支出和职工福利费支出。其中属于工资薪金支出的费用，准予计入企业工资薪金总额的基数，作为计算其他各项相关费用扣除的依据。

——国家税务总局公告2015年第34号

根据政策规定，因为工资是由DEF公司代发的，所以ABC公司对8位劳务派遣人员发生的费用不属于工资薪金，发放的“开门红”红包也无法属于工资薪金或是福利费，只能并入支付给DEF的劳务费，由DEF公司开票扣除。

实际上，对于劳务派遣人员来说，无论采用何种形式发放，都不应该改变工资薪金支出的本质。完全相同的业务，只因支付方式不同，就要按照完全不同的模式处理，理论上来说是不符合税收中性原则的，也会带来更多困扰。比如，有些企业雇用劳务派遣人员直接向劳务派遣人员发放工资，社保和公积金由劳务派遣公司参保缴款，从申报情况看，该企业是承担了社保还是没承担社保？客观条件上，“营改增”之后，劳务派遣公司允许差额纳税，开具的发票可以清晰区分哪些是公司收入哪些是代收代发部分，而且无论是谁发放工资，最终的工资实际承担方均为用工公司。所以，劳务派遣这样一种行为两种处理的做法，应早日取消。

【案例8-8】2019年8月，ABC公司与DEF律师事务所签订一份法律服务合同。合同约定，自2019年9月开始，DEF公司向ABC公司派驻一名专业

律师甲律师专门负责 ABC 公司的法务工作，工作包括但不限于往期合同审核、法律知识培训、出席合同谈判等。如果需要终止服务，ABC 公司提前一个月通知 DEF 公司即可。ABC 公司每月向 DEF 公司支付律师费 1 000 元，再向甲律师支付工资 5 000 元，甲律师出差等发生的差旅费用、差旅补助等，按照员工标准支付。ABC 公司是否可以将甲律师的工资造表扣除?

案例分析: 不可以。本案例的判断原理在案例 8－4 中分析过，在此不再赘述。甲律师不是 ABC 公司的员工，ABC 公司不应该向其发放工资。其实从某种角度来讲，本案例也算是一种外包业务，即 ABC 公司将其法务业务发包给 DEF 律师事务所，由律师事务所根据合同约定派驻律师。ABC 公司支付给 DEF 公司的法律顾问咨询费金额应为每月 6 000 元，而甲律师的工资等收入也应属于 DEF 公司的合同成本。

至于甲律师在派驻过程中应 ABC 公司要求发生的差旅等费用，从企业所得税成本费用税前扣除的相关性原则和合理性原则讲，可以直接作为 ABC 公司的费用税前扣除，具体在第十一章还会有详细分析。

【案例 8－9】 2019 年底，ABC 公司总包某住宅楼建设项目，并将其中部分劳务分包给 DEF 公司。DEF 公司派出 20 名建筑工人现场施工。2020 年春节过后第一天上班时，为讨“开门红”的彩头，公司向每位工地人员直接发放 500 元红包。ABC 公司直接向劳务分包人员发放的红包应如何税前扣除?

案例分析: DEF 承担 ABC 公司的部分建筑劳务并派建筑工人进场施工，无论施工时间多久，建筑工人都不是 ABC 公司的员工。ABC 公司与 DEF 公司有业务关系，与建筑工人个人则没有任何直接关系，所以给建筑工人额外的“开门红”红包应并入劳务费用由 DEF 公司开发票扣除。

建筑劳务外包是较早出现的外包形式，随着实践发展，现在已有多种形式外包业务。从人力资源管理的角度来说，外包业务派驻人员（以下简称“外包人员”）与本部门职工在法律关系、考核管理等方面都是有严格区分的。用工企业必须明确管理界限，尽量避免影响确认劳动关系或模糊员工身份认定的事项出现，比如，不宜直接制定外包人员的绩效考核和薪金标准，直接安排外包人员值班、加班等。如果仅为降低用人成本，名为外包实为自用，用工公司还将面临税法之外的更大的管理风险和法律责任。

在企业所得税下的诸多政策应用中，人员支出的处理受到其他政策的干扰是最大的。近几年，随着互联网技术的发展和对用人成本的重视，企业用工模式逐渐多样起来。尤其2020年年初的新冠肺炎疫情，将灵活用工需求推向了一个新高度。比如，一方面大量饭店无法开张，人员大批暂时失业；另一方面，外卖平台订单激增，急需大量配送人员。复工复产后，一场失业人员与新岗位的对接就开始了，岗位越发灵活，人员越发流动，可能上午是外卖骑手小哥，下午就变成咖啡调配师。在未来，作为全职工作的补充工作形态，共享用工、灵活用工的情形将更加普遍。“不求所有、但求所用”“不求所在、但求所为”正在成为劳动关系的新理念、新趋势。社会潮流无法阻挡，税务处理问题也随之而来，按说这些用工费用在大多数情况下都应该按照工资薪金核算，处理简单且符合规定，但企业一发工资就担心被加征社保或者在个税上出什么问题，从而宁愿选择按照劳务取得发票，导致企业所得税下人员支出处理混乱、财务苦不堪言，同时也变相为劳务发票虚开提供了滋生土壤，广东、山东、海南、河南等多地严查用工平台的消息层出不穷。但这是监管与市场的博弈，日后必然会管制一部分、认可一部分、规范一部分、放开一部分。李克强总理在2020年7月22日的国务院常务会议上强调，“要取消对灵活就业的不合理限制，引导劳动者合理有序经营”。

就在笔者即将截稿之际，人力资源社会保障部办公厅下发了《关于做好共享用工指导和服务的通知》（人社厅发〔2020〕98号），文件肯定了企业间共享用工的做法，并认为如果是企业之间的共享，无论人在哪里工作都是原企业的人，原企业都要负责。但是从税务角度来说，被共享出去的员工的工资是实际用工企业的工资费用，不能因为其他管理要求而改变。

共享用工的规范有了眉目，但官方对灵活用工平台的理解依然保持中规中矩。

二、关于允许内控机制完善的平台经济使用内部凭证列支成本费用

……

如果允许平台企业所有经营活动均使用内部凭证列支成本费用，在企业所得税征管上会造成平台企业与非平台企业之间的差异，不利于营造公平竞争的市场环境。特别是增值税应税项目如果均使用内部凭证作为税前扣除凭证，不利于增值税发票的规范管理，破坏了增值税抵扣链条的完整性，易引发偷漏税风险。因此，建议平台企业依法依规使用内部凭证和外部凭证列支成本费用。

三、关于明确灵活用工人员从平台获得的收入作为经营所得

根据《中华人民共和国个人所得税法》及有关规定，灵活用工人员从平台获取的收入可能包括劳务报酬所得和经营所得两大类。灵活用工人员在平台上从事设计、咨询、讲学、录音、录像、演出、表演、广告等劳务取得的收入，平台属于"劳务报酬所得"应税项目，由支付劳务报酬的单位或个人预扣预缴个人所得税，年度终了时并入综合所得，按年计税、多退少补。灵活用工人员注册成立个体工商户、或者虽未注册但在平台从事生产、经营性质活动的，其取得的收入属于"经营所得"应税项目，"经营所得"以每一纳税年度的收入总额减除成本费用以及损失后的余额为应纳税所得额，适用经营所得税率表，按年计税。

……

国家税务总局

2020 年 8 月 27 日

——对十三届全国人大三次会议第 8765 号建议的答复

从税务总局的答复来看，灵活用工平台对平台人工的支付不属于工资薪金的支付，除小额零星外，需要发票税前扣除。

三、现金与非现金

工资薪金的形式多种多样，但主要可分为现金和非现金形式。虽然，目前占有主要地位的工资薪金发放形式是现金，但也存在许多以非现金形式发放的工资薪金，比如逢年过节企业发放的过节物品。对于这些非现金形式的工资薪金，应通过一定的方式，将其换算成等额现金的形式予以税前扣除，但具体使用何种形式企业所得税并没有明确，在实务中可以参考视同销售，如果是外购的，无论是物品还是服务劳务，应按照外购价格，基本是公允价值；如果是自产的，应按照销售价格。

四、劳动报酬

根据《实施条例》第三十四条的规定，工资薪金指的是个人付出劳动，

公司对个人的劳动给予报酬。但个人与公司除了雇用关系之外，还可以形成其他民事关系，比如买卖关系、租赁关系等，在这些关系中，公司对员工的支付不属于劳动报酬。还有一种情况，比如政府给某些高学历人才在本辖区就业发放的生活补助虽是通过公司发放，严格来讲也不属于个人的劳动报酬。所以，公司给员工的支付需要具体判断，不应不分青红皂白地全部作为工资薪金支出。

【案例8－10】 甲小姐是一家大型化妆品公司ABC公司的中层管理人员。ABC公司在举办周年店庆时允许消费者凭消费凭证参与抽奖。甲小姐既是ABC公司工作人员，也是ABC公司旗下产品的消费者，参与抽奖后，甲小姐幸运地抽中了一台价值8 000元的笔记本电脑。次月发工资时，甲小姐发现公司将8 000元计入其工资薪金。ABC公司申报个人所得税的处理是否正确？

案例分析： ABC公司不应当将8 000元作为工资薪金支出，而应当与其他抽奖礼品一样，直接作为销售费用。甲小姐虽是公司的职工，但8 000元并非与其任职受雇有关，也并非劳动报酬，对她应与其他消费者抽奖做同样处理。

【案例8－11】 ABC公司派甲先生去外地出差5天，根据公司制定的出差费用报销制度，除了差旅费、住宿费和宴请客户餐费等根据票据实报实销外，对室内交通、午餐、零用等零散费用实行包干制度，即无论实际花费多少，每天固定补贴240元。甲先生出差回来后，取得1 200元定额补贴款。ABC公司将1 200元并入甲先生工资。ABC公司的处理是否正确？

案例分析： ABC公司不应当将1 200元作为工资薪金支出，而应直接计入公司的对应费用。因为ABC公司支付给甲先生的1 200元不是甲先生的劳务报酬，而是对甲先生因公出差在外地的零散支出的报销。所谓的“补助”，只是一种名称，实则是费用不再凭票报销，而是根据企业内部制定的包干金额直接报销。《财政部关于印发〈中央和国家机关差旅费管理办法〉的通知》（财行〔2013〕531号）中也有关于费用包干的解释，企业也可以借鉴思路。另外，个人所得税下对不属于工资薪金所得收入的“4. 差旅费津贴、误餐补助”不征收个人所得税，指的就是类似的情况。据了解，企业如果制度规范、约定明确、金额合理，各地税务机关基本都认可内部制定的出差零星费用包干制度。这几年，税务机关对企业支出的凭证瑕疵呈现出一种更加包容及认可的态度。

【案例 8－12】ABC 公司是一家房地产开发企业。公司规定，无论是否销售部门人员，只要将房子推销出去均可获得 8% 的销售提成。甲女士在财务部门工作，因成功推销出去一套房产获得 8 万元的销售提成，ABC 公司将 8 万元作为甲女士工资薪金支出。ABC 公司的处理是否正确？

案例分析：ABC 公司的处理是正确的。甲女士虽不是销售部门人员，但是推销商品房也属于公司的工作安排，属于为公司提供劳动取得报酬，类似于奖金，可以并入工资薪金处理。

【案例 8－13】ABC 公司为了方便管理、提高工作效率，改变原来要求员工拿发票报销通讯费用的财务管理模式，改为直接根据不同职务、不同岗位随工资直接发放通讯补贴。ABC 公司财务人员将通讯补贴计入员工福利费。ABC 公司的处理是否正确？

案例分析：ABC 公司的处理不准确，给员工按照一定标准发放的通讯补贴可以计入工资薪金。

一、企业福利性补贴支出税前扣除问题

列入企业员工工资薪金制度、固定与工资薪金一起发放的福利性补贴，符合《国家税务总局关于企业工资薪金及职工福利费扣除问题的通知》（国税函〔2009〕3 号）第一条规定的，可作为企业发生的工资薪金支出，按规定在税前扣除。

——国家税务总局公告 2015 年第 34 号

根据国家税务总局公告 2015 年第 34 号（以下简称“34 号公告”）规定，如果某些补贴和津贴形成制度并与工资薪金一起发放，则可以计入工资薪金，这里也包括过节费等。会计上，类似补贴一直都是按照工资薪金核算的。《释义及适用指南》也规定：津贴和补贴，是指为了补偿职工特殊或额外的劳动消耗和因其他特殊原因支付给职工的津贴，以及为了保证职工工资水平不受物价影响支付的物价补贴，包括补偿职工特殊或额外劳动消耗的津贴（如高空津贴、井下津贴等），保健津贴，技术性津贴（如工人技校师津贴），工龄津贴及其他津贴（如直接支付给伙食津贴、合同制职工工资性补贴及书报费等）。所以，34 号公告的规定扭转了原来凡是补贴就属于福利费的思维误区，贯彻了《实施条例》的精神，协调了会税差异，使企业人员费用税前扣除更加充分。

再补充说明一点，现在仍有企业采用发票报销的形式发放通讯补助、交通补助等，认为可以不用计入员工工资中、不缴纳个人所得税。但实际上并非如此，除了特殊岗位实报实销部分，凡没有办法明确区分公用私用笼统处理的，都还属于工资薪金的范围，无论是报销还是发放，本质都是一样的。而且，大部分员工因为财务知识有限取得的发票来源不明，甚至还有增值税专用发票，反而增加了涉税风险。所以，非常不建议再广泛采用发票报销形式支付实际属于工资薪金或职工福利的费用。

第二节　三项经费政策分析与会税差异处理

一、职工福利费

第四十条　企业发生的职工福利费支出，不超过工资薪金总额14%的部分，准予扣除。

——《企业所得税法实施条例》

福利费的名目繁多、种类各异，《实施条例》没有对福利费进行明确的规定，目前企业所得税下关于福利费的最核心文件主要是《国家税务总局关于企业工资薪金及职工福利费扣除问题的通知》（国税函〔2009〕3号），但其列举的一部分内容，比如通讯补贴、交通补贴等，已经被34号公告第一条覆盖。会计口径下对福利费的规范主要有《财政部关于企业加强职工福利费财务管理的通知》（财企〔2009〕242号），对于部分具体问题企业所得税没做出具体规定而会计有规定的，暂按会计规定处理。

【案例8－14】ABC公司是一家大型餐饮企业。2019年度，因新员工入职、后厨人员筛查体检、全体职工例行检查等事项，共发生员工体检费用15万元，ABC公司全部计入职工福利费。ABC公司的处理是否正确？

案例分析：ABC公司的处理是不准确的。税务处理要先从定性入手，财企〔2009〕242号规定，福利费是为职工提供的福利待遇支出。

一、企业职工福利费是指企业为职工提供的除职工工资、奖金、津贴、纳入工资总额管理的补贴、职工教育经费、社会保险费和补充养老保险费（年金）、补充医疗保险费及住房公积金以外的福利待遇支出，包括发放给职工或为职工支付的以下各项现金补贴和非货币性集体福利：

——财企〔2009〕242号

明确了福利费的本质，再回过头来看本案例。在ABC公司进行的三项体检中，入职体检和后厨人员体检并不是给予职工的工作待遇，而是出于企业管理需要的支出，所以体检费用应直接计入管理费。职工的例行体检是属于企业给予的福利待遇，应当计入职工福利费。

【案例8－15】2020年，ABC公司被几名员工起诉至法院，要求支付从2009年到2018年的独生子女费，法院判决ABC公司败诉，须补发10年的独生子女费。ABC公司于2020年一次性支付18万元独生子女费。此笔费用是否能够在支付当年一次性扣除？

案例分析：ABC公司认为，18万元属于企业实际发生的，与生产经营有关的支出，应当税前扣除。主管税务机关认为，首先，根据财企〔2009〕242号的规定，独生子女费属于职工福利费，不能直接全额扣除。

三、关于职工福利费扣除问题

《实施条例》第四十条规定的企业职工福利费，包括以下内容：

（三）按照其他规定发生的其他职工福利费，包括丧葬补助费、抚恤费、安家费、探亲假路费等。

——国税函〔2009〕3号

对于“按照其他规定发生的其他职工福利费”，国税函〔2009〕3号的列举相对简单，但财企〔2009〕242号中有详细的解释，企业所得税处理时应当参考。

一、企业职工福利费……包括发放给职工或为职工支付的以下各项现金补贴和非货币性集体福利：

（五）按规定发生的其他职工福利费，包括丧葬补助费、抚恤费、职工异地安家费、独生子女费、探亲假路费，以及符合企业职工福利费定义但没有包括在本通知各条款项目中的其他支出。

——财企〔2009〕242号

其次，《实施条例》规定在计算应纳税所得额时费用的扣除按照权责发生制，所以18万元也不能全额并入2020年职工福利费，应还原至每一年且并入当年职工福利费限额扣除，超过五年的不再允许调整扣除。

第九条　企业应纳税所得额的计算，以权责发生制为原则，属于当期的收入和费用，不论款项是否收付，均作为当期的收入和费用；不属于当期的收入和费用，即使款项已经在当期收付，也不作为当期的收入和费用。

——《企业所得税法实施条例》

北京市税务局发布过一个类似问题的处理口径，和笔者结论一致，可以参考。

4、问：某企业在2018年度确认年金制度，并在该年度一次性补缴2012—2017各年度企业年金，由于以前年度没有年金制度，因此该企业以前年度未作会计处理，补缴以前年度年金后企业进行了相应的会计处理，对以前年度损益进行调整。企业进行上述会计处理后是否可以作为以前年度应扣未扣事项追补扣除，按照《国家税务总局关于企业所得税应纳税所得额若干税务处理问题的公告》（国家税务总局公告2012年第15号）国家税务总局公告2012年第15号，按5年确认追补期限？

答：可以作为以前年度应扣未扣事项，按照第15号公告第六条的规定追补确认期限不得超过5年。

——《北京税务局——企业所得税操作指引（一）》

该回答的结论是没问题的，只是依据似乎引用得有些瑕疵。国家税务总局公告2012年第15号第六条的适用范围是“以前年度实际发生的、按照税收规定应在企业所得税前扣除而未扣除或者少扣除的支出”，但例子中企业以前年度并未实际缴纳。所以，如果不让当年一次性扣除的话，似乎套用权责发生制的原则更贴切。

此时，如果再回头看案例8-2“情形二”以前年度未发放完毕的工资薪金在发放之后的调整，感觉第一种倾向于收付实现制的方式似乎就不再合适了。

【案例8-16】ABC公司2019年度职工福利费支出总额未超过工资薪金总额的14%。ABC公司在“管理费用——福利费”科目中列支的20万元费用，其中5万元的“健身费”与15万元的“旅游费”。在2020年下半年的税务检查中，税务人员要求该公司对部分员工列支的20万元调增相应应纳税所得额，补缴企业所得税并加收滞纳金。税务人员的处理是否正确？

案例分析： 税务人员的处理不完全正确，还应结合具体情况分析。税务人员为何要把“健身费”与“旅游费”全额挑出来要求纳税调整呢？因为参考了财企〔2009〕242号和《企业账务通则》的规定。

三、职工福利是企业对职工劳动补偿的辅助形式，企业应当参照历史一般水平合理控制职工福利费在职工总收入的比重。按照《企业财务通则》第四十六条规定，应当由个人承担的有关支出，企业不得作为职工福利费开支。

——财企〔2009〕242号

第四十六条　企业不得承担属于个人的下列支出：

（一）娱乐、健身、旅游、招待、购物、馈赠等支出。

（二）购买商业保险、证券、股权、收藏品等支出。

（三）个人行为导致的罚款、赔偿等支出。

（四）购买住房、支付物业管理费等支出。

（五）应由个人承担的其他支出。

——《企业财务通则》

税务机关参考会计规定是对的，但是直接按照会计的要求作为纳税调整的依据是不合适的，如果是模特公司的模特或演艺公司的演员，因需要保持身材，公司要求每人必须健身而支付的健身费，或者旅拍公司到处旅游拍摄宣传片的旅游支出，这些事项虽然个人确实获利了、享受了，但更是为满足工作的需要。不仔细辩别，仅凭名称就做纳税调整是不严谨的作法，比如案例8-14，虽然都是体检费，但原因不同，费用性质就不同。当然，如果不属于工作需求，会计上ABC公司是不可以将个人的旅游费、健身费计入“应付职工薪酬”科目的，只能计入“营业外支出”科目；企业所得税下则属于与生产经营无关的支出，不能税前扣除。

对《企业财务通则》第四十六条再做一个延伸。ABC公司给员工购买商业保险并计入了职工福利费，在不超标的前提下，购买的商业保险可以按照职工福利费税前扣除吗？与旅游费、健身费处理相同，根据《企业财务通则》第二项的规定，属于个人的商业保险不能计入“应付职工薪酬”科目，不属于福利费，只能计入费用等损益科目，也自然就不能随着福利费税前扣除了。

【案例8-17】 ABC公司因地处偏远、员工上下班不便，所以决定自建一栋6层宿舍楼出租给员工使用，并象征性地收取员工租金。DEF公司紧邻

ABC公司，也想为职工解决住宿问题，但财力不足，于是与ABC公司商定按照市场价长期租用其中一层。2018年底建成投入使用后，ABC公司将房屋折旧作为其他业务成本全额扣除。2020年税务机关检查时，认为ABC公司不能将房屋折旧全额扣除，由本企业员工使用部分对应的折旧应作为福利费限额扣除。但ABC公司认为，无论是自己员工使用部分还是外公司员工使用部分，都收取了租金，对应折扣不应作为福利费处理。两种理解，哪种理解是正确的？

案例分析：税务机关的理解更加准确。在本案例中，ABC公司租给员工使用的部分只是象征性地收取租金，其本质和还是给予员工的福利，和免费提供的性质本质是一样的。尤其是同样条件下ABC公司还将一部分宿舍租给外公司，两个价格存在重大差异，所以不应当按照市场行为处理，应作为非货币性福利。ABC公司宿舍楼员工使用部分折旧应计入职工福利费，收到的员工租房款可以冲减职工福利费。

三、关于职工福利费扣除问题

《实施条例》第四十条规定的企业职工福利费，包括以下内容：

（一）尚未实行分离办社会职能的企业，其内设福利部门所发生的设备、设施和人员费用，包括职工食堂、职工浴室、理发室、医务所、托儿所、疗养院等集体福利部门的设备、设施及维修保养费用和福利部门工作人员的工资薪金、社会保险费、住房公积金、劳务费等。

——国税函〔2009〕3号

ABC公司租赁给DEF公司的宿舍楼部分，企业所得税下折旧可计入“其他业务成本”等科目，全额税前扣除。因该宿舍楼并不是完全用于职工福利，所以建设房屋的增值税进项税额可以全额扣除；单位为员工提供非经营性的服务不属于增值税应税范围，所以收取员工的租金不需要缴纳增值税。宿舍楼员工使用部分按照自用房产从价计征房产税；对外出租部分从租计征房产税。

如果ABC公司将宿舍楼租给职工收取的租金不是象征性的，只是比租给外公司人员优惠，那么不属于职工福利，而是普通的折扣优惠。但是，多少租金算福利、多少租金算优惠，没有文件规定，也没有统一标准，只能是个人的理解和把握。

【案例8-18】ABC公司是一家生产企业。2019年全年，ABC公司发放职工薪酬600万元，福利费90万元，其中240万元工资薪金和48万元福利费直接计入管理费用或销售费用；另外360万元工资薪金和42万元福利费属于一线生产人员，根据会计准则要求，先计入制造费用归集成本，等产品销售后再通过结转成本影响损益。到2019年底，库存商品、半成品等科目中包含60万元工资薪金和7万元福利费。企业所得税下，ABC公司发生的职工福利费应如何纳税调整？

案例分析：与案例8－2的思路一致，为简化处理、方便调整，ABC公司发生的福利费直接按照实际发生额计算扣除限额调整即可，不需要单独考虑仅影响损益部分，报表填写如表8－5所示。

表8－5　　A105050　　职工薪酬支出及纳税调整明细表　　单位：万元

行次	项目	账载金额	实际发生额	税收规定扣除率	税收金额	纳税调整金额
		1	2	3	5	6（1－5）
1	一、工资薪金支出	600	600	*	600	0
3	二、职工福利费支出	90	90	0.14	84	6

二、职工教育经费

第四十二条　除国务院财政、税务主管部门另有规定外，企业发生的职工教育经费支出，不超过工资薪金总额2.5%的部分，准予扣除；超过部分，准予在以后纳税年度结转扣除。

——《企业所得税法实施条例》

职工教育经费是企业提高员工技能、提升公司效益的重要支出。为了鼓励企业培养人才、加大高技能人才培养力度，企业所得税允许职工教育经费全额扣除。教育培训不在于支出当期的效果而是更追求长远的发展，有资本化的性质，所以职工教育经费不能在发生当期一次性全部扣除，应控制在一定的限额内，允许无限期结转扣除。

随着新知识、新技术更新换代周期日益缩短，企业职工教育培训的支出也逐步增加，税务总局也陆续发布文件不断提升教育经费扣除比例和适用覆盖面。终于，从2018年度开始，全部企业发生的职工教育经费税前扣除比例都从2.5%提高至8%。

一、企业发生的职工教育经费支出，不超过工资薪金总额8%的部分，准予在计算企业所得税应纳税所得额时扣除；超过部分，准予在以后纳税年度结转扣除。

——财税〔2018〕51号

【案例8-19】 ABC公司是一家软件生产企业。2019年，ABC公司分批组织一线研发人员外出培训，共花费54万元，其中支付讲师课酬28万元，路费9万元，住宿8万元，餐费4万元，其他杂项费用5万元，其中有1万元费用没有发票。假设扣除限额为20万元，ABC公司应如何进行职工教育经费申报？

案例分析： ABC公司是软件生产企业，根据政策规定，软件企业有更优惠的职工教育经费扣除政策。

六、集成电路设计企业和符合条件软件企业的职工培训费用，应单独进行核算并按实际发生额在计算应纳税所得额时扣除。

——财税〔2012〕27号

财税〔2012〕27号公告里出现了一个新的名词——职工培训费。企业所得税下没有具体定义什么是职工教育经费、什么是职工培训费，只是根据国税函〔2009〕202号“软件生产企业发生的职工教育经费中的职工培训费用”的表述得知职工培训费用属于职工教育经费的一部分。对于类似税法无定义、会计制度有定义的内容，应暂按会计规定处理。会计口径下有关职工教育经费最重要的参考文件为《财政部、全国总工会等部门关于印发〈关于企业职工教育经费提取与使用管理的意见〉的通知》（财建〔2006〕317号）。

三、切实保证企业职工教育培训经费足额提取及合理使用

（五）企业职工教育培训经费列支范围包括：

1. 上岗和转岗培训；

2. 各类岗位适应性培训；

3. 岗位培训、职业技术等级培训、高技能人才培训；

4. 专业技术人员继续教育；

5. 特种作业人员培训；

6. 企业组织的职工外送培训的经费支出；

7. 职工参加的职业技能鉴定、职业资格认证等经费支出；

8. 购置教学设备与设施；

9. 职工岗位自学成才奖励费用；

10. 职工教育培训管理费用；

11. 有关职工教育的其他开支。

——财建〔2006〕317 号

财建〔2006〕317 号比较详细地列举了职工教育经费列支的范围。职工教育经费的核算面其实是比较广的，不仅包括购买设备设施、支付鉴定认证费用、奖励爱学员工，还包括外出培训发生的餐费、路费以及住宿费等。

在职工教育经费列示的 11 项内容中，前 5 项都是实实在在的培训费用，后 5 项则是与完成培训发生的相关支出。所以，笼统说来，如果支出属于前 5 项，则可以归入职工教育经费中的职工培训费；如果支出属于后 6 项，则仅属于职工教育经费。结合本案例，在 ABC 公司发生的 54 万元职工教育经费中，28 万元属于职工培训费，可全额扣除，但需要注意的是，取得发票时 28 万元应单独列示并专门表明是培训费用，不能和其他业务混同，否则就不能全额扣除了，报表填写如表 8－6 所示。

表 8－6　　A105050　　职工薪酬支出及纳税调整明细表　　单位：万元

行次	项目	账载金额	实际发生额	税收规定扣除率	以前年度累计结转扣除额	税收金额	纳税调整金额	累计结转以后年度扣除额
		1	2	3	4	5	6（1－5）	7（2＋4－5）
4	三、职工教育经费支出	54	53	*	0	53		
5	其中：按税收规定比例扣除的职工教育经费	26	25	0.08	0	20	6	5
6	按税收规定全额扣除的职工培训费用	28	28	1	*	28	0	*

本案例填报时应注意以下事项：

第一，第5行“三、职工教育经费支出——其中：按税收规定比例扣除的职工教育经费”不包括职工培训费，即职工培训费单独适用政策。

第二，没有取得发票部分可以有两种调整方式：一种方式如本案例填表所示，直接第5行第2列少填1万元，认为没有实际发生，这样本年扣除20万元，结转扣除5万元，总体扣除25万元，符合政策要求；另一种方式是实际发生额仍然填报26万元，再单独通过表A105000第20行“二、扣除类调整项目——其他”纳税调增1万元。笔者认为第一种方式更符合税收规定。

【案例8－20】ABC公司是一家税务师事务所，为了鼓励员工提升业务能力，鼓励员工参加各种证书考试和学历教育进修。ABC公司规定，只要考试通过，不仅报销报名费和教材费用，还可以报销购买课程费用，但每科不能超过600元；拿到证书后还能单独再获得3 000元奖励。2019年，甲小姐参加注册会计师（CPA）考试通过2门，报销相关费用1 200元；且甲小姐又全科通过CPA考试，得到奖励3 000元。乙总监是高管人员，ABC公司报销EMBA学费15万元。ABC公司发生的上述费用应如何处理？

案例分析：虽然以上费用都与教育有关，但是并不是都可以走职工教育经费。为防止职工教育经费被挤占、为个别人服务，财建〔2006〕317号规定以下两项不允许走职工教育经费。

三、切实保证企业职工教育培训经费足额提取及合理使用

（五）企业职工教育培训经费列支范围包括：

9、职工岗位自学成才奖励费用；

（九）企业职工参加社会上的学历教育以及个人为取得学位而参加的在职教育，所需费用应由个人承担，不能挤占企业的职工教育培训经费。

（十）对于企业高层管理人员的境外培训和考察，其一次性单项支出较高的费用应从其他管理费用中支出，避免挤占日常的职工教育培训经费开支。

——财建〔2006〕317号

在本案例中，甲小姐获得的3 000元奖励可以属于职工岗位自学成才费用奖励，通过职工教育经费扣除。甲小姐获得的1 200万元费用报销款，虽然更倾向于福利费用，但也可以认为是具有成才费用奖励性质，是否能走职工教育经费还要结合ABC公司的奖励制度描述，如果制度表述为“报销”或者

"承担"，则为福利费无疑，企业所得税下不需要提供发票，直接造表计入个人名下福利费即可；如果制度表述为奖励，奖励金额为单科 600 元，通过职工教育经费也是说得过去的。乙经理 EMBA 的培训费不能通过职工教育经费扣除，只能并入职工福利费，再或者就是属于营业外支出。以上各项费用均应并入个人所得缴纳个人所得税。

三、工会经费

第四十一条　企业拨缴的职工工会经费，不超过工资、薪金总额 2% 的部分，准予扣除。

——《企业所得税法实施条例》

【案例 8-21】 ABC 公司于 2018 年成立，是一家只有十几个人的小公司，也一直未申请成立工会。如果不申请成立工会，是否 ABC 公司就不用缴纳工会经费？

案例分析： ABC 公司即使一直不成立工会也是要缴纳工会经费或者工会筹备金的。工会筹备金不是《工会法》的规定，而来自于《中华全国总工会办公厅关于基层工会组织筹建期间拨缴工会经费（筹备金）事项的通知》（总工办发〔2004〕29 号）。

一、根据《中华人民共和国工会法》第十一条和第四十二条的规定，上级工会派员帮助和指导尚未组建工会组织的企业、事业单位、机关和其他组织（以下简称为有关单位）的职工筹建工会组织，自筹建工作开始的下个月起，由有关单位按每月全部职工工资总额的 2% 向上级工会全额拨缴工会经费（筹备金）。上级工会收到工会经费（筹备金）后向有关单位开具"工会经费拨缴专用收据"，有关单位凭专用收据在税前列支。

——总工办发〔2004〕29 号

总工办发〔2004〕29 号虽然规定了需要缴纳工会筹备金，却未明确规定开始缴纳的时间，企业如果一直不申请，貌似也不需要缴纳。不过据笔者了解，很多地区自行发布了一些要求，比如银川市要求开业 6 个月以上的企业要缴纳工会筹备金，也有的地方是一年。在申报工会经费时，和其他税（费）种一样，需要先由税务机关核定税（费）种后才能申报缴纳。

关于工会经费的税前扣除凭证，总工办发〔2004〕29号要求的“工会经费拨缴专用收据”已经被取消了，现在的工会经费（筹备金）扣除凭证为“工会经费收入专用收据”（国家税务总局公告2010年第24号）和合法、有效的“工会经费代收凭据”（国家税务总局公告2011年第30号）。

【案例8-22】2020年，ABC公司主管税务机关抽查辖区企业2019年度企业所得税申报情况时发现，ABC公司账目记载“应付职工薪酬——福利费”科目全年发生职工福利费为27万元，其中工会支出福利费3万元；但填报表A105050时填写的账载金额为24万元。由于ABC公司扣除限额为18万元，税务机关认为ABC公司故意隐瞒福利费支出，要求其修改申报表，再纳税调增3万元。税务机关的处理是否正确?

案例分析：税务机关的处理思路是不正确的。在实务中，公司成立工会以及工会经费支出核算出错的情况也屡见不鲜。公司的工会其实是公司的“国中国”，应单独核算，不与其他项目混同。公司工会组织的收入是上级工会拨付的，应进入工会专账专款专用，所以不需要计入公司收入；公司从工会组织的支出也应单独核算，因为上缴工会经费的时候已经税前扣除过了，所以也不能再税前扣除了，但这并不代表其一定需要纳税调增，还要看具体账务处理。如果觉得有点糊涂，可以比对不征税收入的处理：进来时非收入，出去时非费用。

在本案例中，“应付职工薪酬——福利费”并不是损益类科目，而是个负债类科目，所以税务机关不能直接按照这个科目核算的金额调整，还要看计账的时候使用的借方科目。ABC公司3万元福利费是从工会账户出去的，如果账目处理为：

借：工会支出——福利费　　3

　　管理费用　　24

　　贷：应付职工薪酬——福利费　　27

那么ABC公司的处理正确，账载金额，即计入成本费用科目的福利费金额确实是24万元。如果账目处理为

借：管理费用　　27

　　贷：应付职工薪酬——福利费　　27

那么，先撇开会计处理正确与否，工会支出的3万元影响了利润，账载

金额就确实是 27 万元。这样一来，税务机关的处理是正确的，但只是结果正确，整个处理思路并不正确。

2020 年下半年，为切实降低企业生产经营成本，积极助力企业应对新冠肺炎疫情，国家发改委联合多部门下发了《关于支持民营企业加快改革发展与转型升级的实施意见》（发改体改〔2020〕1566 号，以下简称《意见》）。《意见》要求要全额返还小微企业 2020 年 1 月 1 日至 2021 年 12 月 31 日的工会经费。企业在收到全额返还的工会经费后应如何处理？笔者认为，企业工会的工会经费平时也是由上级工会返还的，只不过比例较低，其实质与全额返还的工会经费并无不同。既然如此，企业收到全额返回的工会经费的账务以及税务处理也应保持不变，即资金入企业工会专账，收到时不确认收入，支付时不作为费用。

第三节　保险类支付

一、各类基本社会保障性缴款和住房公积金

第三十五条　企业依照国务院有关主管部门或者省级人民政府规定的范围和标准为职工缴纳的基本养老保险费、基本医疗保险费、失业保险费、工伤保险费、生育保险费等基本社会保险费和住房公积金，准予扣除。

——《企业所得税法实施条例》

“五险一金”相关部门下发文件很多，各地的政策不统一，执行也松紧不同，不再赘述。与企业所得税最相关的，就是比例不能超标，超标部分不能税前扣除。

现在很多企业对于临时工等特别害怕发工资，因为一发工资就涉及社保，格外头疼。不过这个问题在 2021 年可能就会有好的解决思路。因为 2020 年 8 月国家医保局、财政部、国家税务总局联合下发的《关于加强和改进基本医疗保险参保工作的指导意见》（医保发〔2020〕33 号）明确要求“自 2021 年参保年度起，全国参保信息实现互联互通、动态更新、实时查询”。

（四）有序清理重复参保

重复参保是指同一参保人重复参加同一基本医疗保险制度（制度内重复参保）或重复参加不同基本医疗保险制度（跨制度重复参保），具体表现为同一时间段内同一参保人有两条及以上参保缴费状态正常的参保信息记录。原则上不允许重复参保。

重复参加职工医保的，原则上保留就业地参保关系；重复参加居民医保的，原则上保留常住地参保关系；学生重复参保，原则上保留学籍地参保关系；跨制度重复参保且连续参加职工医保一年以上（含一年）的，原则上保留职工医保参保关系。以上各类情形在保留一个参保关系同时，应及时终止重复的参保关系。以非全日制、临时性工作等灵活就业形式的跨制度重复参保，保留一个可享受待遇的参保关系，暂停重复的参保关系。

——医保发〔2020〕33 号

更可喜的是，医保发〔2020〕33 号明令重复参保，非全日制、临时性工作的医保自行选择一处可享受待遇的关系缴纳即可，其他参保关系全部暂停。虽说文件只针对医保，但除了工伤保险有特殊情况之外，职工的社保一般都是捆绑在一起缴纳的。企业和个人完全可以用医保关系证明其社保关系及社保选择，不仅对于临时用工是好事，对案例 8－5、案例 8－6 的情况来说也是件好事。

二、补充养老保险、补充医疗保险

第三十五条 ……

企业为投资者或者职工支付的补充养老保险费、补充医疗保险费，在国务院财政、税务主管部门规定的范围和标准内，准予扣除。

——《企业所得税法实施条例》

在《实施条例》的授权下，财政部与税务总局下发《财政部 国家税务总局 关于补充养老保险费 补充医疗保险费有关企业所得税政策问题的通知》（财税〔2009〕27 号），对两种补充保险的税前扣除进行进一步细化。

自 2008 年 1 月 1 日起，企业根据国家有关政策规定，为在本企业任职或者受雇的全体员工支付的补充养老保险费、补充医疗保险费，分别在不超过职工工资总额5%标准内的部分，在计算应纳税所得额时准予扣除；超过的部分，不予扣除。

——财税〔2009〕27号

两种补充保险的核心扣除条件主要有两个：一是扣除标准为分别不超过职工工资总额的5%；二是为在本企业任职或者受雇的全体员工支付，即人人有份，不仅领导干部有，一线职工也得有。下面再次引用北京市税务局的指引。

1. 企业员工总人数680人，自愿参加企业年金人员471人，部分人员不愿意交纳年金，即企业本年总共缴纳的239万元是部分人员年金（未超过职工工资总额5%标准）。

答：企业按照社保部门规定缴纳的年金，只要体现普惠性就符合政策本义，可以按照财税〔2009〕27号的规定税前扣除。

2. 问：对于体现普惠性的补充养老和补充医疗，在计算扣除限额时是以全体员工税收口径的工资薪金总额作为计算基数，还是以实际参加补充养老和补充医疗人员的工资薪金总额作为计算基数？

答：以实际参加补充养老和补充医疗人员的工资薪金总额作为计算基数。

——《北京税务局——企业所得税操作指引（一）》（有删减）

第一个问题的解答是绝对赞的。补充保险是商业保险，并没有强制性，企业想最大程度地给员工办福利并把好事办好其实是很不容易的，让近700名员工整齐划一地必须参保是典型的把好事办砸的节奏。只要企业制度体现普惠性即可，不强制每个人都加入，非常好。在第一个解答的基础上，第二个解答就不难理解了，虽然政策口径是职工工资总额，但前提也是全体员工，如果不是人人参保，那么多少个员工参保就以多少个员工的工资为计算基数，符合配比原则。

三、商业保险

第三十六条　除企业依照国家有关规定为特殊工种职工支付的人身安全保险费和国务院财政、税务主管部门规定可以扣除的其他商业保险费外，企业为投资者或者职工支付的商业保险费，不得扣除。

——《企业所得税法实施条例》

【案例8－23】2016年，ABC公司与员工签订私车公用协议。除了一些其他事项之外，协议还约定每年由公司为车辆支付保险款，包括交强险及其他商业车险。ABC公司认为，车险属于财产保险，企业参加的财产保险可以扣除，所以每年都全额扣除。2019年税务机关检查时，认为ABC公司为员工车辆购买的车险属于商业保险，不能税前扣除，并要求ABC公司从2016年度开始，每年将给员工购买的车险全额纳税调整。税务机关的处理是否正确？

案例分析：税务机关的处理是正确的。根据《实施条例》规定，企业为个人购买的除补充养老保险和补充医疗保险之外的商业保险，除有特殊规定外，无论是财产保险还是人身保险，都不得税前扣除。因为车辆是个人的财产，并不是企业的财产，企业给个人车辆购买车险的行为属于为个人购买。基于税务机关的解释，ABC公司认为，车险中的交强险并不是商业车险，应该允许扣除。

第二条　在中华人民共和国境内道路上行驶的机动车的所有人或者管理人，应当依照《中华人民共和国道路交通安全法》的规定投保机动车交通事故责任强制保险。机动车交通事故责任强制保险的投保、赔偿和监督管理，适用本条例。

——《机动车交通事故责任强制保险条例》

税务机关认为ABC公司与员工签订的私车公用协议，主要是为了解决油费等费用问题，并不是真正将车辆交予公司管理使用。所以ABC公司既不是车辆所有人也不是管理人，没有购买交强险的义务。ABC公司购买交强险的行为虽然不属于购买商业保险，但也属于发生与企业无关的支出，不得税前扣除。

第十条　在计算应纳税所得额时，下列支出不得扣除：

（八）与取得收入无关的其他支出。

——《企业所得税法》

目前，企业支付的商业保险费可以税前扣除的有两种情况：第一种是为特殊工种职工支付的人身安全保险费；第二种是国务院财政、税务主管部门规定可以扣除的其他商业保险费。

第一种，为特殊工种职工支付的人身安全保险费。

【案例8－24】ABC公司是一家运输企业，公司聘有多名司机。为给予司机更好的职业保障，ABC 公司给每名司机都购买了意外伤害险。ABC 公司支付的人身意外险费是否能够税前扣除？

案例分析：不能。商业保险要想税前扣除必须迈过两道槛。

第一道门槛，职工须从事特殊工种。货运司机虽然确实交通意外风险较高，但不属于特殊工种职工。《国家安全生产监督管理总局特种作业人员安全技术培训考核管理规定》（国家安全生产监督管理总局令第 30 号）专门列举了十类特种作业项目，只有符合文件从业要求，并从事十类特种作业项目的职工，才属于企业所得税下的“特殊工种职工”。

第二道门槛，人身安全保险必须由法律法规强制购买。根据《释义及使用指南》的解释允许税前扣除的商业保险其依据必须是法定的，即国家其他法律法规强制规定企业应当为其职工投保的人身安全保险；如果不是国家法律法规所强制性规定的，企业因自愿为其职工投保的所谓人身安全保险而发生的保险费支出是不准予税前扣除的。什么叫作强制规定呢？依据直观理解，强制规定就应类似于交强险那样有必须购买、不买就罚的规定。但交强险是责任险，是财产保险，目前还有法律法规要求强制购买，而人身保险基本已经没有强制购买要求了。比如《煤炭法》和《建筑法》，在 2009 年现行《企业所得税法》颁布时，都还要求企业“必须”为一些员工购买人身意外伤害险。近几年来，这两部法律都已经改“必须”为“鼓励”，改“规定动作”为“自选动作”。

第三十七条 煤矿企业应当依法为职工参加工伤保险缴纳工伤保险费。鼓励企业为井下作业职工办理意外伤害保险，支付保险费。

——《煤炭法》

第四十八条 建筑施工企业应当依法为职工参加工伤保险缴纳工伤保险费。鼓励企业为从事危险作业的职工办理意外伤害保险，支付保险费。

——《建筑法》

既然这样，企业为从事危险工作的员工或井下作业职工购买了意外保险的还能否税前扣除？笔者的建议是，会计核算时若无其事地扣除，向税务机关征求意见的不要。毕竟是在法律法规中明确要求的，在实务中也基本默认了。

第二种是国务院财政、税务主管部门规定可以扣除的其他商业保险费。

【案例 8－25】 ABC 公司是一家运输企业，公司聘有多名司机。为给企业和职工更好的保障，从 2016 年起，ABC 公司每年都会为购买雇主责任险等财产保险。2019 年主管税务机关核查时认为，ABC 公司购买的雇主责任险在 2018 年之前不能税前扣除，应纳税调增。税务机关的处理是否正确？

案例分析： 正确与否，一言难尽。如果说正确，也算正确，因为税务机关的处理依据为《国家税务总局关于责任保险费企业所得税税前扣除有关问题的公告》（国家税务总局公告 2018 年第 52 号）。

企业参加雇主责任险、公众责任险等责任保险，按照规定缴纳的保险费，准予在企业所得税税前扣除。

本公告适用于 2018 年度及以后年度企业所得税汇算清缴。

特此公告。

——国家税务总局公告 2018 年第 52 号

这篇公告非常精炼，只有一条三款，第一款写得特别好，第三款写得特别短，第二款则写得特别“匪夷所思”，这也是 ABC 公司主管税务机关的处理让人一言难尽的原因——企业所得税下企业的财产保险一直都是可以扣除的，而且责任保险属于财产保险。

第四十六条　企业参加财产保险，按照规定缴纳的保险费，准予扣除。

——《企业所得税法实施条例》

责任保险属于财产保险是从性质判断归类，与《保险法》一致。比如雇主责任保险，他的被保险人是企业，保障的是企业的赔偿责任，一旦承保的意外出现，保险公司可以赔偿给企业以对冲企业对外赔偿的支出，以此保障企业的资金。

第九十五条　保险公司的业务范围：

（一）人身保险业务，包括人寿保险、健康保险、意外伤害保险等保险业务；

（二）财产保险业务，包括财产损失保险、责任保险、信用保险、保证保险等保险业务；

（三）国务院保险监督管理机构批准的与保险有关的其他业务。

……

——《保险法》

《释义及适用指南》也强调企业参加的财产保险是以企业财产及其有关利益为保险标的，可具体分为财产损失保险、责任保险、信用保险等，一直都承认责任保险为财产保险。

所以，ABC公司从2016年扣除所投雇主责任险并税前扣除的做法是正确的，是符合企业所得税规定的，从这个角度来讲，税务机关的处理不正确。笔者认为，ABC公司可以将雇主责任保险分为两段：2018年及以后发生的，可具体适用国家税务总局公告2018年第52号税前扣除；以前的，直接依据《实施条例》第四十六条和《保险法》税前扣除。

如果不算雇主责任险，截至目前，税务总局在《实施条例》授权下制定的可以税前扣除的“其他商业保险”只有《国家税务总局关于企业所得税有关问题的公告》（国家税务总局公告2016年第80号）列举的因公出差乘坐交通工具的人身意外保险。

一、关于企业差旅费中人身意外保险费支出税前扣除问题

企业职工因公出差乘坐交通工具发生的人身意外保险费支出，准予企业在计算应纳税所得额时扣除。

——国家税务总局公告2016年第80号

政策中说的意外保险一般是在购票时与车票、机票、船票等同步选择购买的人身保险，如果是专门从保险公司购买的出差人身意外保险等，并不是专门的“乘坐交通工具发生的人身意外保险费支出”，大概率是不能税前扣除的。

第九章

广告费和业务宣传费等跨年度纳税调整明细表（A105060）及相关内容讲解

广告费和业务宣传费（以下简称“广宣费”）是企业重要的费用支出项目。在实务中，广宣费是一个广义概念，凡是与企业对外宣传有关的支出，无论形式、名义、金额大小，都属于广宣费归集的范围。

第一节　广告费与业务宣传费涉税规定

一、广宣费税收政策规定

第四十四条　企业发生的符合条件的广告费和业务宣传费支出，除国务院财政、税务主管部门另有规定外，不超过当年销售（营业）收入15%的部分，准予扣除；超过部分，准予在以后纳税年度结转扣除。

——《企业所得税法实施条例》

广宣费的性质有些类似于第八章里所述的职工教育经费，虽发生在当期，但企业的受益可能是长久的。一般来说，广宣费的金额都比较大，特别是在创立初期、新产品进入市场初期或是企业发生重大事件影响销售额时。广宣费给企业带来的不仅仅是做广告这一时的效果，随着产品或者品牌被更多人知晓接受，对日后的企业经营也有影响，所以企业所得税认为广宣费支出具有资本性，不应该仅在发生年度扣除，而应当在若干年内均衡扣除。《实施条例》将企业每一纳税年度可扣除的广告费用支出限制在销售（营业）收入的15%以内但超过部分可以无限期向以后纳税年度结转，实际上就是这一政策精神的体现。

三、烟草企业的烟草广告费和业务宣传费支出，一律不得在计算应纳税所得额时扣除。

四、本通知自2016年1月1日起至2020年12月31日止执行。

——财税〔2017〕41号

《实施条例》并不允许所有的广宣费都可以扣除，而是要“符合条件”，但条件是什么却没有更多的规定，目前只有针对烟草产品的。笔者还记得20年前曾经常听到凤凰卫视白沙集团“鹤舞白沙、我心飞翔”和红塔集团“山高人为峰”的广告语，现在想来，这两则广告制作播出费用应该是允许税前扣除的。因为财税〔2017〕41号规定的是烟草广告的费用支出不能税前扣除，而不是集团形象宣传片的。

一、关于销售（营业）收入基数的确定问题

企业在计算业务招待费、广告费和业务宣传费等费用扣除限额时，其销售（营业）收入额应包括《实施条例》第二十五条规定的视同销售（营业）收入额。

——国税函〔2009〕202号

在一般实务中，广宣费扣除限额的计算基数对应到会计科目包括主营业务收入和其他业务收入，企业所得税允许额外包括视同销售收入，不包括股息、红利和股权转让收入，这两项仅在计算业务招待费扣除限额时才有。需要注意的是，国税函〔2009〕202号中“视同销售（营业）收入额”并不应等于表A105010第1行第1列“视同销售（营业）收入—税收金额”，因为该数字可能包括固定资产、股权、无形资产等属于利得性质的视同销售收入金额。

二、广宣费定性分析以及风险管理

【案例9-1】 ABC公司为某档娱乐节目提供50万元的赞助费。根据赞助合同要求，需在节目中植入ABC公司产品广告。ABC公司的50万元赞助费是否可以税前扣除？

案例分析：可以税前扣除。因为ABC公司50万元的赞助费只是一种普遍的叫法，并不属于企业所得税下的赞助支出。

第五十四条　企业所得税法第十条第（六）项所称赞助支出，是指企业发生的与生产经营活动无关的各种非广告性质支出。

——《企业所得税法实施条例》

《实施条例》的赞助支出指的是企业发生的与生产经营活动无关的各种非广告性质支出。ABC公司用50万元换取了产品在节目中的高频曝光，实质上起到了宣传的效果。在实务中，同一个事项可能会有不同名称，不同事项也可能使用相同的说法，所以不要简单地被名称、叫法蒙蔽，一定要透过现象看本质，牢牢把握住实质重于形式的原则。说起“实质重于形式”，不由地想到一个题外话，因为案例非常典型，笔者觉得有必要说一说。

某大型汽车生产企业的总公司在甲地，主要负责经营管理和部分生产；分公司在外省的乙地，负责大部分的生产。因为乙地只是分公司，所以所有销售合同均由甲地总公司对外签订，印花税也在甲地主管税务机关申报缴纳。分公司乙地主管税务机关认为，根据“实质重于形式”的原则，真正的销售是分公司而非总公司，所以对外销售的印花税应该在乙地缴纳。印花税下有“实质重于形式”原则吗？有的。那么，对外销售的印花税应该在乙地缴纳吗？非也！印花税下的“实质重于形式”指的是提货单、出库单等凭证单据，虽然不是合同，但是具有“凭此单提货”的合同实质，所以应视为合同缴纳印花税。与乙地主管税务机关的“实质重于形式”不在一个维度上。

可见，同样是“实质重于形式”原则，各税种的专注点是不一样的。所以，企业税务处理问题时，不能仅止步于表达，特别是比较重大的业务或者合同，要深究内里。否则，前期的判断错误，会导致后面适用政策错误，万一事有凑巧可能还会带来更严重的麻烦。接下来再来看一个例子。

【案例 9－2】 ABC 公司是一家房产营销公司，于 2019 年 7 月承接 DEF 公司一个房产销售项目。根据合同约定，ABC 公司按照销售金额的 8% 提取业务收入，每季度结算一次。2019 年 10 月，ABC 公司销售上季度销售总额为 3 000万元，可提取费用 240 万元。付款时，DEF 公司要求 ABC 公司开具内容为广告费的增值税专用发票。ABC 公司如果满足 DEF 公司要求，是否存在涉税风险？

案例分析： ABC 公司未如实开具发票必然有涉税风险；同时 DEF 公司不能独善其身。

一、企业发生与生产经营有关的手续费及佣金支出，不超过以下规定计算限额以内的部分，准予扣除；超过部分，不得扣除。

2. 其他企业：按与具有合法经营资格中介服务机构或个人（不含交易双方及其雇员、代理人和代表人等）所签订服务协议或合同确认的收入金额的 5% 计算限额。

——财税〔2009〕29 号

受近几年房地产市场整体行情偏低迷的影响，多地房地产开发企业为了提高销售量，不惜大幅提升房产经销商的提成比例。根据企业所得税的规定，非保险企业佣金手续费/中介费支出超 5% 的部分不得税前扣除。为了更多地扣除费用，不少房地产企业都采取了类似 DEF 公司的做法，将手续费/中介费用通过票据变更为其他性质的费用。这种做法的涉税风险是非常高的。

首先，企业所得税下广宣费是比较容易鉴别的，至少可以从以下角度判断：一是合同约定与广告投放图比对，看投放地、投放内容是否与合同约定一致，本案例 DEF 公司与 ABC 公司签订的合同与广告没有任何关系，必然也没有任何投放或其他形式的宣传；二是合同签订时间、付款时间与房地产项目进展对比，看时间逻辑是否对照，广告合同签订于项目早期，而销售合同一般签订于中后期开发商觉得销售有压力时；三是企业经营范围与广告业务相比对，看企业是否以广告项目主营，正常情况下上百万元的“广告费”必然不会找一个连主营业务都不是广告服务的公司承接。

其次，增值税下双方虽说不是以逃避缴纳增值税款为目的，但也都属于虚开增值税专用发票。

第二十二条　开具发票应当按照规定的时限、顺序、栏目，全部联次一次性如实开具，并加盖发票专用章。

任何单位和个人不得有下列虚开发票行为：

（一）为他人、为自己开具与实际经营业务情况不符的发票；

（二）让他人为自己开具与实际经营业务情况不符的发票；

（三）介绍他人开具与实际经营业务情况不符的发票。

——《发票管理办法》

《刑法》目前对于虚开增值税专用发票罪是行为罚还是结果罚仍有争议，如果认定为是行为罚，对于几百万元的虚开金额，法人和财务人员都难辞其咎。

【案例9-3】 ABC公司于2019年初开始经营筹备，并于9月底正式开业经营。筹备期间，ABC公司发生广告费10万元；开始经营后，发生广告费8万元。2019年度ABC公司度广告费应如何扣除？

案例分析： ABC公司的广告费应分别按照各自适用的政策扣除。筹备期发生10万元广告费属于开办费的一种，因此，不能直接适用普通的广宣费政策，而应该适用开办费下广宣费的政策。具体分析可以参考第四章案例4-20。

【案例9-4】 ABC公司是一家生产企业，主要采用经销商分销模式销售产品，产品由经销商买入后再向下游卖出。ABC公司规定，如果经销商全年销售金额超过200万元，除了销售商品返利之外，还会按照经销商支付的门头广告金额的10%对其给予广告费补贴。ABC公司不要求每个经销商必须做门头广告。

DEF公司是ABC公司的一家经销商。经2021年1月结算，2020年DEF公司销售金额为220万元，为提升销量发生广告费用15万元，其中门头广告费用10万元。按照约定，ABC公司应向DEF支付广告补贴1万元，支付的具体形式为直接冲减DEF公司后期购买产品需向ABC公司支付的货款。ABC公司认为，DEF公司做门头广告有助于扩大提升产品品牌知名度，而产品是由ABC公司生产的，所以，支付给DEF公司的1万元钱应作为广宣费税前扣除。但是，ABC公司并没有取得广宣费发票，仅凭协议和支付证明税务机关是否会允许税前扣除？

案例分析： 笔者如果是ABC公司的主管税务机关是不会允许ABC公司将1万元按照广宣费扣除的（不是不允许扣除），因为这1万元不应该是ABC公司的广宣费。归根结底，怎么扣除的实质还是如何定性的问题。

虽然DEF公司做门头广告客观上确实提升了ABC公司的产品知名度，但是帮其提升了知名度不等于向其提供了广告服务，对应的费用也不一定属于广宣费。比如，某公司因打赢官司名声大噪，因参加博览会声名远扬，这些活动都客观有助于提升知名度，但支付的律师费、参展费等，都不应该归入广宣费。DEF 公司做门头广告虽说会受到 ABC 公司广告补贴的鼓励，但更重要的还是为了提升自己公司的业绩。换而言之，卖什么不吆喝什么，那还怎么招揽生意呢。

综合本案例的各方面细节情况，笔者认为，ABC 公司给予 DEF 公司的 1 万元广告补贴实际是以此为名义刺激经销商做广告以增加收入，所以直接冲收入更合适。操作时，既可以类似平销返利开具红字发票，这样更符合权责发生制，也可以在 2021 年某笔销售中直接冲减。如果直接冲收入的话，是否会造成 ABC 公司对其销售价格明显偏低呢？比如，2021 年初一批货款为 5 万元，冲减 1 万元之后变为 4 万元，但根据经营习惯 ABC 公司不可能给出低于 95 折的优惠。实务中，在判断价格是否明显偏低时，不能只看一时一笔，而需放在更大的“格局”中判断。虽然对于 5 万元的货款来说，1 万元的占比高达 20%，但是该事项一年仅一次，对于全年上百万的金额而言不会导致价格明显偏低。

假设换一种情况。ABC 公司为了更好地宣传自己的产品，要求所有经销商必须在商铺做门头广告，并承担 50% 的广告费用。假设 DEF 公司实际发生门头广告费用 10 万元，ABC 公司支付 5 万元，企业所得税应如何处理？这种情况下，笔者认为是属于 ABC 公司的广宣费的，DEF 公司应向 ABC 公司开具 5 万元广告费发票。注意，DEF 公司开具发票不是因为向 ABC 公司提供了广告服务，而是与其一同分担广告费用；不开发票用分割单也是可以的，只是这样可能会损失增值税。

按照这个逻辑，本案例 DEF 公司开具 1 万元发票给 ABC 公司不是也可以吗？“营改增”后的增值税管理是比较开放的，任何企业都可以开具出任何服务的发票，DEF 公司开广宣费发票是能够实现，但是业务的判断不能以此为标准。当 DEF 做广告更多是为了提升自己的销量时，广告费也应该是自己的，ABC 公司补贴的本质还是对销量超 200 万元的奖励，并不是 ABC 公司自己的广告需求；当是更多为配合满足 ABC 公司的广告需求时，广告费就应该共同承担，ABC 给予的是应当分摊的广告费。

【案例 9－5】ABC 公司是一家医药半成品生产厂家，产品质量优质、客户源稳定，生产经营状况良好，但因历史原因，该公司一直坐落于某村地界，与村民居住地连成一片，并时常配合村委会承担村里的一些事务。2018 年年底，村委会要求 ABC 公司出资整理全村院墙，预计花费 300 万元。ABC 公司愿意为村民修院墙，但比较发愁的是 300 万元修整费属于与取得收入无关的支出，不允许税前扣除。ABC 公司是否有机会将这 300 万元修理费税前扣除？

案例分析： ABC 公司管理层认为，村里对企业提供了很多支持和方便，ABC 公司愿意接受村委会的安排承担 300 万元院墙修整费，但不愿接受不能税前扣除再缴纳约 80 万元的企业所得税。

经分析，ABC 公司每年药品销售额比较高，约 1 000 万元，并且 ABC 公司因为常年供货已经与采购方建立了良好的信任，客户源非常稳定，所以每年只需要几名业务员与客户维护往来关系即可，几乎不发生广宣费支出。同时，根据药品行业要求，客户每年在签订新合同前都要派团队进入 ABC 公司以考察生产管理、产品安全等事项，此时，ABC 公司的外在形象就显得格外重要。ABC 公司的外在形象很大程度上受村形象的影响。

顺着这条思路，再综合考虑以上销售额高、常年盈利、无广宣费用、考察团进入公司厂区必须穿过村民居住区等实际情况，ABC 公司经征得村委会及村民同意，在为村民修整完院墙后再在大部分院墙外侧粉刷上公司 logo、标语、发展简史、核心人物介绍、所获荣誉、资质证书等内容，相当于将院墙作为公司文化展板，对外宣传公司形象。经与税务机关沟通后，主管税务机关允许 ABC 公司将院墙修整费等支出作为公司广宣费税前扣除。

据笔者了解，国内某知名牛奶生产企业门口马路的电线杆上也都刷有该公司的 logo，可能也是因为出现了与本案例类似的情况。

第二节 广告费与业务宣传费申报表填报示范

一、广宣费与视同销售纳税申报

【案例 9 - 6】（续案例 6 - 13）2019 年，ABC 公司某新产品饼干上市并将自产的 1 000 盒饼干用于各大卖场促销试吃。每盒饼干成本 70 元，市场零售价为每盒 100 元，ABC 公司将自产饼干用于宣传的账务处理为：（单位：万元）

借：销售费用/管理费用——广告费　　　　7

　　贷：库存商品　　　　7

第六章曾分析过将自产货物用于宣传时税务处理被视为两项业务：一是按照产品公允价值 10 万元确认收入并结转成本 7 万元；二是按照产品公允价值 10 万元作为广宣费。ABC 公司在 2019 年度的广宣费应如何申报？

案例分析：笔者始终认为，既然企业所得税下的广宣费是 10 万元，那么这 10 万元的广宣费都应该受到扣除条件及限额的限制，即使其中 3 万元需要通过表 A105000 第 30 行调整。那为何不能直接把 10 万元都填入表 A105060（见表 9－1）中一起调整而非要将 3 万元额外调整呢？因为受到了申报表填报口径的限制。

表 9－1　A105060　广告费和业务宣传费等跨年度纳税调整明细表　单位：万元

行次	项目	广告费和业务宣传费	保险企业手续费及佣金支出
		1	2
1	一、本年支出		
2	减：不允许扣除的支出		
3	二、本年符合条件的支出（1－2）		

表 A105060 填报说明要求第 1 行“一、本年支出”：填报纳税人计入本年损益的支出金额。根据会计处理，ABC 公司计入会计损益的金额只有 7 万元，且该金额还会与全部都是会计口径的表 A104000 第 5 行“广告费和业务宣传费”数据比对，如果不相等，则被认为申报逻辑不正确，系统不通过，所以 3 万元只能另寻他处调整。为便于理解，下面笔者分情况讲解视同销售引发的二次调整应该如何填报。

情形一：ABC 公司 2019 年度会计核算总共发生广宣费 18 万元，扣除限额为 22 万元。

填报分析：18 万元广宣费可全额扣除，无会税差异，无须填写表 A105060；因视同销售产生的 3 万元广告费也可通过填报表 A105000 全额扣除，报表填写如表 9－2。

表 9－2　　A105000　纳税调整项目明细表　　单位：万元

行次	项　目	账载金额	税收金额	调增金额	调减金额
		1	2	3	4
12	一、扣除类调整项目（13＋14＋…＋30）	*	*		
30	（十七）其他	0	3	0	3

情形二：ABC 公司 2019 年度会计核算总共发生广宣费 18 万元，扣除限额为 16 万元。

填报分析：18 万元广宣费只能部分扣除，有会税差异，需填写表 A105060 纳税调增 2 万元；因视同销售产生的 3 万元广告费因超标也无法扣除，可以结转至以后年度扣除，需要企业自己做台账记录。

情形三：ABC 公司 2019 年度会计核算总共发生广宣费 18 万元，扣除限额为 19 万元。

填报分析：18 万元广宣费可全额扣除，无会税差异，无须填写表 A105060；因视同销售产生的 3 万元广告费可通过填报表 A105000 扣除 1 万元，剩余 2 万元可以结转至以后年度扣除，需要企业自己做台账记录，报表填写如表 9－3 所示。

表 9－3　　A105000　纳税调整项目明细表　　单位：万元

行次	项　目	账载金额	税收金额	调增金额	调减金额
		1	2	3	4
12	一、扣除类调整项目（13＋14＋…＋30）	*	*		
30	（十七）其他	0	1	0	1

本案例填报申报表时需注意以下几点：

第一，根据目前的官方解读口径，有些地方无论扣除限额如何，3 万元均直接税前扣除。这对企业来说是一项利好，如有政策，直接扣除不犹豫。

第二，表 A105060 广宣费的扣除顺序为：首先是当年会计核算的广宣费，其次为以前年度结转至本年的广宣费，最后为视同销售产生的广宣费。假设在“情形一”中，ABC 公司还有以前年度结转至 2019 年的广宣费 5 万元，则视同销售产生的3万元广宣费当年不能扣除，需要向以后年度结转。

二、广宣费分摊扣除纳税申报

【案例9－7】 ABC公司2019年度可扣除广告费和业务宣传费40万元，扣除限额50万元，以前年度累计结转扣除额8万元。DEF公司为ABC公司的子公司，因当年度预估亏损便与ABC公司签订广宣费分摊协议，将发生的全部10万元广宣费归集至ABC公司扣除。ABC公司是否能够将归集进来的10万元广宣费全额扣除？

案例分析： ABC公司可以将归集进来的10万元广宣费全额扣除，不受扣除限额限制。

根据《中华人民共和国企业所得税法实施条例》（国务院令第512号）第四十四条规定，现就有关广告费和业务宣传费支出税前扣除政策通知如下：

一、对化妆品制造或销售、医药制造和饮料制造（不含酒类制造）企业发生的广告费和业务宣传费支出，不超过当年销售（营业）收入30%的部分，准予扣除；超过部分，准予在以后纳税年度结转扣除。

二、对签订广告费和业务宣传费分摊协议（以下简称“分摊协议”）的关联企业，其中一方发生的不超过当年销售（营业）收入税前扣除限额比例内的广告费和业务宣传费支出可以在本企业扣除，也可以将其中的部分或全部按照分摊协议归集至另一方扣除。另一方在计算本企业广告费和业务宣传费支出企业所得税税前扣除限额时，可将按照上述办法归集至本企业的广告费和业务宣传费不计算在内。

……

四、本通知自2016年1月1日起至2020年12月31日止执行。

——财税〔2017〕41号

《财政部 税务总局关于广告费和业务宣传费支出税前扣除有关事项的公告》（财政部 税务总局公告2020年第43号）将分摊扣除政策从2021年度延长至2025年度。

根据文件规定，DEF公司发生的没有超标的广告费可以在本企业扣除，也可以将其中的部分或全部按照分摊协议归集至另一方扣除。也就是说，在分摊扣除时，DEF公司当年自行扣除广宣费的加上分出去由关联方扣除的广宣费合计金额不能超过DEF公司销售收入15%的限制，不需要考虑被分摊扣除企业的广宣费限额，报表填写如表9－4、表9－5所示。

表9－4　　A105060　　广告费和业务宣传费等跨年度纳税调整明细表（ABC公司）

单位：万元

行次	项　　目	金额
3	二、本年符合条件的广告费和业务宣传费支出（1－2）	40
6	四、本企业计算的广告费和业务宣传费扣除限额（4×5）	50
7	五、本年结转以后年度扣除额（3＞6，本行＝3－6；3≤6，本行＝0）	
8	加：以前年度累计结转扣除额	8
9	减：本年扣除的以前年度结转额［3＞6，本行＝0；3≤6，本行＝8与（6－3）孰小值］	8
10	六、按照分摊协议归集至其他关联方的广告费和业务宣传费（10≤3与6孰小值）	
11	按照分摊协议从其他关联方归集至本企业的广告费和业务宣传费	10
12	七、本年广告费和业务宣传费支出纳税调整金额（3＞6，本行＝2＋3－6＋10－11；3≤6，本行＝2＋10－11－9）	－18
13	八、累计结转以后年度扣除额（7＋8－9）	0

表9－5　　A105060　　广告费和业务宣传费等跨年度纳税调整明细表（DEF公司）

单位：万元

行次	项　　目	金额
3	二、本年符合条件的广告费和业务宣传费支出（1－2）	10
6	四、本企业计算的广告费和业务宣传费扣除限额（4×5）	12
7	五、本年结转以后年度扣除额（3＞6，本行＝3－6；3≤6，本行＝0）	
8	加：以前年度累计结转扣除额	0
9	减：本年扣除的以前年度结转额［3＞6，本行＝0；3≤6，本行＝8与（6－3）孰小值］	0
10	六、按照分摊协议归集至其他关联方的广告费和业务宣传费（10≤3与6孰小值）	10
11	按照分摊协议从其他关联方归集至本企业的广告费和业务宣传费	0
12	七、本年广告费和业务宣传费支出纳税调整金额（3＞6，本行＝2＋3－6＋10－11；3≤6，本行＝2＋10－11－9）	10
13	八、累计结转以后年度扣除额（7＋8－9）	0

第十章

捐赠支出及纳税调整明细表（A105070）及相关内容讲解

2020年初突如其来的一场新冠肺炎疫情唤起了全国人民的大爱情怀，很多企业踊跃捐款捐物，向奋战在一线的医护人员给予最实在的支持。为了积极支持疫情防控，财政部、国家税务总局联合发文，扩大2020年度对外捐赠扣除力度及扣除范围。但在实务中，企业所得税下并不是所有基于大爱的捐赠都能被无条件认可，仍有很多细节有待完善。本章将详细讲解捐赠问题的相关政策规定和口径把握，为企业准确判断、顺利扣除提供帮助。

国家税务总局公告2020年第24号对表A105070的修改并没有本质的改变，主要是增加了疫情全额扣除的情况。本章在讲解报表填写部分内容时，直接套用新报表。

第一节　捐赠支出涉税规定

本节主要讲解捐赠支出扣除的普遍规定。与疫情相关的捐赠将在第二节介绍。

一、捐赠支出政策定性分析

第九条　企业发生的公益性捐赠支出，在年度利润总额12%以内的部分，准予在计算应纳税所得额时扣除；超过年度利润总额12%的部分，准予结转以后三年内在计算应纳税所得额时扣除。

——《企业所得税法》

《企业所得税法》第九条规定，企业发生对外捐赠如需税前扣除则应满足以下判断条件：发生的、公益性和不超过年度利润总额的12%。

发生的，指的是企业的捐赠已经切实给予受赠方，口头承诺不算，合同约定也不算。实务管理中最重要的资料就是受赠并开具的《公益性单位接收捐赠统一收据》或类似性质的凭证，除此以外还应该有其他资料佐证。比如，如果是物资捐赠，捐赠企业还应提供物资购入发票；如果是现金或者股权、股票捐赠，还应有转账凭证、股权变更凭证、非交易过户凭证等。

公益性，指的是捐赠的目的要是用于公益的，政策上要从两个方面把握：一是接收捐赠的部门要具有公益性；二是所捐赠钱物的用处要具有公益性。

第五十一条　企业所得税法第九条所称公益性捐赠，是指企业通过公益性社会团体或者县级以上人民政府及其部门，用于《中华人民共和国公益事业捐赠法》规定的公益事业的捐赠。

——《企业所得税法实施条例》

公益性的接收部门首先是县级以上人民政府及部门，属于国家机关，在实务中容易识别判断；然后是公益性社会团体，这些团体组织各异、形态复杂，单看名称真假难辨，因此，目前企业所得税采取的管理方式为由国家税务总局和各省级税务局每年公布具备税前扣除资格的公益性社会团体的名单。还需要注意一点，今年以来，税总在行文时已将具有扣除资格的单位的表述改为“公益性社会组织”。根据财税〔2009〕124号规定，企业和个人通过依照《社会团体登记管理条例》规定不需进行社团登记的人民团体以及经国务院批准免予登记的社会团体（以下统称“群众团体”）的公益性捐赠也是可以限额内税前扣除的。所以，公益性社会组织范围更大、表述更准确，不仅包括公益性社会团体，还包括公益性群众团体。

公益性事业主要指的是由《中华人民共和国公益事业捐赠法》规范的事项。

第三条　本法所称公益事业是指非营利的下列事项：

（一）救助灾害、救济贫困、扶助残疾人等困难的社会群体和个人的活动；

（二）教育、科学、文化、卫生、体育事业；

（三）环境保护、社会公共设施建设；

（四）促进社会发展和进步的其他社会公共和福利事业。

——《中华人民共和国公益事业捐赠法》

年度利润总额12%，指的是主表第13行“利润总额”的12%，是会计口径数据。如果企业有境外经营形成的境外利润是否也可以作为公益性捐赠税前扣除的基数呢？是可以的。第一章曾讲过，主表第13行包括境内外利润，既然政策没有特别强调是境内利润，境外利润就可以作为基数。

当企业会计核算为亏损时，当年发生和以前年度结转至本年的捐赠支出均无法扣除，但在计算年度时仍然算为一年。

第五十三条　企业发生的公益性捐赠支出，不超过年度利润总额12%的部分，准予扣除。

年度利润总额，是指企业依照国家统一会计制度的规定计算的年度会计利润。

——《企业所得税法实施条例》

准予结转以后三年内在计算应纳税所得额时扣除，指的是按照实际发生的年度先发生先扣除，表A105070能够支持该计算逻辑，确保企业在政策允许范围内最大限度扣除。

二、捐赠支出与视同销售纳税申报

【案例10－1】2019年，ABC公司将自产货物用于对外捐赠。该批货物生产成本8万元，市面销售价格10万元。假设捐赠分别用于不同情况，应如何进行纳税申报？（单位：万元）

案例分析：ABC公司对外捐赠账务处理如下：

借：营业外支出　　　　　　　　　　　　　　　　　　8

　　贷：库存商品　　　　　　　　　　　　　　　　　　8

在企业所得税下，企业将自产货物用于对外捐赠需要视同销售，通过表A105010纳税调增10万元，纳税调减8万元。与广宣费视同销售原理相同，企业所得税下认可的捐赠金额为10万元，其中2万元是视同销售产生的。假设该批货物捐赠用于全额扣除情况、限额扣除情况和不得扣除情况。

情形一：允许全额扣除。在该情况下，除了视同销售部分外，是没有会税差异的，所以表A105070只作为事项展示而没有调整功能，报表填写如表10－1所示。因视同销售产生的2万元捐赠支出可通过表A105000第30行“二、扣除类调整项目—其他”全部纳税调减。

表10－1　　A105070　　捐赠支出及纳税调整明细表　　单位：万元

行次	项　目	账载金额	以前年度结转可扣除的捐赠额	按税收规定计算的扣除限额	税收金额	纳税调增金额	纳税调减金额	可结转以后年度扣除的捐赠额
		1	2	3	4	5	6	7
7	三、全额扣除的公益性捐赠	8	*	*	8	*	*	*

需要注意的是，根据填报说明，全额扣除的公益性捐赠第4列“税收金额”：填报第1列“账载金额”。同表A105060一样，因为“税收金额”口径的限制，视同销售调增部分无法带入，只能通过表A105000另行全额调减。

情形二：不得扣除。在该情况下，企业所得税应全额纳税调增，视同销售产生的2万元捐赠支出也不应该再纳税调减，报表填写如表10－2所示。

表10－2　　A105070　　捐赠支出及纳税调整明细表　　单位：万元

行次	项　目	账载金额	以前年度结转可扣除的捐赠额	按税收规定计算的扣除限额	税收金额	纳税调增金额	纳税调减金额	可结转以后年度扣除的捐赠额
		1	2	3	4	5	6	7
1	一、非公益性捐赠	8	*	*	*	8	*	*

情形三：限额扣除。假设 ABC 公司 2019 年对外捐赠扣除限额为 9.5 万元，除了会计核算确认的 8 万元可以全额扣除外，视同销售产生的捐赠支出还能再扣除 1.5 万元。不同于表 A105060，表 A105070 单独列出了第 4 列"税收金额"，该列是否可以将视同销售产生的 2 万元捐赠金额带入表中调整呢？不可以。从表格第 6 行"本年"的设计逻辑可知，第 6 列"纳税调减金额"是封闭的，即捐赠发生当年不能纳税调减，只能纳税调增，如果税收金额包括视同销售产生的捐赠支出的话是很可能需要纳税调减的，显然这样的设计说明报表还是只认可账载金额。所以说，第 4 列主要用于剔除企业发生公益捐赠但是票据不符合要求的情况，报表填写如表 10－3 所示。

表 10－3　　A105070　　捐赠支出及纳税调整明细表　　单位：万元

行次	项　目	账载金额	以前年度结转可扣除的捐赠额	按税收规定计算的扣除限额	税收金额	纳税调增金额	纳税调减金额	可结转以后年度扣除的捐赠额
		1	2	3	4	5	6	7
2	二、限额扣除的公益性捐赠（3＋4＋5＋6）							
3	前三年度（　　年）	*		*	*	*		*
4	前二年度（　　年）	*		*	*	*		
5	前一年度（　　年）	*		*	*	*		
6	本年（2019 年）	8	*	9.5	8	0	*	0
11	合计（1＋2＋4）							

既然如此，ABC 公司另外的 1.5 万元的捐赠支出仍然只能通过表 A105000 第 30 行纳税调减；剩下 0.5 万元要看未来两年是否还有机会纳税调减，如果没有，就作废了。但根据目前多处官方解读口径，视同销售产生的捐赠支出并不考虑限额，可以直接通过表 A105000 第 30 行直接全额纳税调减。

三、股权捐赠与企业扶贫捐赠

关于股权捐赠和企业扶贫捐赠因实务中接触案例较少不再做单独讲解，仅做政策列示。

一、企业向公益性社会团体实施的股权捐赠，应按规定视同转让股权，股权转让收入额以企业所捐赠股权取得时的历史成本确定。

前款所称的股权，是指企业持有的其他企业的股权、上市公司股票等。

二、企业实施股权捐赠后，以其股权历史成本为依据确定捐赠额，并依此按照企业所得税法有关规定在所得税前予以扣除。公益性社会团体接受股权捐赠后，应按照捐赠企业提供的股权历史成本开具捐赠票据。

三、本通知所称公益性社会团体，是指注册在中华人民共和国境内，以发展公益事业为宗旨、且不以营利为目的，并经确定为具有接受捐赠税前扣除资格的基金会、慈善组织等公益性社会团体。

四、本通知所称股权捐赠行为，是指企业向中华人民共和国境内公益性社会团体实施的股权捐赠行为。企业向中华人民共和国境外的社会组织或团体实施的股权捐赠行为不适用本通知规定。

五、本通知自2016年1月1日起执行。

——财税〔2016〕45号

为支持脱贫攻坚，现就企业扶贫捐赠支出的所得税税前扣除政策公告如下：

一、自2019年1月1日至2022年12月31日，企业通过公益性社会组织或者县级（含县级）以上人民政府及其组成部门和直属机构，用于目标脱贫地区的扶贫捐赠支出，准予在计算企业所得税应纳税所得额时据实扣除。在政策执行期限内，目标脱贫地区实现脱贫的，可继续适用上述政策。

“目标脱贫地区”包括832个国家扶贫开发工作重点县、集中连片特困地区县（新疆阿克苏地区6县1市享受片区政策）和建档立卡贫困村。

二、企业同时发生扶贫捐赠支出和其他公益性捐赠支出，在计算公益性捐赠支出年度扣除限额时，符合上述条件的扶贫捐赠支出不计算在内。

——财政部 税务总局 国务院扶贫办公告2019年第49号

第二节 支持抗击新冠肺炎疫情捐赠支出

一、企业和个人通过公益性社会组织或者县级以上人民政府及其部门等国家机关，捐赠用于应对新型冠状病毒感染的肺炎疫情的现金和物品，允许在计算应纳税所得额时全额扣除。

二、企业和个人直接向承担疫情防治任务的医院捐赠用于应对新型冠状病毒感染的肺炎疫情的物品，允许在计算应纳税所得额时全额扣除。

——财政部 税务总局公告2020年第9号

问题1：财政部 税务总局公告2020年第9号文件（以下简称“9号公告”）第一条所称“公益性社会组织”指什么？

答：国家税务总局公告2020年第4号第十二条规定：9号公告第一条所称“公益性社会组织”，是指依法取得公益性捐赠税前扣除资格的社会组织。

问题2：企业和个人直接向医院捐赠的现金能否税前扣除？

答：不能。

问题3：符合全额扣除条件的捐赠应如何申报？

答：季度预缴时，按照会计核算金额申报不调增就已经是享受了全额扣除。在年度汇算时，将捐赠金额在表A105070中反映即可，无须纳税调整。

问题4：企业同时发生抗击疫情捐赠支出和其他公益性捐赠支出，在判断是否超出公益性捐赠支出年度扣除限额时，是合并判断还是分开判断？

答：符合条件的抗击疫情捐赠支出可全额扣除，只根据其他公益性捐赠支出判断是否超过限额即可。

问题5：企业发生的用于抗击疫情的物资捐赠支出企业所得税下是否需要视同销售？

答：需要。视同销售不一定会增加应纳税所得额，反而可以扩大广宣费和业务招待费的扣除计算基数。

【案例10－2】ABC公司在2020年2月从某个个人手中购入1 600枚医用口罩，并直接向该个人账户转账3万元，未能取得发票。ABC公司将100枚口罩留有自用，另外1 500枚捐赠给当地承担疫情防治任务的医院并取得医院开具的物资接收函，但接收并未显示金额，仅显示1 500枚口罩。ABC公司这笔捐赠支出能否税前扣除？

案例分析：是否能够扣除还需要看各地税务机关对疫情期间企业捐赠的理解和把握。如果是普通的公益性捐赠，税前扣除凭据不仅需要捐赠凭据还需要发票证明。考虑到此次疫情暴发突然、情况特殊，在2020年初口罩、防护服等医疗物资奇缺的情况下，企业能够想办法买到并慷慨捐赠就已实属不易。既然 ABC 公司持有医院出具的接收函，就说明该笔捐赠真实发生，于情于理，应该允许 ABC 公司全额税前扣除。

至于医院开具接收函时没有标明金额，仅显示物资种类及数量的情况，是可以理解的。因为医院的物资接收函从来都没有用于税前扣除过，而且医院也不知道口罩是花了多少钱购买的。面对紧张的局势和繁重的工作，各家医院也不可能整齐划一地开具出符合税务机关要求的票据来，笔者建议可以允许企业对金额自行举证。

【案例 10－3】 ABC 公司是一家卫生用品生产企业。疫情期间，直接向多地承担救治工作的医院工作人员捐赠自产卫生纸。该项捐赠能否税前扣除？

案例分析： 疫情期间企业发生的类似志愿活动还有很多，比如，饭店免费向医患人员提供盒饭，网约车、出租车公司免费接送医护人员上下班，宾馆免费向医护人员提供轮班休息房间，等等，这些活动虽是无价的，但也是有成本的。无论是抗击疫情还是抗洪救灾，除了一线物资之外，对人的需求的满足也是同等重要的，甚至更加基础。9 号公告并未对“用于应对新型冠状病毒感染的肺炎疫情的物品”进行细化或举例说明，从目前的理解来看，倾向于仅包括一线物资。

第十一章

纳税调整项目明细表（A105000）及成本费用讲解

本书至目前为止，表 A105000 第一部分收入相关的内容已经在第三章、第六章和第七章有较为详细的讲解；第三部分资产相关的内容已经在第一篇中讲解完毕；第二部分费用相关的内容，虽然在前面几章中有具体费用的讲解，但缺乏原则性、框架性的分析。确实，企业发生的各项费用种类繁杂且灵活多变，很难像资产那样用统一的标准去衡量。鉴于此，本章会将全部精力都集中在对费用的定性分析和原则把握上，因水平有限，恐怕无法写得多透彻，但希望至少能够提供一些值得借鉴的问题分析思路和解决方法。

企业在处理费用问题时如果还过多聚焦于扣除限额和发票上，则说明对企业所得税的理解是本末倒置的。税收问题，与其说是数学问题，不如说是语文问题，这在费用处理上体现得尤为明显，也许想法思路变一变、看问题角度变一变或问题表述变一变就可能合理地变不能扣除为可以扣除、变限额扣除为全额扣除。

国家税务总局公告 2020 年第 24 号对表 A105000 的修改主要针对金融企业准备金扣除，与本章内容无关，不再详细介绍。

第一节　税前扣除原则

第八条　企业实际发生的与取得收入有关的、合理的支出，包括成本、费用、税金、损失和其他支出，准予在计算应纳税所得额时扣除。

——《企业所得税法》

第二十七条　企业所得税法第八条所称有关的支出，是指与取得收入直接相关的支出。

企业所得税法第八条所称合理的支出，是指符合生产经营活动常规，应当计入当期损益或者有关资产成本的必要和正常的支出。

——《企业所得税法实施条例》

根据政策规定，企业所得税税前扣除要满足三个条件，即真实性、相关性和合理性。真实性和合理性往往密切相连，所以本章将其并入合理性。相关性原则和合理性原则是企业所发生的准予税前扣除的支出都必须遵循的两个指导性原则，也是《企业所得税法》和《实施条例》规定各项扣除项目、标准、范围、方法等的依据，两个原则相辅相成、缺一不可。相关性偏定性，是原则中的原则，是最基础的原则；合理性偏定量，是对相关性的进一步补充完善。除此之外，还有一个经常需要用到的基础原则——配比原则。

第二十八条　企业发生的支出应当区分收益性支出和资本性支出。收益性支出在发生当期直接扣除；资本性支出应当分期扣除或者计入有关资产成本，不得在发生当期直接扣除。

……

——《企业所得税法实施条例》

配比原则是比上述两项原则低一个档次的原则。相关性原则和合理性原则决定支出是否可以扣除，而配比原则主要是决定支出应在何时扣除。注意，本节在讨论各项原则时，不考虑无法取得合规票据的情况。

一、相关性

根据《释义及适用指南》的解释“相关指的是与取得收入直接相关，是企业所实际发生的能直接带来经济利益的流入或者可预期经济利益的流入的支出”，阅读解释之前，笔者还是能够大致理解什么是“与取得收入相关”；读完之后，就完全不知道该怎么理解了。抛开这些文绉绉的解释，实务中直观的理解就是看企业的支出是不是企业的经营活动所应该承担的费用，归根结底，就是定性。

相关性判断是日常业务中非常体现企业所得税业务能力的地方：一方面体现在能否透过现象看本质，因为实务中的干扰因素实在太多，需要仔细辨识，去伪存真；另一方面在于当一件模棱两可的事项发生后，处理结果是化腐朽为神奇还是将一手好牌打烂。这些要求都已经不是税法本身能解决的问题了，与企业环境、沟通机制、个人素质、过往经验等都有千丝万缕的联系。

【案例 11－1】 ABC 公司急需聘用高级专业技术人才甲先生，并与甲先生达成协议，除了正常的工资、福利待遇之外，社保个人承担部分也由公司缴纳。假设 ABC 公司每月核算甲先生全部工资福利等 3 万元，并额外支付本应由个人承担的社保 0.4 万元且直接计入“管理费用”。ABC 公司主管税务机关在一次核查时发现该情况，认为应由个人承担的 0.4 万元社保不应该税前扣除。税务机关的主张是否正确？

案例分析： 税务机关的主张完全正确，应由个人缴纳的社保不属于企业生产经营活动应该承担的费用，不满足相关性，不应当税前扣除。

实际上，ABC 公司这种直来直去的处理方式是不可取的。虽然案例的本质确实是 ABC 公司替员工额外承担社保，但可以换个思路，将甲先生的工资作为 3.4 万元，0.4 万元的社保由个人承担，这样个人承担部分无论在计算个人所得税还是企业所得税时都可以顺利全额扣除。这是典型的将本可以扣除的支出表述成不可扣除的支出的案例，一手好牌打稀烂。

其实，在实务中还有不少类似公司承担个人支出的情况，比如，公司每月直接打钱给员工父母作为“孝顺金”，儿童节公司给员工的孩子发礼物，公司报销员工及家属的路费等，这些事项本身就容易引起争议，在表述和账务处理时都需要非常谨慎，尽量消除歧义。

【案例 11－2】 2018 年 3 月，ABC 公司因经营需要从银行借入 50 万元，后因经营计划临时调整致使 10 万元借款暂时留在账户中没有使用。2018 年 9 月甲高管因个人需要将其中 6 万元划入自己账下，并且未支付任何费用。子公司依旧每月按照 50 万元贷款向银行支付利息。2019 年税务机关发现，甲高管尚未归还 6 万元借款且不用支付任何利息，所以，ABC 公司 2018 年 10 月及以后对银行的利息的 6 万元对应部分，即全部利息的 12%，不能税前扣除。税务机关的处理是否正确？

案例分析： 税务机关的处理是正确的。但钱毕竟尚未归还，业务也没有全部结束，ABC 公司还是有修正机会的：一边向税务机关解释高管是支付利息的，只是约定了还款时支付；一边与高管协商确定利率和支付方式，哪怕利率很低也胜于没有利率。

【案例 11－3】 ABC 公司接受当地政府任务分配，需要接收贫困地区对口单位的员工去其公司培训半年，并承担期间发生的吃、住、行等一切费用。当地政府会根据培训效果、财政能力等情况适当给予 ABC 公司培训补助，但补助金额、形式、时间等问题都未明确。在这种情况下，ABC 公司承担的外公司人员的各项费用能否税前扣除？

案例分析： ABC 公司取得的政府补助是与 ABC 公司付出的培训效果直接挂钩的，可以理解为政府购买服务。尽管最后不一定能够取得或者取得价格并不公允，但也能定性为是与取得收入相关的支出，相关性主要关注意图，并不从最后结果判定。

但如果政府没有任何的支付承诺就比较麻烦了。毕竟培训外来人员与自己的生产经营无关，虽然是替政府分忧解劳，但是定性不能改变，不让税前扣除也是没问题的。可能企业会觉得比较委屈，替政府分担义不容辞，但是不能接受分担之后还不能税前扣除。建议有类似情况的企业可以考虑与政府协商取得政府支付补助的书面承诺，或者是考虑往广告费与业务宣传费上转化。

【案例 11－4】 ABC 公司为一家境内上市公司，DEF 公司为其旗下全资子公司。2019 年底，ABC 公司对表现优异的集团内工作人员进行奖励，其中 DEF 公司有 3 位员工受到奖励，奖金总额 5 万元。ABC 公司将 5 万元支付给

DEF公司，再由DEF公司发放给个人并代扣代缴个人所得税。需要奖励给个人的，先由母公司支付给相关子公司，之后再由各子公司发放给获奖人员。ABC公司支付给DEF公司员工的奖金能否税前扣除？如果可以，应由哪家公司税前扣除？

案例分析：可以由ABC公司税前扣除。对于母公司给子公司员工的支出在实务中争议还是挺多的，小到奖金、中到工资、大到股权激励，税企两方、不同税务局都会有各自的理解。

笔者认为，虽然企业所得税以法人单位为申报主体，但并不应简单地将支出扣除范围局限在法人公司内部，尤其是集团公司之间。一般而言，集团母公司负责整个集团业务管理、中高层人事管理以及其他应由母公司牵头的事项，其管理面、功能面决定了其支出面，如果母公司的职能包括集团内评先、奖励，那么与之对应的支出就应是“与取得收入直接相关的支出”，应由母公司税前扣除。

再比如说，某公司准备投资房地产行业，经过一番调研之后，决定成立全资子公司承接地产项目。此时，如果认为母公司本身根本没有任何地产项目，前期的调查研究也都是为他人做了嫁衣裳，所以发生的调研费用与母公司取得收入没有关系，则显然是荒谬的。荒谬的原因并不在于母公司日后可能会取得股息红利，而是在于业务拓展就是母公司的工作职责，履行职责所发生的支出本身已经满足了相关性条件，不需要去纠结最后业务是否开展或者是由谁去开展。

目前，母公司给予子公司员工的奖金是在履行管理职能，所以可以税前扣除的判断也得到了部分官方的认可。

3. 集团母公司表彰子公司和相关人员奖金税前扣除问题

问：集团母公司（以下简称“母公司”）因举办宣传报道先进单位评选，对表现优异的集团内各单位和人员（包括子公司以及相关人员）进行现金奖励。需要奖励给个人的，先由母公司支付给相关子公司，支付时未代扣个税，也未取得子公司开具的发票。之后再由各子公司发放给获奖人员。类似情况，还存在年末针对经营情况超过目标的子公司，母公司会给予该子公司领导成员奖励。对于集团母公司支付的资金能否税前扣除？

答：母公司因举办宣传报道先进单位评选，对表现优异的集团内各子公司和人员进行现金奖励是母公司为行使管理职能而发生的支出，属于母公司实际发生的与取得收入直接相关的支出，允许在税前扣除。

对于奖励子公司员工个人的支出，如需代扣代缴个人所得税，子公司应提供代扣代缴个人所得税完税凭证，作为母公司的税前扣除凭证。

——《北京税务局——企业所得税操作指引（一）》

二、合理性

合理性主要是量的考量，与相关性地位平齐，这个量，是广义的量，是多方位的量。比如说，给员工发放工资绝对符合相关性原则，但如果员工工资为200元呢，或者很普通的一家公司基层员工工资为3万元呢，再或者，绝大多数员工工资为4 900元呢，都可以正常扣除吗？无论回答是“可以”或者“不可以”都是不严谨的，需要结合具体情况判断。由此可见，费用的支出仅有相关性的定性是不够的，还需要结合合理性再作进一步筛选。

与相关性相比，合理性更不好把握，因为所谓的合理不合理，实在太灵活太具体，没有衡量标尺、没有政策规范，常识、逻辑、生活环境、企业状态、人情世故等，都能成为合理性判断的因素。比如，某公司购买一套价值8万元的豪华沙发，对于一家刚刚成立、股东出资都无法到位的小规模公司，就似乎不合理；但如果是年入过亿元的大型公司，就看似合理；假使又得知该大型公司连年亏损已裁员过半，好似又不合理；后来，再发现公司因成功获得融资又已经签订新的大订单，则似乎又合理……

【案例11-5】 ABC公司车辆不足，员工经常需要驾驶自有车辆出差。为了扣除出差时发生的油费、过路费等，ABC公司与员工签订0元私车公用协议。此种操作下，ABC公司能否扣除员工出差时发生的过路费、油费等?

案例分析： 对于这个问题真是一言难尽。员工出差时发生的过路费、油费等是可以扣除的，但是签一份0元的私车公用协议又能够说明什么呢?! 实属多此一举、画蛇添足。

先来分析一下案例背后的逻辑：车辆不是公司的，所以它的支出不能税前扣除；公司把车辆租来，车辆归公司使用，所以费用就可以税前扣除了；公司又不想有额外支出，而且租金还得代开发票、代扣代缴个人所得税等很麻烦，为避免麻烦干脆规定租金每月 0 元。

车辆租金每月 0 元或者其他很便宜的金额，比如 500 元及以下，是严重不符合合理性的，即使是员工租给公司也不合理。这种金额只能反映一个结果：车辆并没有给真正归公司使用，而是自己该怎么开还怎么开，既然这样，又怎么能套用针对租赁的政策规定。

就本案例而言，员工驾驶自有车辆为公司出差发生的费用其实就是差旅费，和购买车票、飞机票、船票等的支出性质是完全一样的。而且因为出差在外，与日常生活是完全割裂开的，所以过路费、油费等较大支出都能准确划分。在这种情况下，企业报销给员工的各项费用完全可以凭借企业制度、相关发票和公司内部的出差单据等凭证税前扣除，其中企业制度是核心，与车有没有租给公司完全没有关系。企业出差单据应准确记载员工出差来回日期、地点、事因、私家车牌照等内容，与员工提供的单据互相印证。

出差发生的油费等可以不需要租赁协议据实税前扣除，日常市内的办公油耗支出是否可以凭借租赁协议及发票税前扣除呢？

问：假如公司内部员工有 3 辆车跟公司签订私车公用协议，协议仅限规定油费，过路费，车辆保养维修费实报实销（不包含保险、违章等），且不另外发放其他补贴和租金，这样子是否可以按正常费用报销流程处理，员工个人不涉及个税问题？公司也可按相应的费用金额进行税前扣除？谢谢！

尊敬的纳税人（扣缴义务人、缴费人）您好！您提交的网上留言咨询已收悉，现答复如下：……

综上，企业使用员工个人的车辆，应在签订租赁合同并取得车辆租赁发票的情况下，其发生的与生产经营相关的油费、保养费、过路费等支出，可凭合法有效凭证在企业所得税前扣除。上述回复仅供参考，如仍有疑问，欢迎拨打广东税务 12366 进一步咨询。

——广东省肇庆市 12366 纳税服务中心答复

肇庆市纳税服务中心的答复是主流意见，北京、江苏、河南的口径也基本如此。但笔者认为，肇庆市纳税服务中心的答复不能解决问题。

想要捋清楚私车公用发生费用税前扣除困难的原因，就要先分析使私车公用税前扣除困难的症结。症结不除，所有的所谓协议、合同都是枉然。自从汽车普及之后，员工开私家车办公事的情况屡见不鲜，由于这些办公与出差不同，是日常的、分散的，完全与员工个人生活用车混在一起，所以公用私用无法准确划分。看上去，私车公用协议解决了这一难题，然而实际却并非如此。

笔者认真阅读过每一个税务机关的官方回答，回答全部是油费等只能扣除归属于个人为企业办公消耗的那一部分。这些本来无法划分的费用难道因为签了租赁协议就能准确划分了？当然不可能。签订协议后车辆仍由员工个人使用，一箱油私事用多少、公事用多少还是无法区分，既然无法划分，税务机关又怎会允许税前扣除。既然不能税前扣除，签一份所谓私车公用等协议又有什么意义呢？可能认为可以扣租金。扣租金不仅涉及高额的个人所得税，还有增值税、附加税、发票等各种问题，如果月月都有租金，“小额零星”的条件是不满足的，还有更致命的就是这根本就不是租赁业务。既然这么麻烦这么高风险都不害怕，为什么害怕发放车辆补助呢，因为会增加社保吗？其实，社保的基数是稳定可控的，社保金额的核定在社保局，每年由企业自行申报，目前还不至于像个人所得税一样发一分就算一分。但是各地社保管理的一致度是比较低的，笔者的理解也不可能放之四海而皆准。总归租金也好、补助也罢，孰优孰劣无法一概而论，结合各地的具体政策综合判断吧。但租金笔者实在无法说服自己认同。

【案例 11－6】 ABC 公司每年可为每位员工报销 1 500 元取暖费。因为公司每年福利费都会超标，为了更多地扣除，ABC 公司要求员工必须采用发票报销的形式，且发票内容不能是餐费、教育开支、路费等内容。2019 年，ABC 公司主管税务在核查时发现，该公司规模不大，员工 20 人左右且大部分为业务人员，每年都要购买两三万元的办公用品、耗材等物资，2018 年甚至多达 5 万元，与刚开业时的几千块钱形成鲜明对比；除此之外，公司几乎没有外地业务，业务人员外地办事也多使用公共交通，但油费也居高不下。税务机关认定，ABC 公司的账务处理存在重大疑点，要求 ABC 公司开展自查并提交自查报告。

案例分析： ABC 公司的主管税务机关就是从不符合合理性发现 ABC 公司的问题的。

判断合理性不仅要弄清单笔业务，还需要全面地衡量。有时候就一事一物地看，好似都没问题，但合在一起，就变味了；也有的看起来不符合常理的事情，与其他事情关联看又是没有问题的。比如最常见的，某公司在客户购买1 000件产品后，可以按照5折价格购买100件同类产品，产品的成本相当于7折。如果单看5折赔钱销售100件产品，是不合理业务；但若与之前全价销售的1 000件产品联系在一起，就是合理业务了。

【案例11－7】 ABC公司与DEF公司签订合同约定以ABC公司为依托共同研发某项新技术，ABC公司主要投入研发场地、经费、技术人员等，DEF公司投入3名核心研发成员，研发阶段不收取费用，等形成产品后按照产品销量提成。虽然研发成功后形成的知识产权由ABC公司独占，但该项技术很难单独获利，主要是通过形成产品销售产品获利，所以，双方约定DEF公司按照自己介绍客户销售货物金额的50%比例收费。经过两个月的努力，技术研发成功，新产品顺利上市并受到青睐。2019年，DEF公司介绍客户从ABC公司购买货物总额100万元，ABC公司收到DEF公司开具的50万元销售佣金发票，汇算时纳税调增45万元。ABC公司的企业所得税处理是否正确？

案例分析： ABC公司的处理从企业所得税来说看似是没问题的，但从企业的角度来说并不是最优的。直观来讲，DEF公司给ABC公司介绍客户并取得佣金，合情合理，但若佣金比例高达50%且货物成本占比接近或高于50%的话，则是不太合适的，说明佣金里面应该是包含了别的因素的，可能佣金只是一种名义，或者说一种计价方式。那应该怎么定性更加合情理呢？

经过仔细分析业务模式可以发现，DEF公司给ABC公司提供的最具价值的活动是核心研发成员的研发。DEF公司与ABC公司合作研发，如果研发失败，其支付研发人员的工资等就相当于损失了，不再向ABC公司收费；如果成功并打入市场了，也不能以全部销售额分成，只能以DEF公司介绍的客户的销售额分成，这样的话比例定得高也就说得通了。如此一来，DEF公司能否开具技术服务的发票呢，这样ABC还可以全额计入成本。仅从理论来讲，是可以的，但是如果再往下分析可能又会有新的麻烦——倘若DEF公司的销售额巨大或者很小呢？3名核心研发成员工作2个月应该支付的费用是有一个大概的市场价位的，比如市场价格是30万元，高于50万元或者低于20万元都是不太合适的。况且，研发是一次性的但销售是持续的，如果往后若干年不再有研发但ABC公司还持续向DEF付款又该如何解释呢？貌似研发费用也不太合理。

实际上，不论佣金也好，研发费也好，都不是本案例的实质。本案例其实是两家公司业务合作、风险共担、利益共享，销售金额的50%只是一种利益分配计算方式。所以，DEF公司取得的收入是利益分配收入，不属于增值税征税范围，不需要开具发票。但实务中，因为对于基于一方的合作模式在税务处理时理解并没有达成广泛共识，再加上增值税视同销售的规定，所以按照不征收增值税业务处理还是建议提前进行专业咨询，如果企业担心风险选择开票结算，那是不是技术服务就一定优于佣金？在本案例中答案为是的，在实务中还应结合具体事项加以判断。

总之，合理性无处不在且奇妙无比。所谓事出反常必有妖，一般情况下，如果弄清了业务本质，处理起来就会一路顺畅、丝丝入扣；如果有虚假编造成分或者理解有偏差，处理时就一定会在某处跳出明显不合理，而且怎么都绕不过去，换条路也是按下葫芦起了瓢。比如本案例，佣金50%不合理，改为全部销售额的5%不就行了吗？不行！一是ABC公司的销售额是DEF公司是没有办法掌握的，如果ABC公司隐瞒怎么办？二是货物不是DEF公司销售的却给其提成，依然让人怀疑。实际上，税务机关发现企业问题也多是从怀疑某项处理不合理开始，然后顺藤摸瓜，查找出来的。

所以说，合理性是逻辑，是人情世故，是自然而然。这也启发我们，当处理业务感觉有不合常理的地方时，不要再硬着头皮往下走，赶紧回过头去再审查、再分析、再判断，看看是不是处理方向或者某处理解出现了偏差。

三、配比原则

在企业所得税下，一说配比原则，就以为指的是收入和成本的配比。实际上，配比原则的使用是比较广泛的，比如固定资产折旧扣除，无形资产摊销扣除，职工教育经费、广告费与业务宣传费结转扣除等，都是配比原则的体现。在实务中，很多企业，尤其是大多数服务行业企业都非常不重视配比原则，所有的支出无论用于干什么，一律作为费用，什么归集成本、结转成本，根本不存在。

之前的业务仿佛归不归集成本没什么关系，但以后还是建议无论什么行业，都需要认真归集成本，因为2019年北京市税务局视同销售的答疑可能释放了一个重要信号。

情形3：C公司从事兴趣班教育，每节课程收取500元。为了达到促销目的，C公司给10位潜在客户提供一节免费试听课。

答：情形3：在税务处理时C公司一是应视同提供劳务，按公允价格5 000元确认视同提供劳务收入；二是按5 000元确认促销费用。

——《北京市税务局——企业所得税实务操作政策指引（第一期）》

该答疑在第六章中曾引用过，主要是为了明确企业无偿提供服务需视同销售。既然要确认视同销售收入，就可以对应结转视同销售成本；如果平时没有归集成本，就只能按照该业务没有成本处理，净纳税调增收入0.5万元。即使0.5万元可以按照广告费与业务宣传费进行税前扣除，企业的纳税调增净额还是有些高，而且有些费用还是限额扣除的，比如用于捐赠、业务招待等，调整部分有可能就无法全部扣除了。如果平时归集了成本，假设成本0.35万元，纳税调增收入0.5万元的同时可以纳税调减成本0.35万元，纳税调增净额为0.15万元；成本扣除之后额外再按照广告费与业务宣传费扣除的金额也为0.15万元，扣除就充分多了。如果对上述内容不太理解可以参考第六章和第九章相关案例。

未来，企业所得税下企业提供无偿服务的视同销售会逐渐被重视起来，再加上新收入准则的逐步推开，企业应当合理区分费用和成本，提高会计核算准确度。

第二节　税前扣除凭证

税前扣除凭证是企业成本费用支出得以扣除的重要证明资料。自2018年国家税务总局发布《国家税务总局关于发布〈企业所得税税前扣除凭证管理办法〉的公告》（国家税务总局公告2018年第28号，以下简称“28号公告”）以来，业界各种渠道的各种分析讨论已经非常充分，本节不再赘述。本节主要以发票为代表，剖析税前扣除凭证的几个特性和日常处理时需注意的地方。

第二条　本办法所称税前扣除凭证，是指企业在计算企业所得税应纳税所得额时，证明与取得收入有关的、合理的支出实际发生，并据以税前扣除的各类凭证。

第四条　税前扣除凭证在管理中遵循真实性、合法性、关联性原则。真实性是指税前扣除凭证反映的经济业务真实，且支出已经实际发生；合法性是指税前扣除凭证的形式、来源符合国家法律、法规等相关规定；关联性是指税前扣除凭证与其反映的支出相关联且有证明力。

——国家税务总局公告 2018 年第 28 号

注意 28 号公告第二条所称相关性和合理性是对支出本身的要求；第四条所称真实性、合法性、关联性才是对扣除凭证的要求，其中真实性是基础，若企业的经济业务及支出不具备真实性，自然就不涉及税前扣除的问题。合法性和关联性是核心，只有当税前扣除凭证的形式、来源符合法律、法规等相关规定，并与支出相关联且有证明力时，才能作为企业支出在税前扣除的证明资料。

一、真实性与权责发生制

《实施条例》第九条规定企业的支出扣除遵循权责发生制，属于当期的费用不论款项是否收付，均作为当期的费用；28 号公告则要求支出已经实际发生才能税前扣除，由于企业费用的发生无法仅凭支出痕迹自证真实，还必须通过取得合乎企业所得税下规范的票据或资料证明。这两项规定看似有些矛盾，在实务中应如何理解权责发生和实际支付，又该如何处理才能同时满足这看似逻辑相悖的两项要求？

【案例 11 -8】2019 年 10 月，ABC 公司与 DEF 公司签订合同进行涉税风险代理，并在方案得到认可后按照节税金额的 10% 作为 DEF 公司报酬。2019 年 12 月底，DEF 的核心工作全部完成。2020 年 1 月，扫尾工作完成后，因过年临近，双方计划年后再结算。不料，过年之际新冠肺炎疫情发展迅猛，各地纷纷停工停产，受其影响，ABC 公司直至 4 月底才与 DEF 公司结算完毕并于 5 月初支付 8 万元；而 DEF 公司因规模较小受疫情影响大，加之财务部门有人员确诊一直无法正常工作也无法开具发票，直到 7 月，ABC 公司才收到 DEF 公司开具的发票。ABC 公司支付的 8 万元费用应如何处理？

案例分析：ABC 公司的 8 万元支出应按照以下方式处理，以满足不同条款对税前扣除时间的多维规定。本案例有三个重要时间点：2019 年底 DEF 合同完成时间，2020 年 1 月 ABC 公司实际支付款项时间，2020 年 7 月 DEF 公司开具发票时间。

首先，根据权责发生制，确定该费用属于 2019 年的支出。虽然 2019 年不知要支付多少也并没有实际支出，但 DEF 公司的核心工作都在 2019 年完成，企业所得税下 ABC 公司应将费用确认在 2019 年。

其次，ABC 公司在 2020 年 5 月汇算期内虽然实际支付，但没有取得凭证，所以 2019 年度汇算时不能税前扣除，要纳税调增。

第五条　企业发生支出，应取得税前扣除凭证，作为计算企业所得税应纳税所得额时扣除相关支出的依据。

第六条　企业应在当年度企业所得税法规定的汇算清缴期结束前取得税前扣除凭证。

——国家税务总局公告 2018 年第 28 号

最后，ABC 公司在 2020 年 7 月取得了凭证，是否应当在 2020 年进行税前扣除呢？不是的。如果在 2020 年扣除就违反了权责发生制的要求，所以标准处理方式为 ABC 公司修改 2019 年度“企业所得税年度纳税申报表”，将费用又还原回 2019 年度。

第十七条　除发生本办法第十五条规定的情形外，企业以前年度应当取得而未取得发票、其他外部凭证，且相应支出在该年度没有税前扣除的，在以后年度取得符合规定的发票、其他外部凭证或者按照本办法第十四条的规定提供可以证实其支出真实性的相关资料，相应支出可以追补至该支出发生年度税前扣除，但追补年限不得超过五年。

——国家税务总局公告 2018 年第 28 号

由此可见，权责发生制与实际支付后凭票扣除并不是矛盾的：权责发生制指的是计入费用的年度；而实际支付后凭凭据扣除指的是可以做扣除处理的时间。在本案例中，无论 ABC 公司何时取得发票，8 万元都应当计入 2019 年度的费用；如果汇算期没有取得，就什么时候取得了什么时候去修改 2019 年度的申报表。

案例分析虽然说得清楚，但在实务中往往会受到其他因素干扰，导致处理不像案例做得那么规范。比如本案例因为业务在 2019 年没有结算，会计没有准确数据，有些权责发生制意识强一些的，就采取预估方式，等票据来了再调整；弱一些的，或者怕后期调整起来麻烦的，就直接先不做账，什么时候数据定了或者发票来了，直接在当期做账。除此之外，还会出现当年的费用用的是前一年的票据，一问原因，是因为业务人员外出办事忘记报销，票就一直放在身上，一直到第二年才想起去财务报销，因为前一年费用没有计提，再调整会计报表和企业所得税年度报表又特别麻烦，所以就直接计入报销当年。

支出的这些变通处理方式虽严格来讲不太符合要求，但是考虑到并没有多列、虚列支出，如果金额不大一般也不会仔细追究。不过，如果支出的金额正好赶在点儿上，就另当别论了。

【案例 11 -9】2020 年，税务机关在对 ABC 公司进行企业所得税核查时发现该公司 2019 年度有一张 DEF 公司于 2018 年底开具的金额 8 万元的发票，发票载明项目是广告服务。因为 ABC 公司 2019 年度的应纳税所得税为 296.6 万元，税务机关怀疑该公司其实不符合 2019 年度小微企业税收优惠政策，需要修改申报表，纳税调增 8 万元，并补缴税款及滞纳金约 50 多万元。税务机关的怀疑是否合理?

案例分析：税务机关的怀疑是非常有道理的，如果实际支付与票据均发生在 2018 年，按照常规情况判断费用就不能计入 2019 年。如果允许任意时间的票据可以在任意年度扣除的话，企业的费用处理就太灵活了，企业所得税的管理也会非常混乱。不过，2018 年的发票也并不意味着一定不能在 2019 年度扣除，因为权责发生年度的判断依据应是业务实际发生时间，而不应是票据取得时间。

在本案例中，经税务机关与 ABC 公司财务人员共同分析后得知，ABC 公司在 2018 年底取得的 8 万元广告费发票所对应合同的广告服务时间为 2019 年 5 月至 2020 年 2 月。合同原本约定总金额为 8.2 万元并于业务完成后支付，后因为 2018 年底 DEF 公司资金紧张，便与 ABC 公司协议如果提前全额付款可以优惠 0.2 万元。协商成功后，双方修改协议，ABC 公司于 2018 年底一次支付 8 万元广告费并取得发票。特别说明一下，增值税规定企业可以提前开票，实务中只要是真实的业务就永远不用担心虚开风险。根据权责发生制，8

万元广告费不属于2018年的费用，由于广告服务跨年应该拆分，其中6.4万元属于2019年度的费用，1.6万元属于2020年度的费用。基于此，ABC公司应于2019年度纳税调增1.6万元，调增后应纳税所得额仍然小于300万元，仍然可以享受小微企业税收优惠。ABC公司涉险过关！

整体来说，ABC公司财务人员按照合同实际履行时间而不是开票时间确认费用所属年度的做法是得体的，税务机关的补充调整也是准确的。这也提示我们，企业所得税并没有专门的税前扣除凭证，所有的票据都是由其他政策规范的，必然受其他政策约束，企业所得税可以使用票据作为费用扣除的证明材料，但不能由其决定一切，凭证时间不能代替业务时间，更不能直接决定扣除年度。

在本案例中，ABC公司涉险过关，可是在实务中这样的暗雷还有很多，比如一次性支付3年房租取得发票后直接在支付当年一次性全额扣除的，几年该发未发的补助一次发放一次扣除的等等。类似这样的处理如果没有遇到税收优惠或者计算什么比例的临界点时还好说，一旦遇上较起真来，真是无论是政策上还是逻辑上都站不住脚。

笔者一直不反对企业为了化繁为简或者从企业利益出发做一些变通处理，因为万事万物、形形色色太多了，不可能都按照书本上来，也不可能都按照个别人的意志来。但变通不应是盲目的，不能是不估量风险的无知者无畏，而应当是既熟知政策又苦于被具体事项所困的两害相权取其轻。就好比选择为躲避交通堵塞而绕路时，一定要知道目的地在哪以及最近的路大约多远，这样，绕路也能绕得心中有数。否则，南辕北辙绕出大半个城去，想要回去，已是太难。

二、合法性与增值税规定

【案例11－10】 ABC公司是一家建筑公司，承接一项工程的分包业务。因为ABC公司人员不足，又将其中一部分业务再往下分包给了DEF公司。ABC公司取得的DEF公司开具的建筑服务发票，该发票税目、税率、金额、备注栏等全部填写符合要求并准确无误，该发票是否属于合法发票？

案例分析： 如果合法性中的“法”是广义的法的规定，则DEF因为业务不合法所以发票也不合法。

第二十九条

禁止总承包单位将工程分包给不具备相应资质条件的单位。禁止分包单位将其承包的工程再分包。

——《建筑法》

但如果紧扣企业所得税的规定，DEF 公司开具的发票又是合法的。

第四条 合法性是指税前扣除凭证的形式、来源符合国家法律、法规等相关规定；

——国家税务总局公告 2018 年第 28 号

28 号公告的票据对合法性的判断只有两个维度——形式和来源。从形式上说，DEF 公司开具的发票完整无误；从来源上说，DEF 公司开具的是从税务机关正规领取的增值税发票，且自用自开，符合规范。因此，这张发票就是合法的发票，至于其他不属于企业所得税规范的事项，企业所得税也暂不予考虑了。

【案例 11 -11】 ABC 公司在一次税务发票核查时被发现其 2019 年取得的几乎所有餐饮费都为“免费”税率发票。税务机关认为这种发票属于错误发票，不能用于税前扣除。ABC 公司认为当地消费水平较低，很多饭店都是小规模纳税人且极度销售额低于 30 万，是可以免税的，所以开具免费发票没有问题。ABC 公司的理解是否正确?

案例分析： ABC 公司的理解是错误的。既然合法性要求形式、来源符合规定，那么发票开具就必须符合增值税的规定。

五、对纳税人提供公共交通运输服务、生活服务，以及为居民提供必需生活物资快递收派服务取得的收入，免征增值税。

——财政部 税务总局公告 2020 年第 8 号

根据增值税政策规定，生活服务业从 2020 年开始才开始免税，所以 2019 年的餐饮发票的税率不应该为“免税”。即使是小规模且季度销售额未超过 30 万元，也只能是在季度结束申报时才能知晓，而不是在开票时。所以，2019 年免税的餐饮发票是不符合规定的发票。

营改增之后，发票开具相对于之前是比较放开的，再加上税率变化快、优惠政策多，造成税目选择随意、增值税税率征收率不分，或者税率与税目不匹配的情况屡见不鲜，比如，租用办公室取得1%征收率发票、买设备取得6%服务费发票、占地放置快递柜税目选择电费等，错误方式千奇百怪、五花八门，这些发票都属于不合规发票，不能进行税前扣除。鉴于此，在此特别提醒，如果拟发生比较重要的业务或者大额支出，最好能在对方开具发票之前，甚至在合同中将符合增值税规定的发票开具要求约定好。

三、关联性与业务定性

定性问题似乎是本书总也绕不开的话题。确实，定性太重要了。凭证的关联性是指税前扣除凭证与其反映的支出相关联且有证明力。凭证本身是孤立的、无指向性的，凭证的证明方向、证明力度和凭证与凭证之间的互相印证等，都是由具体事件决定的。在实务处理时，必须先从认清事件的本质并准确定性着手，然后再分析相关票据如何应用，万不可舍本逐末直接从处理票据着手，一旦事件本身和票面直观反映不一致，就处理不下去了。

【案例11-12】ABC公司是一家大型旅游公司，因看上了某处尚未开发地区的风景，计划租用村民宅基地修建酒店发展新业务。经与村委会商量，由村里牵头选址，ABC公司负责盖房给宅基地被占村民居住，并不收取任何费用。ABC公司取得DEF建筑公司开具的建房费用发票，财务人员询问：（1）移交新房给村民涉及其他税费吗？（2）盖房发生支出可以税前扣除吗？

案例分析：本案例与案例4-1实际是一个案例，这里再从另一个角度分析一下。本案例中的ABC公司的财务人员深陷建筑服务发票带来的逻辑误区：取得的发票项目为建筑服务，意味着ABC公司取得了房子，但房子ABC公司既没有自用也没有用于获利，好像盖房的支出与取得收入确实没什么关系，所以不能税前扣除。但这明显与给村民盖房子是为了用人家的宅基地拓展公司业务的大逻辑相违背，所以以建筑业发票为业务处理出发点的思路就走不下去了。

产生思维误区的原因是什么呢？是ABC公司直接用发票给业务定性了。建筑业发票只能证明ABC公司盖房子了，但不能说明ABC公司为什么盖房子。其实，ABC公司做出的一切都只出于一个原因——对村民赔偿。ABC公司盖房子的本质是对村民的赔偿，既然是赔偿，其核心资料就应是ABC公司与村里签署的赔偿协议。赔偿协议约定赔偿方式，如果是直接支付现金赔偿，那主要证明材料就应该是转账证明、村民认可签字等资料；如果是盖房赔偿，那证明主要材料就是建筑发票，发票主要用来印证赔偿协议的履行同时证明赔偿金额。在本案例中，建筑业发票本来应该是个陪衬，是个补充说明资料，结果辅料变主料，味道自然就变了。

【案例 11 -13】 ABC 公司业务人员开车出差较多，所以每年都会收到大量的停车费发票，其中有很多停车费发票的购货方名称显示的是个人的名字或者车牌号。一方面是员工真实发生的支出，不能不报销；另一方面，很多停车场只能开出购货方为个人车牌号的发票，而且因为是出差也没有办法再去换开。这些如鸡肋般的票据入账吧不规范，不入账吧又无其他凭证可入。ABC 公司财务很发愁，不知用除公司名称外的票据入账企业所得税是否会认可。

案例分析：这也是一个被票据所困扰的例子。开私家车出差的现象现在已经越来越普遍了，前面案例讲解了员工开私家车出差发生的油费、过路费等大额费用的处理，本案例再来说一下停车费等小额费用的处理。希望读者能够看懂思路，举一反三。

其实，第八章曾介绍过企业制定出差小额零星费用的包干报销制度，即不用再具体地一笔一笔地报销零星花销，直接确定一个合适的费用金额，按照出差天数计算，政府机构内部也是使用这种制度。只要企业制度规范、约定明确、金额合理，各地税务机关基本都会认可。个人所得税下对不属于工资薪金所得收入的“4. 差旅费津贴、误餐补助”不征收个人所得税，指的也是类似的情况。按照这个思路，ABC 公司完全可以跳出票据的困扰，将停车费用并入包干项目。虽说停车费支出及票据确实都满足税前扣除的条件，但难以规范且过于琐碎麻烦。鉴于此，企业完全可以调整思路，换以更有效、确定、方便的处理方式。

话再说回来，如果员工确实开私家车并出差取得了有车牌号的停车票据等，企业所得税前也应该是可以扣除的，因为税前扣除凭证的三个要求都满足了，税务机关也不会过于为难企业。就像前面所说，这几年税务机关对税前扣除凭证整体瑕疵体现出更加包容的态度。

四、税前扣除凭证不符合要求的纳税调整顺序

【案例 11－14】 ABC 公司 2019 年发生营业收入 2 000 万元，业务招待费 25 万元，其中 10 万元未取得发票。ABC 公司认为，业务招待费的扣除限额为 10 万元，需要纳税调整 15 万元，这 15 万元中正好包括没有发票的 10 万元，所以只需要纳税调整 15 万元就可以了。ABC 公司的处理思路是否正确？

案例分析： ABC 公司的处理思路是不正确的。若限额扣除费用同时存在未取得合法有效凭证的情况，那么在计算该费用的税收金额时，首先应减去没有取得凭证的部分，然后将剩下的部分与限额相比较。

在本案例中，业务招待费的税收金额只有 15 万元，比较时应对 15 万元的 60% 与 2 000 万元的 5‰取孰小值，为 9 万元，报表填写如表 11－1 所示。

表 11－1　　A105000　纳税调整项目明细表　　单位：万元

行次	项　目	账载金额	税收金额	调增金额	调减金额
		1	2	3	4
12	二、扣除类调整项目	*	*		
15	（三）业务招待费支出	25	9	16	*

第三节　税前扣除具体项目

本节主要讲解实务中对部分有代表性的费用的理解和处理，不仅讲政策，更重要的是逻辑分析与实务理解。

一、业务招待费

第四十三条　企业发生的与生产经营活动有关的业务招待费支出，按照

发生额的60%扣除，但最高不得超过当年销售（营业）收入的5‰。

——《企业所得税实施条例》

为了能让业务招待费充分扣除，很多企业有意无意间会将其计入成本中，比如计入存货生产或开发成本，或者计入在建工程等。这种操作是不允许的，会计准则很明确，业务招待费应计入管理费用。

6602 管理费用 本科目核算企业为组织和管理企业生产经营所发生的管理费用，包括……业务招待费……等。

——《企业会计准则应用指南》

业务招待费实务处理时主要有两个定性难点：一个是与企业个人消费难以区分，另一个是与成本难以区分。

【案例11－15】 ABC公司计划举办一场国际赛事。为了提升比赛档次，ABC公司邀请境内外嘉宾、裁判出席，期间涉及住宿50余间，境内外机票、高铁票100余人，并安排桌餐宴请境内外嘉宾及全程专属车辆。此种费用，应计入业务招待费还是计入成本？

案例分析：除非消费性质的宴请，其他如路费、住宿费、餐费等支出应属于企业为举办赛事发生的成本。

关于业务招待费，实务中一直有一种不成文的理解，凡对非本企业人员的支出，都属于业务招待费。比如，很多审计合同会约定由企业承担审计人员的差旅及住宿费，审计人员将相关票据提供给企业，由企业直接“报销”。实务中，企业无法把这些票据作为审计费用，又不愿意作为营业外支出，只好作为业务招待费。笔者认为，这种处理方式是有道理的，因为审计人员的差旅等住宿费用应该是由事务所来承担的，是事务所的履约成本，而不应该是接受服务的企业的费用。虽然差旅费用可以由企业实际承担，但是形式上不建议直接由企业直接“报销”，也不建议直接用审计人员的差旅费票据入企业账，而是应并入审计费中由事务所全额开具审计发票。全额开票是否会额外增加事务所的税费呢？理论上不会的。企业所得税下，多增加的收入直接用票据全部扣除了；增值税下，如果事务所是增值税一般纳税人，多增加的收入对应的6%销项税额可以被住宿费6%和差旅费9%的进项税额全部抵扣，说不定还用不完。

那么，本案例是否也应该认为ABC公司安排住宿和车辆等属于业务招待费呢？不考虑其他，仅从业务和约定俗成的角度讲，邀请嘉宾或者裁判等人参加活动并安排吃、住、行是符合常理的，是企业应该要承担的，所以不适合作为业务招待费，而应计入成本。那是否请人来审计，安排吃、住、行就一定不符合常理？这真的很难简单地用是或者否来回答，要不然也不会成为实务争论的焦点。既然这样，实务处理时是否有什么原则可以把握呢？

当业务争议多且没有具体政策规范的时候，就要回到最基本的政策。第一节介绍过，可以税前扣除的成本费用要满足相关性和合理性，相关性是完全满足的，接下来就是如何处理更加合理。有一个标准可供参考，企业之间的业务往来购买方企业不应该承担吃、住、行费用，这应是销售方企业的成本，销售方企业可以无障碍全额扣除，增值税也不见得就会多；企业与个人的业务行为，购买方企业可以承担吃、住、行，因为一方面个人所得税中这些费用是不可以完整扣除的，虽说有20%的扣除费用，但主要是为了考虑个人为获得能力而花费的时间、精力和金钱；另一方面，个人的报价一般是针对个人劳动付出的报价，这也是一个约定俗成的做法吧。

再回到本案例，ABC公司在比赛期间对邀请的嘉宾裁判等除了正常的、保障生活的支出，还会因宴请、观光等产生吃、住、行费用，这些就不应当再按照成本核算而是属于业务招待费了。但道理说起来容易，实际判断时是不好把握的。怎么样的用餐算是宴请，怎么样的用餐算是生活？这就完全超出了成文法的表达能力，全靠“合理性”这个大原则了，用餐的形式、金额、地点、人员等都是考量因素。

二、利息支出

第三十八条　企业在生产经营活动中发生的下列利息支出，准予扣除：

（一）非金融企业向金融企业借款的利息支出、金融企业的各项存款利息支出和同业拆借利息支出、企业经批准发行债券的利息支出；

（二）非金融企业向非金融企业借款的利息支出，不超过按照金融企业同期同类贷款利率计算的数额的部分。

——《企业所得税法实施条例》

【案例11－16】ABC公司以A高管个人房产作抵押从DEF银行借款200

万元给ABC公司使用。对DEF银行而言，虽抵押的是A股东的房产，但实际使用人是ABC公司，所以直接放款至ABC公司账户，利率5.5%，利息由ABC公司直接支付，发票向ABC公司开具；对A高管而言，自己用私人的房产从银行借出200万元再转借给ABC公司需要收取12%的利息，由于ABC公司已经将银行部分利息直接还给了银行，自己再收取6.5%的利差就可以了，代开发票时也只按照6.5%对应的利息代开。对ABC公司而言，该笔借款产生的利息企业所得税前应如何处理？

案例分析：本案例的借款利息情况比较综合，也有很多实务操作问题。

首先，是发票问题。税务机关是否能够认可一项借款业务两处取得发票呢？ABC公司200万元借款每年支付利息24万元，并取得两张发票：一张11万元的来自银行；另一张13万元的来自A高管。按说一笔借款只对应一个债权人，ABC公司的债权人是DEF银行还是A高管呢？理论上，债权人是A高管，A高管将自己的房产抵押给银行借出200万元后又转借给企业，应该全额开具24万元发票。但在实务中，企业在与银行的较量中基本是处于弱势的，DEF银行为了自身的风险控制跳过A高管直接向ABC公司放款、收取利息并开具发票，ABC公司也只能接受，否则资金链断裂的风险更加难以承受。基于这样的社会现实，ABC公司取得两张发票也就不足为奇了，也应当被认可，毕竟税务工作也是处于特定营商环境中带着烟火气的，不可能遗世独立。在支付满足企业所得税税前扣除条件、票据符合企业所得税三项性质且不以逃避税款为目标的情况下，可以对环境带来的影响多一些包容和理解，体现法的柔性。

其次，是利率问题。ABC公司与A高管之间的贷款利率是6.5%还是12%？前面已经分析过，业务本质是A高管抵押自己的房产从DEF银行借出200万元再贷予ABC公司，是ABC公司的唯一债权人，DEF银行只是在具体操作时抄了近路，但不能因此变为ABC公司的债权人。基于此，ABC公司与A高管之间的贷款利率是12%。

最后，是扣除限额问题。本案例正好间接反映了DEF银行的同期同类贷款利率是5.5%，ABC公司是否只能按照5.5%利息税前扣除呢？还是回到税务政策规定。A高管与ABC公司是非关联关系，却并不适用《实施条例》第三十八条，因为该条款仅适用于非关联企业间的借贷业务，不包括个人。《国家税务总局关于企业向自然人借款的利息支出企业所得税税前扣除问题的通知》（国税函〔2009〕777号）对个人与公司间产生的借款利息做出了规范。

二、企业向除第一条规定以外的内部职工或其他人员借款的利息支出，其借款情况同时符合以下条件的，其利息支出在不超过按照金融企业同期同类贷款利率计算的数额的部分，根据税法第八条和税法实施条例第二十七条规定，准予扣除。

（一）企业与个人之间的借贷是真实、合法、有效的，并且不具有非法集资目的或其他违反法律、法规的行为；

（二）企业与个人之间签订了借款合同。

——国税函〔2009〕777号

关于金融企业同期同类贷款利率可以参考《国家税务总局关于企业所得税若干问题的公告》（国家税务总局公告2011年第34号）。

一、关于金融企业同期同类贷款利率确定问题

根据《实施条例》第三十八条规定，非金融企业向非金融企业借款的利息支出，不超过按照金融企业同期同类贷款利率计算的数额的部分，准予税前扣除。鉴于目前我国对金融企业利率要求的具体情况，企业在按照合同要求首次支付利息并进行税前扣除时，应提供"金融企业的同期同类贷款利率情况说明"，以证明其利息支出的合理性。

"金融企业的同期同类贷款利率情况说明"中，应包括在签订该借款合同当时，本省任何一家金融企业提供同期同类贷款利率情况。该金融企业应为经政府有关部门批准成立的可以从事贷款业务的企业，包括银行、财务公司、信托公司等金融机构。"同期同类贷款利率"是指在贷款期限、贷款金额、贷款担保以及企业信誉等条件基本相同下，金融企业提供贷款的利率。既可以是金融企业公布的同期同类平均利率，也可以是金融企业对某些企业提供的实际贷款利率。

——国家税务总局公告2011年第34号

国家税务总局公告2011年第34号规定得很明确，省内任何一家金融机构的就可以，不要求同一家金融机构。假设ABC公司能够找到的所在省最高同期同类贷款利率为11%，那么就可以按照11%限额扣除。

最后，再补充一个点。如果A高管换成A股东，A股东与ABC公司之间很可能构成关联关系。关联关系借款还有一个债资比的问题，这属于特别纳税调整事项，调整时要填写表A105000第44行"五、特别纳税调整应税所

得”。这与超过金融企业利率利息调整这一普通纳税调整事项完全不是一回事。

三、佣金和手续费支出

一、企业发生与生产经营有关的手续费及佣金支出，不超过以下规定计算限额以内的部分，准予扣除；超过部分，不得扣除。

2. 其他企业：按与具有合法经营资格中介服务机构或个人（不含交易双方及其雇员、代理人和代表人等）所签订服务协议或合同确认的收入金额的5%计算限额。

——财税〔2009〕29号

【案例11－17】 ABC公司是一家房地产企业，2017年底与DEF中介公司签订代理销售协议，约定按照销售房产金额的5%支付代理费。ABC公司的商品房在2018年全部卖完，其中DEF公司代理销售金额为4 000万元，应结算200万元，但因为有几户手续办理较慢，所以2018年底仅支付180万元并取得DEF公司开具的180万元发票，剩余20万元于2019年支付并取得DEF公司开具的20万元发票。2019年度汇算时，ABC公司因为没有新楼盘所以没有任何销售，表A104000第6行“六、佣金手续费”填写为20万元，系统提示因为没有销售收入所以不可以税前扣除。该笔20万元代理费ABC公司是否可以扣除，如果可以扣除应如何申报？

案例分析： 20万元的代理费支出ABC公司是可以税前扣除的。与广告费、业务招待费不同，佣金和手续费并不是以当年的收入为计算基础的，而是以合同约定的金额，只要不超过合同金额的5%就可以全额扣除，但放在2019年扣除不太符合全责发生制要求，具体扣除时间可参考第二节第一部分内容。如果申报系统判断不让扣除，则可以通过表A105000专门调减。

【案例11－18】 ABC公司因业务需要与银行、其他公司以及多个个人均签有介绍客户支付佣金协议。2018年，ABC公司一共对外支付80万元佣金费用。2020年税务机关检查时，认为这些银行、公司与个人没有中介资格，因此向其支付的佣金费用不适用财税〔2009〕29号文，不能税前扣除。ABC公司主管税务机关的理解是否正确？

案例分析： 诚如ABC公司主管税务机关理解，财税〔2009〕29号文件适用范围仅包括“具有合法经营资格中介服务机构或个人”，那么熟人之间或的业务介绍给的介绍费、业务提成等是否也需要按照5%的比例呢？严格从字面上讲，这种情况确实不属于财税〔2009〕29号的规范范围，这就给实务留下了多种处理空间。首先看一则总局答疑。

问：我公司因历史原因有一些应收账款无法收回，委托财务公司帮我们催讨应收账款，我公司付给财务公司催回款项的20%，请问是否符合财政部、国家税务总局《关于企业手续费及佣金支出税前扣除政策的通知》（财税〔2009〕29号）中所说的手续费和佣金内容，是否按5%的比例税前扣除？另外，财税〔2009〕29号中的手续费和佣金都包括哪些项目？

答：根据《财政部 国家税务总局关于企业手续费及佣金支出税前扣除政策的通知》（财税〔2009〕29号）文件第二条规定：“企业应与具有合法经营资格中介服务企业或个人签订代办协议或合同，并按国家有关规定支付手续费及佣金。”可见具有合法经营资格的中介服务企业或个人才是手续费和佣金的支付对象，如果该财务公司不具备上述合法经营资格，则不属于手续费或佣金支出。

——国家税务总局网站（回答年份为2011年）

2011年税务机关作出这样的回答是特别能够理解的。当时整个税务管理的逻辑是：只有税务机关同意的，才可以做；不同意的就不能。财务公司不具备中介性质，所以支付的佣金不能被税前扣除。但是，从2014年初李克强总理在国务院第二次廉政工作会议上提出“对市场主体法无禁止即可为，对政府法无授权不可为”的理念开始，经过多年的努力，该理念已经越来越深入人心。对照扣除事项而言，以前没明确可以扣除的，就不能扣除；现在没明确不可以扣除的，就应当可以扣除。当然扣除也要有依据，不能任性扣除。

回到本案例中，在“法无禁止即可为”的指导思想下，问题分析逻辑应当是这样的：

第一步：否认除支付中介之外的佣金属于财税〔2009〕29号的范围。

第二步：第一步的判断不能直接得出不能扣除的结论，还应结合其他政策依据。

第八条　企业实际发生的与取得收入有关的、合理的支出，包括成本、费用、税金、损失和其他支出，准予在计算应纳税所得额时扣除。

——《企业所得税法》

第二十七条　企业所得税法第八条所称有关的支出，是指与取得收入直接相关的支出。

企业所得税法第八条所称合理的支出，是指符合生产经营活动常规，应当计入当期损益或者有关资产成本的必要和正常的支出。

——《企业所得税法实施条例》

第三步：判断是否满足相关性和合理性。为开展业务真实支付的，一定是满足的。

第四步：再看有无其他的扣除限额要求。没有。

第五步：得出结论——可以扣除，并且可以全额扣除。

不过实务中，大部分地方的做法是不去纠结文件规定，都直接按照支付中介佣金趋同处理了。不让扣除的不多，能让全额扣除的估计也少有。

一般来说，佣金发生于销售时，但反过来也有。如果是购买时支付中介佣金，比如买地，是否可以全额扣除，还是也需要按比例扣除呢？财税〔2009〕29号从字面意思来看，并没有规定只适用于销售时发生的手续费，但《释义及适用指南》对第三十七条借款费用有一番解释：因借款而发生的辅助费用，是指企业在借款过程中发生的诸如手续费、佣金等费用，由于这些费用是因安排借款而发生的，也属于借入资金所付出的代价，是借款费用的构成部分。上述所列举的借款费用，如果是不需要资本化的，就允许在发生当期扣除，这是借款费用扣除的一个原则性规定，只要不是明确被认定为资本化支出的费用，都应该被视为不需要资本化的借款费用，予以当期扣除。买地支付的佣金与借款费用中的佣金并无本质不同，既然借款佣金被认为是借入资金付出的正常代价，那买地佣金也应该是，所以可以全额计入土地计税基础通过摊销扣除。也许会有说《释义及适用指南》撰写的时候财税〔2009〕29号还没有出，但是《释义及适用指南》的法律效力是非常高的，其注解是极具权威的，不能被财税级文件否定。

四、跨期费用

【案例11－19】ABC公司开展汇算清缴自查时发现，2019年1月里有许多票是2018年11月、12月开的，而费用却做在了2019年2月。2018年开具的这些票据的费用是否属于跨期费用，是否需要纳税调整呢？

案例分析：这些费用不是跨期费用。跨期费用在企业所得税项下是没有具体定义的，主要指的就是会计依照谨慎性原则在当期计提入损益科目且在未来实际花销的费用。

会计这样规定的目的是防止高估收入，也可以更好地匹配权责发生制。预提修理费用是最常见的跨期费用，比如 2019 年某公司销售 100 台法定保修期为 2 年的设备并确认收入（法定维修与销售属于同一履约义务），但这 100 台设备根据预估可能会在未来 2 年内发生 5 万元的修理支出，因为收入是在 2019 年全额确认的，修理成本也应该归入 2019 年，没有实际发生就合理预估，没有条件就创造条件，否则 2019 年的利润会被高估而不符合谨慎性原则；而且，属于 2019 年销售设备的修理费全部计入发生年度也符合权责发生制，因为修理成本应与收入匹配。

企业所得税因为有真实性的要求，所以一般不认可在销售当年计提扣除而要等实际发生时，这就是跨期费用。目前关于跨期费用明确的文件主要是《国家税务总局关于企业维简费支出企业所得税税前扣除问题的公告》（国家税务总局公告 2013 年第 67 号）和《国家税务总局关于煤矿企业维简费和高危行业企业安全生产费用企业所得税税前扣除问题的公告》（国家税务总局公告 2011 年第 26 号），都是不允许税前扣除。

一、企业实际发生的维简费支出，属于收益性支出的，可作为当期费用税前扣除；属于资本性支出的，应计入有关资产成本，并按企业所得税法规定计提折旧或摊销费用在税前扣除。

企业按照有关规定预提的维简费，不得在当期税前扣除。

——国家税务总局公告 2013 年第 67 号

一、煤矿企业实际发生的维简费支出和高危行业企业实际发生的安全生产费用支出，属于收益性支出的，可直接作为当期费用在税前扣除；属于资本性支出的，应计入有关资产成本，并按企业所得税法规定计提折旧或摊销费用在税前扣除。

企业按照有关规定预提的维简费和安全生产费用，不得在税前扣除。

——国家税务总局公告 2011 年第 26 号

五、投资合伙企业

近几年来，合伙企业得到了越来越多的应用。虽说合伙企业是所得税赋更合算的个人投资平台，但在大环境下，法人公司成为合伙企业合伙人的情况也很多。税务机关也认识到了这一情况，在最近两次的年度报表修改时专门在表 A105000 里给法人合伙人调整应纳税所得额留了位置，并将填报口径从“有限合伙企业法人合伙人”扩大为“合伙企业法人合伙人”。

合伙企业和法人公司在企业所得税下的地位是完全不一样的，法人公司受企业所得税约束，但合伙企业却不是所得税的纳税人，合伙企业的法人合伙人才是。所以，合伙企业和法人公司虽然某些事项形式看起来很相似，其本质却完全不同。这些不同也体现在了用词上，所以讲究用词准确表达可以更有利于认清实务的本质，尤其是以下三组词语：股东与合伙人，股权与财产份额，股息红利与应纳税所得额。可能从法律角度来说，这样的用词并不严谨，但在税收实务中已基本够用了。

法人公司的投资人为股东；股东持有被投资公司的股权；被投资公司做账，如果盈利则先缴纳企业所得税再将税后利润作为股息红利分配给股东。因为被投资企业已经缴过税了，且居民企业之间直接投资的股息红利收入是免税的，所以被投资企业是否分配、分配多少等，企业所得税并不要求，以企业决定为准。

但合伙企业并不是这个逻辑。合伙企业的投资人为合伙人，持有被投资企业财产份额。合伙企业虽然有出资也有经营，但据说最开始合伙企业是不做账的，账都是由各个合伙人自己做，合伙企业每入一笔，合伙人按照自己的比例记录一笔，合伙企业每出一笔，合伙人也按照自己的比例记录一笔。这种做法与公司记录其他收入支出是一样的，也似乎也更贴近“财产份额”一词，并且可以解释为何到现在都没有合伙企业会计准则，还可以解释为何合伙企业这个环节不缴纳任何所得税，因为收入支出都不属于合伙企业。

二、合伙企业以每一个合伙人为纳税义务人。合伙企业合伙人是自然人的，缴纳个人所得税；合伙人是法人和其他组织的，缴纳企业所得税。

——财税〔2008〕159 号

年度终了，若合伙企业盈利，每个合伙人的账上也都会自然出现属于自己那部分的盈利，亏损亦然。虽说现在为了方便，形式上基本都是合伙企业做账等年度终了之后再分，但本质不能变。合伙企业分回去的，仍然是归属于合伙人的每一笔收入支出的“份额”合计额，是（未调整会税差异的）应纳税所得额，是企业所得税税前金额，而不是税后股息红利。

所以，无论合伙企业怎么处理，企业所得税要求必须将盈利全额计入法人合伙人当年应纳税所得额，缴纳企业所得税；如果是亏损，不能抵减法人企业本身的盈利，但可以结转以后年度弥补亏损。

三、合伙企业生产经营所得和其他所得采取“先分后税”的原则。

前款所称生产经营所得和其他所得，包括合伙企业分配给所有合伙人的所得和企业当年留存的所得（利润）。

五、合伙企业的合伙人是法人和其他组织的，合伙人在计算其缴纳企业所得税时，不得用合伙企业的亏损抵减其盈利。

——财税〔2008〕159 号

如果企业兴办多家合伙企业，不同合伙企业之间的盈利、亏损可以互相抵补吗？虽然财税〔2000〕91 号是规范的合伙人为个人的情况，但与企业所得税原理一致，即结转以后年度弥补亏损和与其他事项盈利亏损互相抵补是不能共存的，比如境外生产经营亏损。

第十四条　企业的年度亏损，允许用本企业下一年度的生产经营所得弥补，下一年度所得不足弥补的，允许逐年延续弥补，但最长不得超过 5 年。

投资者兴办两个或两个以上企业的，企业的年度经营亏损不能跨企业弥补。

——财税〔2000〕91 号

其他项目篇

本篇主要讲解除资产类和损益类之外的税务事项，包括弥补亏损、税收优惠、总分机构三项内容。

与前两篇相比，本篇内容比较零散，三章内容不属于同一事项，也没有统一判断标准，每一章都有各自的特色。

第十二章主要讲述弥补亏损，除了日常弥补亏损注意事项之外，还详细分析了境外非生产经营损失的处理思路，以及企业享受所得减免优惠时项目盈亏和企业盈亏的关系。本章是全书难度最高的一章，但也不用担心，因为案例难度的安排是由浅入深、层层递进的。

第十三章的分析逻辑与前面相似，主要是强调定性，定性准确了，能不能享受优惠就明了了。

第十四章讲解总分机构相关实务操作。总分机构按说管理并不复杂，但因为有些操作做得不多，做之前也没处咨询，所以一做就错，一错就成“千古恨”。本章汇集了企业相关操作错误的表现并分析了错误缘由，希望能够起到提醒、避坑的作用。

第十二章

企业所得税弥补亏损明细表（A106000）与所得减免优惠明细表（A107020）及相关内容讲解

本章重点讲解企业弥补亏损以及企业亏损对享受所得减免企业所得税税收优惠的影响。本章共三节内容，第一节讲解企业弥补亏损，第二节讲解所得减免优惠填报思路，第三节讲解企业经营情况与所得减免优惠的关系。本章内容理解难度大且与主表结合紧密，建议阅读时手边准备一张主表以备随时查阅。

国家税务总局公告 2020 年第 24 号对表 A106000 与表 A107020 的修改并没有本质的改变。表 A106000 主要是增加了受疫情影响企业 2020 年度发生的损失结转 8 年扣除的情况；表 A107020 增加了促进科技发展的优惠。两项均与本章内容关联不大，在后面讲解报表填写部分内容时，不套用新报表。

第一节　弥补亏损

第五条　企业每一纳税年度的收入总额，减除不征税收入、免税收入、各项扣除以及允许弥补的以前年度亏损后的余额，为应纳税所得额。

第十八条　企业纳税年度发生的亏损，准予向以后年度结转，用以后年度的所得弥补，但结转年限最长不得超过五年。

——《企业所得税法》

第十条　企业所得税法第五条所称亏损，是指企业依照企业所得税法和本条例的规定将每一纳税年度的收入总额减除不征税收入、免税收入和各项扣除后小于零的数额。

——《企业所得税法实施条例》

遵循本书的一贯原则，首先对企业亏损进行定性分析。企业所得税下的损失不是会计中的损失，而是根据税法计算的损失，反映在申报表上为主表第19行“四、纳税调整后所得”小于零时的金额。有时会计利润总额，即主表第13行小于零，但因为有较大金额的资产减值准备等纳税调增事项，使主表第19行大于零，则企业所得税下不亏损；有时会计利润总额虽大于零，但因为享受了表A107010中的税收优惠或者发生税法下不满足某项收入确认条件等需要纳税调减事项，使得主表第19行小于零，则企业所得税下亏损。

一、亏损与核定征收

【案例12－1】 ABC公司在2018年之前一直按照核定应税所得率方式（能核算收入总额的）核定征收企业所得税，并于2019年改为查账征收。ABC公司财务人员发现，2017年和2018年公司账面亏损严重，2019年改查账征收后，2019年盈利是否能用于弥补以前年度的亏损？

案例分析： 2017年度与2018年度账目的亏损不能被以后年度盈利弥补。企业所得税核定征收的征收管理主要由《国家税务总局关于印发〈企业所得税核定征收办法〉（试行）的通知》（国税发〔2008〕第30号）和《国家税务总局关于企业所得税核定征收若干问题的通知》（国税函〔2009〕377号）两份文件规范。核定征收的最大特点就是要么只考虑收入，要么只考虑成本费用，然后根据企业情况定一个应税所得率计算应纳税所得额，再据此计算应纳所得税额。

第六条　采用应税所得率方式核定征收企业所得税的，应纳所得税额计算公式如下：

应纳所得税额 = 应纳税所得额 × 适用税率

应纳税所得额 = 应税收入额 × 应税所得率

或：应纳税所得额 = 成本（费用）支出额/(1 - 应税所得率) × 应税所得率

——国税发〔2008〕第30号

在实务中，收入也好，成本费用也好，都只可能是正数，再乘以应税所得率计算的应纳税所得额必然也为正数，所以企业在核定征收期间企业所得税下是不会出现亏损的。既然没有亏损，又如何弥补亏损！至于ABC公司认为2017年和2018年实际上是有亏损的，无论亏损有多大也只是会计口径的亏损，没有办法进入企业所得税申报表。

【案例12－2】ABC公司在2014年、2015年、2016年为查账征收企业所得税并全部亏损，2017年、2018年、2019年改为核定征收，2020年又改回查账征收。ABC公司2020年度汇算时是否还能弥补2014年度的亏损？

案例分析：不能弥补，因为已经超过了五年。

关于企业核定征收企业所得税和查账征收企业所得税方式来回切换的情况下核定征收之前的年度亏损弥补一直都是颇具争议的问题，各地税务机关也理解不一、执行各异，归纳起来主要有三种态度。

第一种态度是核定征收之前的亏损不予认可，不得被弥补。政策依据是国税发〔2008〕第30号第三条。

第三条　纳税人具有下列情形之一的，核定征收企业所得税：

（一）依照法律、行政法规的规定可以不设置账簿的；

（二）依照法律、行政法规的规定应当设置但未设置账薄的；

（三）擅自销毁账簿或者拒不提供纳税资料的；

（四）虽设置账簿，但账目混乱或者成本资料、收入凭证、费用凭证残缺不全，难以查账的；

（五）发生纳税义务，未按照规定的期限办理纳税申报，经税务机关责令限期申报，逾期仍不申报的；

（六）申报的计税依据明显偏低，又无正当理由的。

特殊行业、特殊类型的纳税人和一定规模以上的纳税人不适用本办法。上述特定纳税人由国家税务总局另行明确。

——国税发〔2008〕第30号

根据第三条规定可推测，被核定征收的企业绝大部分都为未设置账簿或者账簿混乱的。在正常情况下，企业财务一旦规范起来准确核算之后，就不会再变得混乱不堪、无法使用。如果之前企业账面可以用于查账，后来又变得不能查账改为核定，税务机关就有理由怀疑核定之前的账目的可信度，认为核定之前计算的亏损也不能被相信、被采用。

第二种态度是可以被弥补但须经税务机关的评估、认定，并按认定的金额弥补。至于具体如何认定亏损金额，目前总局也无统一的流程或办法，主要靠各地税务机关自行掌握。

第三种态度是可以被弥补且无须经税务机关的认定，直接按照申报的亏损弥补即可。

无论哪一种处理方式，亏损弥补向后结转都不能超过5年，这5年是不间断计算的，无论采用的是什么申报方式。在本案例中，2014年度的亏损最多被2019年度的盈利弥补。

二、亏损与季度预缴

【案例12-3】ABC公司成立于2018年1月，由于建设期长且前期投入成本大，2018年企业所得税下预计亏损1 000万元。2018年底筹备完成后，因为有母公司的业务支持，ABC公司2019年第一季度迅速扭亏为盈，4月季度预缴申报会计利润为800万元，但ABC公司此时尚未完成2018年企业所得税汇算清缴，系统不予弥补亏损。ABC公司觉得非常亏，一边有大额亏损一边要缴大额税款，在此种情况下ABC公司应如何处理？

案例分析：ABC公司可以采用先用2019年第一季度利润弥补亏损，再修改2019年度汇算清缴数据的变通处理方式。这里务必注意一个用词——季度利润。《企业所得税法》第十八条规定，企业纳税年度发生的亏损准予用以后年度的所得弥补。为何年度弥补用所得，季度弥补用利润？是否所得就是利润，利润就是所得？

通过仔细观察《企业所得税月（季）预缴纳税申报表》可知，表200000第1行“营业收入”、第2行“营业成本”与第3行“利润总额”等关键数据直接取自企业利润表，虽然后面可以减去不征收收入、免税收入等，但整体来说数据依然高度保持会计属性，所以可以理解为预缴表是暂用经简单调整后的会计利润来弥补以前年度亏损的；《企业所得税法》的第十八条是站在年度汇算清缴的角度上描述的，是用主表第19行“纳税调整后所得”弥补以前年度亏损的。利润和所得的本质按说是一个意思，利润是会计口径下的，所得是企业所得税口径下的，预缴表的设计是考虑没有必要每个季度都做会税差异调整，可以先暂用利润数据申报，等年终再做年度汇算。

在本案例中，ABC公司在第一季度预缴时理论上可以用800万元的会计利润去弥补上年1 000万元的亏损。可是ABC公司2018年度汇算清缴未完成，1 000万元的亏损没有进入系统，在季度申报时，系统认为无亏损因此不让弥补。在政策没有禁止的情况下，为了能够“骗过”系统，ABC公司可以暂按2018年度会计利润度数据经过简单调整后，在第一季度预缴申报期内先进行年度申报，然后再进行第一季度预缴申报，这样，就可以先用第一季度利润弥补亏损。但是，ABC公司2018年度的汇算申报必然是不准确的，没关系的，还可以在年度汇算期内修改。修改完毕后，再修改2019年第一季度预缴申报表，第一季度预缴申报表也可以不修改，2018年度修改后的准确数据可以直接在第二季度预缴申报时带出。这样的操作不违反任何政策规定且2019年第一季度无须再额外缴纳企业所得税，可以让以前年度亏损被充分地利用。

三、亏损与境外所得

【案例12－4】ABC公司是居民企业，2013年实际出资500万元在境外投资成立DEF公司。因经营不理想，2019年，ABC公司以300万元将子公司股权转让。形成的股权转让损失是否属于企业损失？是否可以用以后年度所得弥补？

案例分析：这是目前尚有争议的一个问题，但笔者仍愿意做一些政策上的分析以提供更准确的处理思路。

第七条　企业所得税法第三条所称来源于中国境内、境外的所得，按照以下原则确定：……

（三）转让财产所得，不动产转让所得按照不动产所在地确定，动产转让所得按照转让动产的企业或者机构、场所所在地确定，权益性投资资产转让所得按照被投资企业所在地确定；

——《企业所得税法实施条例》

根据《实施条例》第七条的规定，ABC公司转让境外DEF公司股权的所得属于来源于中国境外所得，最后产生的损失也属于境外损失。很多人认为，企业所得税下境外损失不能抵减境内的应纳税所得额。

第十七条　企业在汇总计算缴纳企业所得税时，其境外营业机构的亏损不得抵减境内营业机构的盈利。

——《企业所得税法》

三、企业应就其按照实施条例第七条规定确定的中国境外所得（境外税前所得），按以下规定计算实施条例第七十八条规定的境外应纳税所得额：

（一）居民企业在境外投资设立不具有独立纳税地位的分支机构，其来源于境外的所得，以境外收入总额扣除与取得境外收入有关的各项合理支出后的余额为应纳税所得额。……

（二）居民企业应就其来源于境外的股息、红利等权益性投资收益，以及利息、租金、特许权使用费、转让财产等收入，扣除按照企业所得税法及实施条例等规定计算的与取得该项收入有关的各项合理支出后的余额为应纳税所得额。……

（五）在汇总计算境外应纳税所得额时，企业在境外同一国家（地区）设立不具有独立纳税地位的分支机构，按照企业所得税法及实施条例的有关规定计算的亏损，不得抵减其境内或他国（地区）的应纳税所得额，但可以用同一国家（地区）其他项目或以后年度的所得按规定弥补。

——财税〔2009〕125号

通过财税〔2009〕125 号第三条字里行间的表达可以得知，对于境外所得而言，财产转让所得（亏损）和境外营业（分支）机构的生产经营所得（亏损）不是一种所得，企业所得税仅限制境外营业机构的亏损不得抵减境内营业机构的盈利，却并未限制境外财产转让的亏损。因此，在本案例中 ABC 公司境外股权转让损失可以抵减境内的应纳税所得额或者可以被境内年度所得弥补。这一点基本已经等到最高官方认可，但接下来的问题是，申报表如何填写。（多说一句，境外亏损用于抵减境内应纳税所得额和被境内年度所得弥补，看似差不多其实却完全不在一个档次上，表 A108000 第 5、6 列从境外所得抵减境内亏损的角度清晰地表明了这一点。但是因为现行年度申报表境内部分对这件事情规定模糊且没有给出位置，所以就姑且混为一谈不再区分。不过后面仍然会给出分析和建议。）

申报确实又是一件麻烦的事情，因为整套年度申报表根本没有给这类业务留位置。目前有两种处理意见，要么通过表 A105000 纳税调减，要么通过“境外分支机构弥补亏损明细表”（A108020）弥补亏损，但这两个途径都有瑕疵。先分析通过表 A108020 弥补亏损，这是一个“四不像”的处理方式。

如果通过表 A108020 弥补亏损，则在填报表 A108020 之前要先通过“境外所得纳税调整后所得明细表”（A108010）填报境外所得种类。根据表格设计，股权转让损失应填入第 7 列“财产转让所得”。可是，很多省份年度申报系统在表 A108010 第 7 列（见表 12－1）填完之后根本就不开放表 A108020，因为表 A108020 是用于境外营业（分支）机构结转弥补亏损的，与股权转让损失其实没有什么关系；而且如果 ABC 公司境外只有这一项业务的话，即使能够填入表 A108020 也不能被实际弥补。

表 12－1　　A108010　　境外所得纳税调整后所得明细表　　单位：万元

行次	国家（地区）	境外税后所得							
		分支机构营业利润所得	股息、红利等权益性投资所得	利息所得	租金所得	特许权使用费所得	财产转让所得	其他所得	小计
	1	2	3	4	5	6	7	8	9
1							－200		

再看通过表 A105000 弥补亏损，这就相当于被境内所得弥补亏损。通过表 A105000 是否就可以呢？如果通过表 A105000 纳税调减确实可以避免表 A108020 的诸多不便而且能够切实被弥补，但从口径来讲也不是完美的。根据主表设计顺序，境外亏损的 200 万元进入主表第 16 行“减：纳税调整减少额”，然后进入第 19 行；再通过主表第 19 行进入表 A106000 第 11 行第 2 列“本年度—当年境内所得额”，这就尴尬了！这 200 万元亏损是境外的，放在境内所得额中算是怎么回事呢！注意，根据财税〔2009〕125 号的用词，境外股权转让亏损抵减的是境内应纳税所得额，而境内应纳税所得额在主表第 23 行才计算出来，建议参考表 A108000 第 6 列“抵减境内亏损”的位置设计思路，可以再在主表第 23 行后面增加一行专门用于境外亏损的抵减。只是现在这部分业务政策理解尚不明朗，也没有政策规范，能够口头答复允许抵减已实属不易，就暂时不要再苛求完美了。希望有一天，这个口径能得到官方正式发文明确，申报表也能得到纠正。

四、亏损弥补规则

【案例 12 -5】 ABC 公司于 2018 年被评为高新技术企业，但 2019 年因收入未达标又被取消了高新技术企业资格。该公司 2012 年度、2013 年度和 2014 年度均有未被弥补亏损 8 万元、15 万元和 24 万元，且 2018 年度也亏损 30 万元。2019 年，ABC 公司盈利 50 万元，应如何弥补亏损最合理？

案例分析： 在高新技术企业弥补期限延长政策出台之前，企业弥补亏损的顺序均为先亏损先弥补。既然 2013 年度、2014 年度均有未被弥补亏损，说明 2015—2017 年度均为盈利且已经被完全用于弥补 2013 年度以前年度的亏损，2012 年度可能被部分弥补后还剩余 8 万元。因此，本案例直接将 2015—2017 年度的应纳税所得额简化处理为零。

2018 年发布的《财政部 税务总局关于延长高新技术企业和科技型中小企业亏损结转年限的通知》（财税〔2018〕76 号）打破了先亏损先弥补的规律。

一、自 2018 年 1 月 1 日起，当年具备高新技术企业或科技型中小企业资格（以下统称资格）的企业，其具备资格年度之前 5 个年度发生的尚未弥补完的亏损，准予结转以后年度弥补，最长结转年限由 5 年延长至 10 年。

——财税〔2018〕76 号

根据政规定策，从2018年起，ABC公司2013—2017年度的亏损弥补期延长至10年，即2013年度的亏损最晚可以被2023年度的盈利弥补，报表填写如表12－2所示。

表12－2　　A106000　　企业所得税弥补亏损明细表　　单位：万元

行次	项　目	年度	当年境内所得额	弥补亏损企业类型	当年亏损额	当年待弥补的亏损额	用本年度境内所得额弥补的以前年度亏损额	当年可结转以后年度弥补的亏损额
		1	2	6	7	8	9	11
4	前七年度	2012	－18	100	***	－8	0	0
5	前六年度	2013	－15	100	－15	－15	15	0
6	前五年度	2014	－24	100	－24	－24	5	－19
7	前四年度	2015	0	100				
8	前三年度	2016	0	100				
9	前二年度	2017	0	100				
10	前一年度	2018	－30	200	－30	－30	30	0
11	本年度	2019	50	100			50	0
12	可结转以后年度弥补的亏损额合计							－19

填写本报表时需注意以下事项：

第一，根据申报表填报说明的要求，纳税人弥补以前年度亏损时，应按照“先到期亏损先弥补、同时到期亏损先发生的先弥补”的原则处理。

为了应对2020年年初的新冠肺炎疫情灾害，财政部、税务总局联合下发《财政部 税务总局关于支持新型冠状病毒感染的肺炎疫情防控有关税收政策的公告》（财政部 税务总局公告2020年第8号）延长了受疫情影响较大的困难行业2020年度的亏损弥补期。

四、受疫情影响较大的困难行业企业2020年度发生的亏损，最长结转年限由5年延长至8年。

困难行业企业，包括交通运输、餐饮、住宿、旅游（指旅行社及相关服务、游览景区管理两类）四大类，具体判断标准按照现行《国民经济行业分类》执行。困难行业企业2020年度主营业务收入须占收入总额（剔除不征税收入和投资收益）的 50% 以上。

——财政部 税务总局公告 2020 年第 8 号

所以，现在的企业亏损期限有 5 年、8 年和 10 年三种，不一定先发生就先到期，需要先明确每一个亏损年度的到期期限，然后再判断亏损弥补顺序。在本案例中，2012 年度亏损结转 5 年弥补，2019 年已经超期，故不得再被弥补；2013 年度亏损结转 10 年弥补，2023 年到期；2014 年度亏损结转 10 年弥补，2024 年到期；2018 年度亏损结转 5 年弥补，2023 年到期。按照先到期先弥补，同时到期先发生先弥补的顺序，2019 年度弥补以前年度亏损的顺序为 2013 年度、2018 年度以及 2014 年度。

第二，第 9 列与第 10 列第 11 行“本年度”，填报各列第 1 行至第 10 行的合计金额，反映本年度的盈利去弥补以前年度亏损的金额。在本案例中，2019 年度的盈利 50 万元全部用于弥补以前年度的亏损了，所以第 9 列第 10 行金额为 50 万元。

第三，与修改之前的表 A106000 相比，本表其实并不直观。之前版本的表 A106000 几乎列出了整个弥补亏损的台账，盈利年度用于弥补了多少，还剩多少等都一览无余。高新技术企业 10 年弥补期亏损出台之后，如果列示 10 年弥补过程表格就显得过于复杂，建议企业自行设置台账核算。

【案例 12－6】 ABC 公司 2019 年吸收合并 DEF 公司符合特殊性重组要求并按照特殊性重组进行税务处理，合并日为 10 月 1 日。ABC 公司接受 DEF 公司资产和负债的计税基础按原有计税基础确定。吸收合并前 DEF 公司未弥补亏损额 4 500 万元，其中 2015 年度亏损 800 万元，2016 年度亏损 1 900 万元，2017 年度亏损 1 000 万元，2018 年度亏损 300 万元，2019 年前 9 个月为 500 万元。ABC 公司可以按照税法规定的每年可弥补的被合并企业亏损限额在其剩余结转年限内弥补。假设 DEF 公司净资产公允价值为 12 000 万元，国家发行的最长期限的国债利率为 6.5%，ABC 公司 2019 年度境内所得额为 3 000 万元，应如何计算限额并填写申报表？

案例分析： ABC 公司吸收合并 DEF 公司并选择特殊性税务处理方式，DEF 公司以前年度的亏损可以有条件地由 ABC 公司限额弥补。《财政部 国家税务总局 关于企业重组业务企业所得税处理若干问题的通知》（财税〔2009〕59 号）和《国家税务总局关于发布〈企业重组业务企业所得税管理办法〉的公告》（国家税务总局公告2010年第4号）分别对此问题作出规范。

六、企业重组符合本通知第五条规定条件的，交易各方对其交易中的股权支付部分，可以按以下规定进行特殊性税务处理：

（四）企业合并，企业股东在该企业合并发生时取得的股权支付金额不低于其交易支付总额的85%，以及同一控制下且不需要支付对价的企业合并，可以选择按以下规定处理：

3. 可由合并企业弥补的被合并企业亏损的限额 = 被合并企业净资产公允价值 × 截至合并业务发生当年年末国家发行的最长期限的国债利率。

——财税〔2009〕59号

第二十六条　《通知》第六条第（四）项所规定的可由合并企业弥补的被合并企业亏损的限额，是指按《税法》规定的剩余结转年限内，每年可由合并企业弥补的被合并企业亏损的限额。

——国家税务总局公告2010年第4号

可由合并企业弥补的被合并企业亏损的限额为780万元。表A106000申报表填报如表12－3所示：

表12－3　　A106000　　企业所得税弥补亏损明细表　　单位：万元

行次	项　目	年度	当年境内所得额	合并、分立转入的亏损额－可弥补年限5年	弥补亏损企业类型	当年亏损额	当年待弥补的亏损额	用本年度所得额弥补的以前年度亏损额－使用境内所得弥补	当年可结转以后年度弥补的亏损额
		1	2	4	6	7	8	9	11
6	前五年度	2014							
7	前四年度	2015		－780			－780	780	0
8	前三年度	2016		－780			－780	780	0
9	前二年度	2017	－420	－780		－1 200	－800	800	0
10	前一年度	2018	400	－300			－300	300	0
11	本年度	2019	3 000	－500			－500	340	160
12	可结转以后年度弥补的亏损额合计								

本案例填报时需注意以下几点：

第一，特殊重组下被合并企业的亏损也是按年限结转弥补的，并不是合并当年的亏损，要对应发生年度。

第二，被合并企业在合并当年，要对合并日之前的情况进行企业所得税年度汇算。如果有所得，可以先用于弥补自身以前年度亏损；如果有亏损，是否直接并入合并企业是有不同理解的，本案例将合并当年单独作为一个年度看待。

第三，被合并企业亏损弥补限额各年均使用同一标准。

第二节　所得减免税收优惠

第二十六条　企业的下列收入为免税收入：

（一）国债利息收入；

（二）符合条件的居民企业之间的股息、红利等权益性投资收益；

（三）在中国境内设立机构、场所的非居民企业从居民企业取得与该机构、场所有实际联系的股息、红利等权益性投资收益；

（四）符合条件的非营利组织的收入。

第二十七条　企业的下列所得，可以免征、减征企业所得税：

（一）从事农、林、牧、渔业项目的所得；

（二）从事国家重点扶持的公共基础设施项目投资经营的所得；

（三）从事符合条件的环境保护、节能节水项目的所得；

（四）符合条件的技术转让所得；

（五）本法第三条第三款规定的所得。

——《企业所得税法》

《企业所得税法》第二十七条规定的所得税收优惠主要列示在表 A107020 中；第二十六条规定的收入减免主要列示在表 A107010 中。二者最大的区别是：收入减免直接减少收入，不用考虑其他成本费用等，所以即使核定征收企业所得税的企业，只要账目能够做到准确核算收入照样可以享受收入减免优惠；所得减免需要收入减去成本费用之后有盈利才有可能享受，如果亏损的话当年的优惠等于就浪费了，且所得减免项目对财务核算要求高，一般都会要求查账征收企业所得税、单独核算等。整体而言，收入减免的力度是大于所得减免的。所得减免优惠项目有很多，本节并不讲解具体政策，主要是讲解所得减免项目填写申报表时的逻辑关系。表 A107020 的逻辑是乱的，问题比较多而且不容易被发现。

【案例 12 －7】 ABC 公司是一家农业企业，主要从事牛、羊的养殖销售以及牛、羊深加工制品销售，此外还有厂房租赁等其他收入，其中牛、羊养殖为所得全部减免项目，设置账簿单独核算。2019 年度，在企业所得税下，ABC 公司养牛收入 180 万元，成本费用等 140 万元；养羊收入 90 万元，成本费用等 100 万元；其他项目收入 40 万元，成本费用等 35 万元。ABC 公司应如何享受所得减免税收优惠？（单位：万元）

案例分析： ABC 公司 2019 年度整体盈利 35 万元，即主表第 19 行“纳税调整后所得”等于 35 万元，且养殖牛羊项目也是盈利的，所以可以享受所得减免税收优惠。ABC 公司有两种可以选择的核算方式：一种是将牛与羊统一作为一项农业养殖项目；另一种是将牛和羊分开作为两种农业养殖项目。从直观逻辑判断，两种核算方式的结果应该是一样的，这就是最基础的加法交换律，账面核算确实如此，但是到了填表就不一样了。

第一种方式，ABC 公司牛羊合计收入 270 万元，成本费用 240 万元，免税项目所得 30 万元。因为企业整体盈利且盈利金额 35 万元大于免税金额 30 万元，根据表 A107020 的逻辑和主表第 20 行填报说明，ABC 公司可以享受 30 万元所得减免优惠。填报相关报表如表 12 －4、表 12 －5 所示。

表 12 －4　　A107020　所得减免优惠明细表　　单位：万元

行次	减免项目	项目名称	优惠事项名称	优惠方式	项目收入	项目成本费用等	项目所得额 免税项目	减免所得额
		1	2	3	4	5	9	11 （9 +10 ×50%）
1	一、农、林、牧、渔业项目	农林牧渔	牛与羊	免税	270	240	30	30
3		小计	*	*	270	240	30	30
合计		*	*	*	270	240	30	30

表 12-5　　A100000　　中华人民共和国企业所得税年度纳税申报表（A 类）　　单位：万元

行次	类别	项目	金额
19	应纳税所得额计算	四、纳税调整后所得（13-14+15-16-17+18）	35
20		减：所得减免（填写 A107020）	30
21		减：弥补以前年度亏损（填写 A106000）	
22		减：抵扣应纳税所得额（填写 A107030）	
23		五、应纳税所得额（19-20-21-22）	5

主表第 20 行：当第 19 行 ≤0 时，第 20 行 =0；当第 19 行 >0 时，（1）第 19 行 ≥ 表 A107020 合计行第 11 列，第 20 行 = 表 A107020 合计行第 11 列；（2）第 19 行 < 表 A107020 合计行第 11 列，第 20 行 = 第 19 行。

第二种方式，ABC 养牛盈利 40 万元，养羊亏损 10 万元，免税项目整体依然盈利 30 万元，但表 A107020 似乎另有打算，填报相关报表如表 12-6 所示。

表 12-6　　A107020　　所得减免优惠明细表　　单位：万元

行次	减免项目	项目名称	优惠事项名称	优惠方式	项目收入	项目成本费用等	项目所得额	减免所得额
							免税项目	
		1	2	3	4	5	9	11 （9+10×50%）
1	一、农、林、牧、渔业项目	农林牧渔	牛	免税	180	140	40	40
2		农林牧渔	羊	免税	90	100	0	0
3		小计	*	*	270	240	40	40

第 9 列"项目所得额\免税项目"：填报享受所得减免企业所得税优惠的纳税人计算确认的本期免税项目所得额。……第 3 列填报"免税"的，填报第 4-5-6-7+8 列金额，当第 4-5-6-7+8 列 <0 时，填报 0。第 3 行 = 第 1+2 行。

按照第二种核算方式填报表 A107020 的总计金额居然是 40 万元，比第一种多了 10 万元。根据逻辑判断，40 万元的结果应该是错误的。可问题是这

10 万元是哪里来的呢？

熟悉主表逻辑的都会知道，当主表第 19 行“纳税调整后所得”小于 0 时，企业整体亏损，主表第 23 行“应纳税所得额”直接为 0，同时主表第 19 行的亏损被专门保留在了表 A106000 第 11 行第 2 列以用于结转以后弥补；更重要的是，如果主表 19 行小于 0 的话，境内所得部分的计算到第 19 行就全部结束了，第 23 行的 0 不再继续参与任何运算（不考虑境外所得部分），所以主表第 23 行的 0 可以理解为是形式上的 0，目的是避免出现负的应纳所得税额，企业的亏损仍然存在。

有了主表的铺垫，表 A107020 养羊项目亏损 10 万元在填表时直接变为 0 好像就不难理解了，似乎也可以套用主表第 23 行的逻辑。但是，套不上！首先，养羊的 10 万元亏损被哪里保留了呢？哪里都没有。其次，养羊项目的亏损被申报表变为了 0 之后马上又继续参与了运算，第 3 行 = 第 1 + 2 行，这就已经不是形式上的 0 了，而是真正的 0 了。这意味着养羊的亏损被抹平了，被弥补了。被谁弥补了？申报表！总之，没有被养牛的盈利弥补，也没有被其他所得弥补，只能是直接被表 A107020 弥补了。被弥补了多少？养羊项目亏损了 10 万元也就被弥补了 10 万元。这就可以解释为何按照第二种核算方法填报表 A107020 比第一种多了 10 万元的免税项目所得。

那 ABC 公司在分开核算的情况下又应该如何申报呢？笔者认为，申报时既可以将牛羊并作一个项目按第一种方式处理，也可以就顺着申报表的逻辑申报处理。根据主表第 20 行填报说明，若主表第 19 行大于 0 且小于表 A107020 合计行第 11 列，则主表第 20 行“减：所得减免”= 第 19 行，由于主表第 19 行为 35 万元，即使表 A107020 计算出的优惠金额为 40 万元也只能享受到 35 万元，但这已经比第一种方式多享受了 5 万元的优惠。同样的业务只因填报方式不同享受的金额就不同，说明表 A107020 是有些问题的。

【案例 12 – 8】2019 年度 ABC 公司有三项技术转让项目。在企业所得税下，甲项目收入 1200 万元，成本费用等 550 万元；乙项目收入 800 万元，成本费用等 500 万元；丙项目 300 万元，成本费用等 400 万元。ABC 公司应如何填报表 A107020？

案例分析：ABC 公司 3 个项目甲项目所得 650 万元，乙项目所得 300 万

元，丙项目亏损 100 万元。假设没有纳税调整事项等。首先按照填报说明的逻辑填写，如表 12－7 所示。（单位：万元）

表 12－7　　A107020　所得减免优惠明细表　　单位：万元

行次	减免项目	项目名称	项目收入	项目成本	（所得）	项目所得额		减免所得额
						免税	减半	
		1	4	5		9	10	11（9＋10×50%）
10	四、符合条件的技术转让项目	甲	1 200	550	650	*	*	
11		乙	800	500	300	*	*	
		丙	300	400	－100	*	*	
12		小计	2 300	1 450	850	500	350	675

表 A107020“四、符合条件的技术转让项目”将具体项目的第 9 列“项目所得额—免税”和第 10 列“项目所得额—减半”封闭，只开放“小计”行次的第 9 列和第 10 列，且填报说明对所得小于 500 万元的判断也仅在“小计”行次。

第 9 列“四、符合条件的技术转让项目”的“小计”行：当第 4－5－6－7＋8 列≤500 万元时，填报第 4－5－6－7＋8 列金额（超过 500 万元部分的金额填入第 10 列）；当第 4－5－6－7＋8 列＜0 时，填报 0。

第 10 列“四、符合条件的技术转让项目”的“小计”行：填报第 4－5－6－7＋8 列金额超过 500 万元的部分。

第 12 行＝第 10＋11 行。（以表样列示行次为例）

从填报说明以及填报数据观察，可以得出以下几个结论。

第一，如果企业有多个技术项目转让所得，只能加总后减去一次 500 万元。

第二，因为单个技术转让项目的第 9 列和第 10 列是封闭的，所以企业拥有的多个技术转让项目之间的盈利和亏损可以互相抵补。注意，技术转让项目是先加和再计算优惠金额，而其他项目是先计算优惠金额再加和。

第三，技术转让项目是否会出现案例 12－7 中表 A107020 直接把亏损弥补的情况？会的。第 9 列“四、符合条件的技术转让项目”的“小计”行：当第 4－5－6－7＋8 列＜0 时，填报 0。有所不同的是，技术转让项目被申报表直接弥补亏损的情况只可能在小计中出现，而其他项目是在具体项目中出现。

那么，表 A107020 应该怎样做才能避免直接弥补亏损呢？笔者粗浅地认为，只可以在最后的合计行次中规定如果小于 0 则填报 0，其他行次均不可以，这里内含的逻辑是：只要有资格填写表 A107020，就说主表第 19 行大于 0，即企业整体是盈利的；如果企业享受多个免税项目，各个减免税项目之间应首先充分地互相抵补，如果抵补完之后表 A107020 的合计金额小于 0，说明免税项目是整体亏损的。企业整体盈利，免税项目整体亏损，说明应税部分整体是盈利的而且盈利额大于减免税项目整体亏损额。此时，规定表 A107020 合计金额小于 0 则以 0 带入主表第 20 行，再结合主表的结构设计，就相当于减免税项目的亏损被应税部分的盈利弥补了；然后应税部分就弥补减免税项目亏损之后的金额继续计算应纳税所得额。具体分析可详见案例 12 – 10 内表 12 – 13。

【案例 12 – 9】 ABC 公司某高新技术企业 2019 年应纳税所得额 2 000 万元，其中 700 万元为技术转让所得。2019 年度申报时应如何填报？

案例分析： 如果企业既享受所得减半减免优惠又享受 15% 税率减免优惠，按照申报表的设计逻辑就等于享受了 15% 税率的减半优惠，等于叠加重复享受了。根据《财政部 国家税务总局关于执行企业所得税优惠政策若干问题的通知》（财税〔2009〕69 号）规定，除了西部大开发税率优惠之外，其他的减半都只能按照 25% 的法定税率享受所得减半优惠政策。

一、执行《国务院关于实施企业所得税过渡优惠政策的通知》（国发〔2007〕39 号）规定的过渡优惠政策及西部大开发优惠政策的企业，在定期减免税的减半期内，可以按照企业适用税率计算的应纳税额减半征税。其他各类情形的定期减免税，均应按照企业所得税 25% 的法定税率计算的应纳税额减半征税。

二、《国务院关于实施企业所得税过渡优惠政策的通知》（国发〔2007〕39 号）第三条所称不得叠加享受，且一经选择，不得改变的税收优惠情形，限于企业所得税过渡优惠政策与企业所得税法及其实施条例中规定的定期减免税和减低税率类的税收优惠。

企业所得税法及其实施条例中规定的各项税收优惠，凡企业符合规定条件的，可以同时享受。

——财税〔2009〕69号

因此，技术转让所得超过500万元的部分，应按照25%的法定税率减半征收，而不是按照高新技术企业15%税率减半征收。先定量计算企业享受的总的优惠：应纳所得税额＝(2 000－700)×15%＋(700－500)×50%×25%＝220万元，两项共享受税收优惠2 000×25%－220＝280万元。

如果完全按照年度申报表的设计逻辑，表A107020技术转让减免所得500＋(700－500)/2＝500＋100＝600万元，带入主表第20行为600万元，因为第19行为2 000万元，所以第23行“应纳税所得额”为1 400万元。

根据填表说明，“减免所得税优惠明细表”（A107040）第2行“高新技术企业”（见表12－8）应填入主表第23行“应纳税所得额”×10%＝140万元。

表12－8　　A107040　　减免所得税优惠明细表　　单位：万元

行次	项　　目	金额
2	二、国家需要重点扶持的高新技术企业减按15%的税率征收企业所得税（填写A107041）	140
29	二十九、减：项目所得额按法定税率减半征收企业所得税叠加享受减免税优惠	10

因技术转让所得企业减少600万元应纳税所得额对应享受所得税优惠150万元，因高新技术企业减少10%的税率对应享受所得税优惠140万元，共290万元企业所得税，比前面计算的多10万元，要在表A107040中调整回来。

这个计算思路比较麻烦，简单而言，就是200万元的应纳税所得额多享受了（25%－15%）×50%的所得税优惠，在表A107040中减去即可。这和表A107040第29行填报说明思路一致。

第29行“二十九、项目所得额按法定税率减半征收企业所得税叠加享受减免税优惠”：纳税人同时享受优惠税率和所得项目减半情形下，在填报本表低税率优惠时，所得项目按照优惠税率减半计算多享受优惠的部分。……

计算公式：本行＝减半项目所得额×50%×(25%－优惠税率)

第三节　亏损与税收优惠

第一章讲主表时曾介绍过，表 A107010 税收优惠的待遇与表 A107020 税收优惠的待遇是不同的。表 A107010 在主表第 19 行“四、纳税调整后所得”之前，只要满足优惠本身的政策条件就一定能够享受，如果企业盈利就减少应纳税所得额，甚至可以减少至亏损；如果企业当年亏损就形成更大的亏损。表 A107020 在主表第 19 行之后且填报说明明确要求主表第 19 行“纳税调整后所得”为负数的无须填报本表，说明如果企业整体亏损，当年的所得减免优惠就浪费了，以后年度也无法追享。

为何主表第 19 行小于零，表 A107020 就不填写，这样操作的背后税逻辑又是什么？

【案例 12 – 10】（续案例 12 – 7）ABC 公司是一家农业企业，主要从事牛、羊的养殖销售，以及牛、羊深加工制品销售，还有厂房租赁等其他收入，其中牛、羊养殖为所得全部减免项目，设置账簿单独核算。2019 年度，在企业所得税口径下，ABC 公司养牛收入 180 万元，成本费用等 140 万元；养羊收入 90 万元，成本费用等 100 万元；其他项目收入 40 万元，成本费用等 35 万元。ABC 公司应如何享受所得减免税收优惠？如果是其他情况，又该如何填报享受优惠？

案例分析：案例 12 – 7 主要分析了所得减免优惠项目拆分的问题，只填写了表 A107020，是不完整的，在实务中还要区分具体情况填报主表和表 A106000。

为方便理解，本案例假设 ABC 公司将牛、羊合为一个项目核算且没有任何会税差异，主表第 19 行与第 13 行相等。

在本案例中，免税项目与应税部分均盈利，ABC 公司整体盈利 35 万元，免税项目所得 30 万元。主表第 19 行之前填报如表 12 – 9 所示：

表 12－9　　A100000　　中华人民共和国企业所得税年度纳税申报表（A 类）　　单位：万元

行次	类别	项　　目	金额
13	利润总额计算	三、利润总额（10＋11－12）	35
14	应纳税所得额计算	减：境外所得（填写 A108010）	0
15		加：纳税调整增加额（填写 A105000）	0
16		减：纳税调整减少额（填写 A105000）	0
17		减：免税、减计收入及加计扣除（填写 A107010）	0
18		加：境外应税所得抵减境内亏损（填写 A108000）	0
19		四、纳税调整后所得（13－14＋15－16－17＋18）	35
20		减：所得减免（填写 A107020）	30
21		减：弥补以前年度亏损（填写 A106000）	
22		减：抵扣应纳税所得额（填写 A107030）	
23		五、应纳税所得额（19－20－21－22）	5

需要注意的是，从会计核算的角度来看，牛、羊项目和其他营业项目的收入支出都是包括在总账中的。只是为了满足享受企业所得税项目优惠的需要，在本案例中拆成两部分来看。

表 A106000 第 11 行第 2 列“本年——企业境内所得额”（见表 12－10）等于主表第 19 行减去第 20 行的差。如果有以前年度可以弥补的亏损，则弥补亏损的金额填入主表第 21 行。

表 12－10　　A106000　　企业所得税弥补亏损明细表　　单位：万元

行次	项目	年度	当年境内所得额
		1	2
9	前两年度	2017	
10	前一年度	2018	
11	本年度	2019	5

这意味着企业全年所得 35 万元，其中 30 万元享受税收优惠，5 万元可以用于弥补以前年度的亏损或者计算缴纳企业所得税。

企业盈利当然是好，但亏损也不可避免。如果ABC公司整体亏损25万元（见表12－11、表12－12），牛、羊免税项目依然盈利30万元，又该如何享受优惠？或者说，所得减免优惠又该如何理解？

表12－11　　A100000　　中华人民共和国企业所得税年度纳税申报表（A类）

单位：万元

行次	类别	项　　目	金额
13	利润总额计算	三、利润总额（10＋11－12）	－25
14	应纳税所得额计算	减：境外所得（填写A108010）	0
15		加：纳税调整增加额（填写A105000）	0
16		减：纳税调整减少额（填写A105000）	0
17		减：免税、减计收入及加计扣除（填写A107010）	0
18		加：境外应税所得抵减境内亏损（填写A108000）	0
19		四、纳税调整后所得（13－14＋15－16－17＋18）	－25
20		减：所得减免（填写A107020）	－
21		减：弥补以前年度亏损（填写A106000）	－
22		减：抵扣应纳税所得额（填写A107030）	－
23		五、应纳税所得额（19－20－21－22）	0

表12－12　　A106000　　企业所得税弥补亏损明细表

单位：万元

行次	项目	年度	当年境内所得额
		1	2
9	前两年度		
10	前一年度		
11	本年度	2019	－25

如果ABC公司整体亏损25万元，这意味着ABC公司应税部分亏损了55万元，30万元免税所得全部去弥补应税部分的亏损了，没有机会享受税收优惠了。这样看起来，ABC公司似乎有些吃亏。免税项目与应税部分曾经是不得互相抵补的，2014年作废的《国家税务总局关于做好2009年度企业所得税汇算清缴工作的通知》（国税函〔2010〕148号）第三条第（六）款曾规定，对企业取得的免税收入、减计收入以及减征、免征所得额项目，不得弥补当期及以前年度应税部分亏损；当期形成亏损的减征、免征所得额项目，也不

得用当期和以后纳税年度应税部分所得抵补。这项规定实际上并不合理，免税项目的盈利就不是企业的经营成果了吗？免税项目的亏损就不是企业经营亏损了吗？免税项目与应税部分都属于同一企业的经营，所以不应当独立对待。国税函〔2010〕148 号的规定其实是把免税项目搞成了不征税项目，是不太符合企业所得税逻辑的。从 2014 年度开始，新的年度申报表系统开始启用，国税函〔2010〕148 号文件被废止，应税部分与免税项目之间的盈利亏损可以互相抵补，且免税项目形成的亏损也可以被以后年度盈利弥补了。这样一来，如果企业整体亏损的话，就不用再考虑亏损是由免税项目还是应税部分形成的，直接结转以后年度弥补就好。因此，当主表第 19 行小于零时就不需要再填写表 A107020 了，亏损金额直接计入表 A106000 即可。虽然从企业享受优惠的角度来看这样的修改既可能是好事也可能是坏事，比如按照国税函〔2010〕148 号的规定 ABC 公司亏损 55 万元，但是从企业所得税本身而言是更加符合法的精神的正确做法。

以上是对企业整体盈利及亏损时所得减免优惠享受情况的定性分析，实务中的情况更加多样，细分起来共有 8 种。为防止篇幅过长，现将所有情形以及在主表、表 A106000 和表 A107020 中的填报集中在表 12－13 总结分析。需要提前说明的是，实务中一般有主表第 13 行“利润总额”、第 19 行“纳税调后所得”、第 20 行“减：所得减免”（来源于表 A107020 第 11 列“合计——减免所得额”且不小于零）的数据，应税部分所得是倒挤数。但为了便于理解，表 12－13 以免税项目和应税部分为情形分类维度，且假设没有任何会税差异。

表 12－13　　所得减免优惠享受详情表　　单位：万元

情形	利润总额	纳税调整金额	主表第 19 行	免税项目所得	表 A107020 第 11 列合计金额	应税部分所得（倒挤）	主表第 20 行	表 A106000 第 11 行第 2 列
	1	2	3＝1＋2	4	5	6＝3－4	7	8
一	400	0	400	300	300	100	300	100
二	400	0	400	100	100	300	100	300
三	200	0	200	－100	0	300	0	200
四	200	0	200	300	300	－100	200	0

续表

情形	利润总额	纳税调整金额	主表第 19 行	免税项目所得	表 A107020 第 11 列合计金额	应税部分所得（倒挤）	主表第 20 行	表 A106000 第 11 行第 2 列
	1	2	3 = 1 + 2	4	5	6 = 3 - 4	7	8
五	-200	0	-200	-300	-	100	-	-200
六	-200	0	-200	100	-	-300	-	-200
七	-400	0	-400	-100	-	-300	-	-400
八	-400	0	-400	-300	-	-100	-	-400

情形一和情形二是一样的，即应税部分与免税项目都是盈利的，所得减免金额可以充分享受优惠，全部被扣除。

情形三，免税项目亏损 -100 万元，应税部分盈利 300 万元。应税部分的盈利先去弥补免税项目的亏损，剩下 200 万元入表 A106000 用于弥补以前年度亏损。一定要注意这个弥补顺序，先项目之间弥补，再弥补以前年度亏损。当免税项目亏损时，表 A107020 第 11 列合计金额和主表第 20 行“减：所得减免”均为 0，无法享受优惠待遇。

情形四，免税项目盈利 300 万元，应税部分亏损 -100 万元。免税项目的盈利先去弥补应税部分的亏损，剩下 200 万元全部享受税收优惠，无法再去弥补以前年度亏损。所以，所得减免额在任何情况下都不可能大于企业整体盈利额。

情形五至情形八主表第 19 行“纳税调整后所得”小于零，意味着企业所得税下企业整体亏损，亏损金额进入表 A106000 并可被以后年度所得弥补。

下面再延伸几个问题。

第一，如果有会税差异怎么办？正常申报调整即可。在企业所得税下判断企业盈利还是亏损是以主表第 19 行数据为准。

第二，案例 12 -7 中专门强调盈利和亏损不能互抵，为何表 12 - 13 又可以互抵？案例 12 -7 中是多个所得减免项目内部根据表 A107020 的设计造成盈利和亏损不能互相抵补；表 12 - 13 中是所得减免项目和应税部分可以互相抵补，一定要注意区分。

第三，如果有减半项目怎么办，免税项目金额是所得减半金额还是全额？这个问题绝对问到了点儿上，一言难尽，详情可参考案例 12 - 11。

【案例 12－11】ABC 公司是一家高新技术企业，2019 年度发生了一项高额技术转让项目，且没有其他所得减免税项目，该项目所得为 2 600 万元；企业全部项目纳税调整后所得，即主表第 19 行为 1 900 万元。根据申报表设计顺序，ABC 公司首先填报表 A107020，如表 12－14 所示。（单位：万元）

表 12－14　　A107020　　所得减免优惠明细表　　单位：万元

<table>
<tr><td rowspan="2">行次</td><td rowspan="2">减免项目</td><td>项目名称</td><td>优惠事项名称</td><td>优惠方式</td><td>纳税调整金额</td><td colspan="2">项目所得额</td><td rowspan="2">减免所得额</td></tr>
<tr><td></td><td></td><td></td><td></td><td>免税</td><td>减半</td></tr>
<tr><td></td><td></td><td>1</td><td>2</td><td>3</td><td>8</td><td>9</td><td>10</td><td>11
（9＋10×50%）</td></tr>
<tr><td>10</td><td rowspan="3">四、符合条件的技术转让项目</td><td>××技术</td><td>*</td><td>*</td><td></td><td>*</td><td>*</td><td>1 550</td></tr>
<tr><td>11</td><td></td><td>*</td><td>*</td><td></td><td>*</td><td>*</td><td></td></tr>
<tr><td>12</td><td>小计</td><td>*</td><td>*</td><td></td><td>500</td><td>2 100</td><td>1 550</td></tr>
</table>

第 9 列“四、符合条件的技术转让项目”的“小计”行：当第 4－5－6－7＋8 列≤500 万元时，填报第 4－5－6－7＋8 列金额（超过 500 万元部分的金额填入第 10 列）；当第 4－5－6－7＋8 列＜0 时，填报 0。

第 10 列“四、符合条件的技术转让项目”的“小计”行：填报第 4－5－6－7＋8 列金额超过 500 万元的部分。

然后将表 A107020 的合计数据带入主表第 20 行，如表 12－15 所示。根据主表第 20 行填报说明：当第 19 行＞0 时，如果第 19 行≥表 A107020 合计行第 11 列，第 20 行＝表 A107020 合计行第 11 列。

表 12－15　　A100000　　中华人民共和国企业所得税年度纳税申报表（A 类）　　单位：万元

行次	类别	项　目	金额
19	应纳税所得额计算	四、纳税调整后所得（13－14＋15－16－17＋18）	1 900
20		减：所得减免（填写 A107020）	1 550
21		减：弥补以前年度亏损（填写 A106000）	0
22		减：抵扣应纳税所得额（填写 A107030）	0
23		五、应纳税所得额（19－20－21－22）	350

到此为止，填报看似正常且符合申报表要求。接下来，通过表 A107041 再带入表 107040 时就出问题了，如表 12－16 所示。

表 12－16　　A107040　　减免所得税优惠明细表　　单位：万元

行次	项　目	金额
2	二、国家需要重点扶持的高新技术企业减按 15% 的税率征收企业所得税（填写 A107041）	35
29	二十九、减：项目所得额按法定税率减半征收企业所得税叠加享受减免税优惠	105
33	合计	必须 > =0

根据申报表间关系，第 2 行“二、国家需要重点扶持的高新技术企业减按 15% 的税率征收企业所得税（填写 A107041）”金额为 35 万元，这是由系统自动带入的，无法修改。又因为 ABC 公司享受了所得减免和税率减免双重优惠，类似案例 12－8，所以要减去多享受的部分，表 A107040 第 29 行调整叠加享受减免优惠金额为 105 万元，计算思路为（2 600 － 500）× 50% ×（25% －15%）。这样一来，享受优惠之后的金额居然为 －70 万元，申报系统表示无论如何不能接受自己计算出来的这个结果，因为第 33 列合计金额不得为负数。

计算结果逻辑荒谬意味着一定是哪里出了问题，是 ABC 公司财务人员的计算出了问题，还是申报表出了问题？应如何修改？

案例分析：本案例的问题其实是比较大的，问题源头在填报说明上。案例 12－8 曾介绍过，表 A107020 是有些问题的，本案例基于表 A107020 又出现了新情况，且直接证误了主表第 20 行的填报口径。下面笔者试着从头分析本案例。

ABC 公司整体盈利 1 900 万元，所得减半项目盈利 2 600 万元，所以倒挤应税部分亏损 700 万元。根据表 12－13 的分析，所得减半项目也要先去弥补应税部分的亏损然后再享受税收优惠，因此，ABC 公司可以享受税收优惠的项目所得是 1 900 万元而不能是 2 600 万元；主表第 20 行也不能是表 A107020 以 2 600 万元为基数计算的 1 550 万元，而应该以 1 900 万元为基数计算的 1 200万元，计算思路为 500 +（1 900 －500）/2。与案例 12－8 思路类似，如果税收优惠享受金额仍为1 550万元，说明所得减半项目是按照2 600万元全额享受优惠而没有去弥补应税部分的亏损，应税部分700万元的亏损就这么不见了。表A107040合计额为负数其实就是在提示ABC公司多享受了税收优惠。700万元的亏损去了哪里？直接被弥补了。被谁弥补了？被主表弥补了。怎么被主表弥补的？继续往下分析。

先不考虑填报说明，也不去理解表间逻辑关系，直接将主表第20行换成1 200万元，看看会是什么结果，详见表12-17、表12-18。表A107020填报不变，因为该表在计算时不需要考虑应税部分的情况。

表12-17　A100000　中华人民共和国企业所得税年度纳税申报表（A类）

单位：万元

行次	类别	项目	金额
19	应纳税所得额计算	四、纳税调整后所得（13-14+15-16-17+18）	1 900
20		减：所得减免（填写A107020）	1 200
21		减：弥补以前年度亏损（填写A106000）	0
22		减：抵扣应纳税所得额（填写A107030）	0
23		五、应纳税所得额（19-20-21-22）	700

表12-18　A107040　减免所得税优惠明细表

单位：万元

行次	项目	金额
2	二、国家需要重点扶持的高新技术企业减按15%的税率征收企业所得税（填写A107041）	70
29	二十九、减：项目所得额按法定税率减半征收企业所得税叠加享受减免税优惠	70
33	合计	0

表A107040第29行的计算思路为（1 900-500）×50%×（25%-15%）。表A107040的合计值为0（如表12-18所示），给人第一感觉可能填报依然不对，可实际上，这是对的。

第一，从税率优惠的原理上讲，ABC公司2019年度应税部分亏损，技术转让所得又全部都去享受了所得减半优惠，所以ABC公司2019年度根本就没有机会享受高新技术企业优惠。按照1 900万元为基数享受优惠使表A107040

经计算后合计值为0，正好印证了高新技术企业优惠没有对ABC公司产生任何影响，计算结果与事实吻合。

第二，本案例描述中曾介绍，如果按照2 600万元为基数享受技术转让所得减免优惠则表A107040合计值为－70万元，这说明税收优惠基数用多了。多了多少？表A107040金额与主表金额是10%的关系，表12－16的－70万元对应至主表是－700万元，正好是应税部分的亏损。本案例分析一开始就曾讲过，如果按照2 600万元享受优惠的话，相当于主表直接弥补了700万元应税部分的亏损，使得减半所得项目本来应该用于弥补应税部分亏损的700万元去享受了税收优惠。这个判断通过表A107040的－70万元得到了验证。

第三，因为技术转让所得超过500万元部分是减半享受，2 600万元中的700万元本来应该被拿来弥补应税部分亏损的，结果用来享受减半优惠了，所以按照2 600万元为基数计算比按照1 900万元为基数计算的结果多享受了350万元的优惠，应纳税所得额少了350万元。通过本案例两次主表第23行金额的对比，再次得到验证。

在本案例中，ABC公司财务人员是完全按照填报说明一步步申报的，结果出现了错误，这说明申报表是有问题的。问题在哪里呢？在主表第20行填报说明。

根据表12－13的分析，表A107020不用考虑应税部分的亏损，所以在本案例中的填报是正确的。应税部分的亏损要由主表第20行考虑，主表第20行该考虑却没考虑就会出问题，具体说来是这一句：当第19行>0时，如果第19行≥表A107020合计行第11列，第20行=表A107020合计行第11列。

可能读者会有疑问，这个规则在案例12－7和表12－13中都引用过，都是没问题的，为何在本案例中就有问题了？原因在于案例12－7和表12－13都是所得免税项目，对于所得免税项目而言，项目所得额即为理论优惠金额，如果主表第19行大于表A107020合计额，其内在的含义是应税部分没有亏损，所得免税项目可以全额享受免税优惠，主表第20行等于表A107020合计金额是正确的。但对于所得减半项目而言，优惠金额是要打五折的，很可能即使应税部分亏损（－700万元）但与减半项目所得（2 600万元）的和（1 900万元）依然大于减半项目的理论优惠金额（1 550万元）。此时，就不能再按照表A107020不考虑弥补应税部分亏损计算的优惠金额享受税收优惠了，否则就会出错。本案例就是实务中非常典型的情况。

仔细想来，这个错误是非常隐蔽的。如果 ABC 公司压根就不是高新技术企业，仅根据主表和表 A107020 是看不出问题的。

问题分析了这么多，其根源在哪里呢？综合本章列举的所有案例，笔者尝试着对问题的根源进行分析。

实际上，问题的根源并不复杂，就在于申报表对项目之间所得亏损能否互相抵补的规定不一致。项目之间包括但不限于应税部分与所得减免项目之间，所得免税项目与所得减半项目之间，所得免税项目内部、所得减半项目内部，等等。国税函〔2010〕148 号第三条第（六）款虽然作废了，但是带来的思维误区却没有被彻底消除。

案例 12－10 中主表第 19 行与第 20 行的关系以及填报逻辑表明：应税部分与所得减免项目之间的盈利亏损可以互相抵补。

案例 12－7 中表 A107020 第 9 列、第 10 列小于 0 则填报 0 的口径表明：同一类型所得减免项目内部和不同类型所得减免项目之间的盈利亏损均不可互相抵补。

案例 12－8 中表 A107020 技术转让项目第 9 列、第 10 列封闭只有小计部分开放且小于 0 填报 0 的口径表明：技术转让项目内部的盈利亏损是可以互相抵补的，与其他项目又不能互相抵补了。

案例 12－11 中主表第 20 行填报说明“当第 19 行 >0 时，如果第 19 行≥表 A107020 合计行第 11 列，第 20 行 = 表 A107020 合计行第 11 列”表明：所得免税项目与所得减半项目用的是一套标准。

纵观整套报表，对于所得减免优惠这件事，相同的事项规定各有不同，不同的情况又使用相同的标准，这也难怪填报时如此挠头。

综合以上分析，笔者初步建议：将表 A107020 除合计行外所有的小于 0 则以 0 填报的限制放开，以避免表 A107020 额外弥补减免税项目的情况；再放开主表第 20 行“当第 19 行 >0 时，如果第 19 行≥表 A107020 合计行第 11 列，第 20 行 = 表 A107020 合计行第 11 列”的等式关系改为“第 20 行 < = 表 A107020 合计行第 11 列”，以避免主表额外弥补应税部分亏损的情况。这样一来表 A107020 的逻辑才能通畅，与主表的关系才能摆正。

就现有的申报表环境而言，如果 ABC 公司想要主表数据正确，只得先在表 A107020 第 8 列“纳税调整额”对应行次额外填入 -350 万元，再通过第 11 列“减免所得额”的合计额将 1 200 万元带入主表第 20 行。

案例最后再补充一个问题，如果 ABC 公司 2018 年度有亏损，表 12 - 17 第 19 行减去第 20 行剩余的 700 万元能否用于弥补以前年度的亏损呢？答案在第一章中找。

第十三章

符合条件的居民企业之间的股息、红利等权益性投资收益优惠明细表（A107011）及相关内容讲解

居民企业之间的股息红利权益性收益免税是实务中涉及范围较广的一种税收优惠。企业对外投资时，投资企业从被投资企业取得股息红利等权益性投资收益是从被投资企业税后利润中直接分配的，如果再全额并入投资企业的应税收入就会出现对同一经济来源所得的重复征税。为了保持税收中性、鼓励投资、消除重复征税，股息红利的免税待遇就变得顺利成章了。但在实务中，这项看似条件简单的税收优惠政策在实际享受时需要注意的细节还是比较多的。

第一节　符合条件的股息红利所得税收优惠条件判断及应用

第二十五条　国家对重点扶持和鼓励发展的产业和项目，给予企业所得税优惠。

（二）符合条件的居民企业之间的股息、红利等权益性投资收益；

——《企业所得税法》

收入全额免税是企业所得税力度最大的税收优惠形式，为防止滥用优惠、恶意避税，《企业所得税法》明确规定，只有符合条件的股息红利所得才能享受税收优惠。

第八十三条 企业所得税法第二十六条第（二）项所称符合条件的居民企业之间的股息、红利等权益性投资收益，是指居民企业直接投资于其他居民企业取得的投资收益。企业所得税法第二十六条第（二）项和第（三）项所称股息、红利等权益性投资收益，不包括连续持有居民企业公开发行并上市流通的股票不足12个月取得的投资收益。

——《企业所得税法实施条例》

前面章节多次强调，涉税处理先定性再定量，享受税收优惠政策也一样。根据以上规定，企业若要享受股息红利所得免税优惠必须满足3个条件：居民企业之间，直接投资，若是股票则持有期超过12个月。**居民企业之间**，指的是投资与被投资方都要是居民企业，从非居民企业分回的不行。**直接投资**，指的是股票、股权所有人是投资企业，通过合伙企业投资取得的股权是合伙企业的，通过信托计划投资购买的股票所有权是该信托计划的。**股票持有期超过12个月**，指的是从购买日到宣布分红日要超过12个月，持有股权不受该时间限制，该规定主要是不鼓励投机倒把、短线投资，同时也防止企业恶意筹划。

【案例13-1】甲、乙、丙、丁和戊5位股东合计持有ABC公司100%股权，但5位股东仅享有ABC公司85%利润分配权，另外15%股息红利要根据政府部门批文直接支付给DEF公司，DEF公司是否可以参照股息红利享受收入免税的税收优惠？

案例分析：不可以。该案例不符合直接投资的条件。DEF公司并不是ABC公司的股东，不持有ABC公司的股权。DEF公司得到的所谓的ABC公司的分红仅仅是金额相等，本质上DEF公司得到的是政府补助。

【案例13-2】2018年底，ABC公司向香港100%控股母公司DEF公司分配股息红利200万元。2019年，税务机关在事后核查中发现ABC公司未履行源泉扣缴义务。ABC公司认为，DEF公司虽然是在香港成立，但香港当地并无任何实际管理职能，其实际生产经营等完全受境内部门公司控制，是居民企业，无须源泉扣缴，并且能够享受股息红利收入免税待遇。ABC公司的主张是否正确（本案例源自10年前一起真实的涉税争议，有简化和删减，仅为理解政策使用）。

案例分析：ABC公司的主张正确。DEF公司直接持有ABC公司股权，根据前述分析，若DEF公司属于居民企业，则其取得的股息红利所得确实可以享受免税优惠。

第二条　企业分为居民企业和非居民企业。

本法所称居民企业，是指依法在中国境内成立，或者依照外国（地区）法律成立但实际管理机构在中国境内的企业。

——《企业所得税法》

第三条　……

企业所得税法第二条所称依照外国（地区）法律成立的企业，包括依照外国（地区）法律成立的企业和其他取得收入的组织。

第四条　企业所得税法第二条所称实际管理机构，是指对企业的生产经营、人员、账务、财产等实施实质性全面管理和控制的机构。

——《企业所得税法实施条例》

结合DEF公司的实际情况，该公司虽是在境外成立的企业，但生产经营、财产管理、人事调整等各个重要事项均由境内企业控制，其实际管理机构在中国境内。所以DEF公司确实属于居民企业，其取得的来源于直接投资的ABC公司的股息红利所得，符合免税优惠条件。

以上介绍的均是持有股权案例，接下来再介绍几个持有股票的案例。

【案例13－3】ABC公司于2017年3月从股票市场购入DEF公司股票10 000股，2018年8月，DEF公司股票涨幅令人满意，ABC公司遂抛售6 000股。但抛售后ABC公司发现DEF公司股票涨势喜人，且传来成功签下大订单的利好，未来形式可期，ABC公司遂于同年9月追加投资，又购入8 000股DEF公司股票。2019年5月，DEF公司宣告分派股息红利。ABC公司是否能够享受税收优惠。

案例分析：可以享受，但不能按照12 000股享受，只能按照4 000股享受。股票持有期超过12个月要求“连续持有”，虽然ABC公司从2017年3月到 2019 年 5 月一直持有 DEF 公司股票，但其中 6 000 股被卖出过，只有 4 000 股始终都在 ABC 公司名下，因此这 4 000 股对应的股息红利满足优惠条件。

【案例 13－4】 ABC 公司长期持有 M 公司股票 10 000 股，但因某些原因于 2018 年底将 M 公司股票股息红利收益权转让给 DEF 公司。2019 年 6 月，ABC 公司收到了 M 公司分派的股息红利 80 万元，将该笔款项计入应付账款，并在全额转帐给 DEF 公司后转冲减应收帐款。DEF 公司取得的 M 公司股息红利所得能否享受居民企业间股息分红的免税政策？

案例分析： 不可以。DEF 公司没有直接投资于 M 公司，其从 ABC 公司取得的钱款不属于股息红利所得，而是购买的收益权的回报，所以属于应税收入。ABC 公司因将转让了股票收益权，取得 M 公司股息红利后计入往来的做法虽看似无错，但却并不是最优选择，而可以有更聪明的做法。

在本案例中，ABC 公司将该笔款项直接走了往来，不影响利润，也不影响应纳税所得额，这就将该笔股息红利的税收优惠浪费掉了。其实，ABC 公司虽然将投资收益权卖了，但是 ABC 公司直接投资 M 公司并且双方都是居民企业的事实没有变，其取得的 M 公司的股息红利依然可以享受免税待遇。ABC 公司应该继续将该笔款项计入投资收益，并在支付时计入费用。这样处理虽然会计上仍然不影响利润，但可以在企业所得税申报时享受股息红利所得税收优惠，纳税调减 80 万元；支出形成的费用税法认可，无须纳税调增。

【案例 13－5】 ABC 公司投资 DEF 公司 3 年。2018 年 10 月 DEF 公司成功上市；2019 年 8 月，DEF 公司向 ABC 公司分派股息红利 50 万元。ABC 公司的持股期不满 12 个月，但是投资期远远超过 12 个月。ABC 公司取得该笔股息红利所得是否符合免税条件？

案例分析： 在实务中本案例的情况存在争议。

从政策规定字面直观理解，ABC 公司在股票持有期未超过 12 个月时收到的 DEF 公司股息红利所得不满足税收优惠条件，不能享受优惠。

从政策制定目的角度理解，要求持有期超过 12 月主要为了鼓励生产经营性投资，抑制投机性较强的短期持有。ABC 公司对 DEF 公司股权的持有期长达 3 年，绝对不属于投机行为，DEF 公司的上市仅是将 ABC 公司持有的股权在形式上变成了股票，但本质不变。笔者更倾向于从政策制定精神出发，充分理解、灵活把握，允许享受，不能仅局限于文字层面的理解。

第二节　创新企业 CDR 介绍及优惠条件判断

2019 年，财政部、国家税务总局以及证监会联合发文明确创新企业境内发行存托凭证（以下简称“创新企业 CDR”）各税种税收政策。创新企业 CDR，是指符合《国务院办公厅转发证监会关于开展创新企业境内发行股票或存托凭证试点若干意见的通知》（国办发〔2018〕21 号，以下简称“21 号文件”）规定的试点企业，以境外股票为基础证券，由存托人签发并在中国境内发行，代表境外基础证券权益的证券。

二、企业所得税政策

1. 对企业投资者转让创新企业 CDR 取得的差价所得和持有创新企业 CDR 取得的股息红利所得，按转让股票差价所得和持有股票的股息红利所得政策规定征免企业所得税。

（不讨论公募基金）

——财政部 税务总局 证监会公告 2019 年第 52 号

在企业所得税下企业投资者创新企业 CDR 的所得有征有免。征税是哪部分所得，免税是哪部分所得，如何把握政策口径避免涉税风险，是否又是新的优惠种类？随着政策下发，一系列问题接踵而至。要想准确适用政策，就需要透彻分析创新企业 CDR 的本质。笔者因非金融行业专家，仅能用通俗的语言描述个人的粗浅理解，只需满足企业所得税政策适用即可。

先介绍什么是 CDR。CDR 是指境内发行存托凭证（Chinese Depository Receipt），以境外股票为基础证券，由存托人签发并在中国境内发行代表境外基础证券权益的证券。

那为什么又称作创新企业 CDR 呢？因为根据 21 号文件的规定，能够发行 CDR 的企业应当是符合国家战略、掌握核心技术、市场认可度高，属于互联网、大数据、云计算、人工智能、软件和集成电路、高端装备制造、生物医药等高新技术产业和战略性新兴产业，且达到相当规模的创新企业。“创新企业”是对可以发行 CDR 企业范围的限定。

企业所得税下的创新企业 CDR 与 21 号文件口径一致，就目前阶段如果不符合 21 号文件，也不可能发行 CDR。下面，举个例子具体说明。

假设在美国上市的阿里巴巴拿出一部分股票存于境内某托管机构，托管机构以存托的这些股票作为标的在中国发放存托凭证（CDR），中国投资者可以在国内市场上买卖这些 CDR，CDR 本质上代表的是阿里巴巴的股票，但不同的是 CDR 的持有人有分红权没有投票权，需要承担股份投资的收益或是损失。简单来说，可以理解为境内公司购买了阿里巴巴 CDR 就相当于购买了阿里巴巴的股票。

股票的获利方式有两种：一是转让赚取差价，二是赚取股息红利所得。赚取差价企业所得税下没有税收优惠，需要征税；股息红利所得有税收优惠，那境内企业购买创新企业 CDR 是否满足股息红利所得免税的条件呢？是满足的。

首先，双方都是居民企业。21 号文件对满足条件的创新企进行了分类，即：三、试点企业……其中，已在境外上市的大型红筹企业，市值不低于 2 000 亿元人民币；尚未在境外上市的创新企业（包括红筹企业和境内注册企业），最近一年营业收入不低于 30 亿元人民币且估值不低于 200 亿元人民币，或者营业收入快速增长，拥有自主研发、国际领先技术，同行业竞争中处于相对优势地位。试点企业具体标准由证监会制定。本意见所称红筹企业，是指注册地在境外、主要经营活动在境内的企业。从文件表示可以看出，可以发行 CDR 的创新企业有两种：红筹企业和境内注册企业，在案例 13－2 中分析过，在境内注册成立的企业为居民企业，在境外按照外国法律成立但实际管理机构、主要经营活动都在中国境内的企业也是居民企业。

其次，直接投资。财政部 税务总局 证监会公告 2019 年第 52 号将购买创新企业 CDR 视同购买上市公司股票。21 号文件要求试点企业在境内发行的股票或存托凭证均应在境内证券交易所上市交易，并在中国证券登记结算有限责任公司集中登记存管、结算，所以哪家公司购买了哪支创新企业 CDR 指向清晰、所有权明确，符合直接投资的条件。

最后，连续持有超过 12 个月，可由企业自行把握，不再赘述。

第三节　表 A107011 填报案例及实务分析

【案例 13－6】 ABC 公司持有 DEF 公司 30% 的股权，采用权益法核算。2019 年 4 月，DEF 公司宣告分配股息、红利，ABC 公司根据持股比例可分得股息红利所得 60 万元。ABC 公司是否需要填写表 A017011？

案例分析： 需要填写。ABC 公司会计核算采用的是权益法，在 DEF 公司宣告分配股息红利时并不影响损益，而冲减长期股权投资的账面价值。

借：应收股利　　60

　　贷：长期股权投资——损益调整　　60

巧合的是，ABC 公司直接投资 DEF 公司的股息红利所得符合优惠条件，可以全额减免，因此，需要申报收入纳税调增 60 万元，再申报优惠纳税调减 60 万元，一增一减不影响应纳税所得额。既然不影响应纳税所得额，是否就可以直接按照账面数据申报而不再调增呢？当然是不可以的。

自 2014 年度简政放权以来，税务机关逐渐脱离保姆式的管理，还权还责于纳税人。在此理念的指导下，企业所得税优惠事项管理也作出了实质的改变，短短 3 个年度，就从审批享受到备案享受，从备案享受到小微企业、加速折旧等部分税收优惠以表代备，申报销售再从部分以表代备到几乎全部优惠都可申报享受。随着税务机关管理模式调整，纳税人内部涉税事项管理也需要随之完善，之前重政策、轻管理的观念必须改变。税务机关要加强对纳税人事中、事后管理，获取信息就是第一步。企业向税务机关填报申报表，除了完成税款的汇算清缴之外还是在向税务机关报告企业的涉税情况，包括收入情况、费用情况、亏损情况、享受优惠情况等。ABC 公司通过纳税调整虽然没有改变应纳税所得额，但其实是向税务机关报了两件事，一是 DEF 公司分红了，二是企业享受税收优惠了。

第四条　企业享受优惠事项采取“自行判别、申报享受、相关资料留存备查”的办理方式。企业应当根据经营情况以及相关税收规定自行判断是否符合优惠事项规定的条件，符合条件的可以按照《目录》列示的时间自行计算减免税额，并通过填报企业所得税纳税申报表享受税收优惠。同时，按照本办法的规定归集和留存相关资料备查。

——国家税务总局公告 2018 年第 23 号

国家税务总局公告 2018 年第 23 号（以下简称“23 号公告”）是企业所得税优惠事项管理的“分水岭”。除了高新技术企业、软件企业等需要联合管理的项目外，几乎全部企业所得税优惠政策都要求纳税人“自行判别、申报享受、相关资料留存备查”。其中，自行判断属于纳税人的内部行为，税务机关不参与，纳税人可以自己判断，也可以对外求助，但责任纳税人是全部承担了；申报享受，是纳税人与税务机关的沟通，纳税人通过申报向税务局报告相关事项，是税务机关获取信息的基础，是最重要的管理环节；资料留存备查，属于“谁主张、谁举证”，但为了规范政策落实、方便基层管理、降低涉税风险，23 号公告详细列举了总局层面认为需要准备的资料，同时放权各省根据自己管理要求酌情增加，纳税人可以向主管机关或者本省 12366 热线咨询是否有特殊要求。比如说，23 号公告对享受股息红利所得优惠材料要求如下：

1. 被投资企业的最新公司章程（企业在证券交易市场购买上市公司股票获得股权的，提供相关记账凭证、本公司持股比例以及持股时间超过 12 个月情况说明）；

2. 被投资企业股东会（或股东大会）利润分配决议或公告、分配表；

3. 被投资企业进行清算所得税处理的，留存被投资企业填报的加盖主管税务机关受理章的《中华人民共和国清算所得税申报表》及附表三《剩余财产计算和分配明细表》复印件；

4. 投资收益、应收股利科目明细账或按月汇总表。

——《企业所得税优惠事项管理目录（2017 年版）》

23 号公告比较清晰地列举了分配、清算两种情况下享受优惠需要准备的资料。但如果 ABC 公司是要撤资，既不一定有利润分配决议或公告、分配表，也没有“清算所得申报表”。因此，ABC 公司应首先咨询本省对撤资情况是否有额外资料要求，如果没有，应以“符合享受撤资情况下股息红利所得优惠政策条件”为目标，尽量将相关章程/决议、合同和会计整理得规范有序、指向清晰，在实务中就曾出现备查资料一堆但不能证明符合优惠条件的无奈局面。

【案例 13-7】 ABC 公司出资 500 万元投资 DEF 公司，并持有 25% 股权。2019 年，ABC 公司撤资 50% 的股权比例，全额收入为 320 万元。DEF 公司累计未分配利润和累计盈余公积的部分为 400 万元。ABC 公司取得的 DEF 公司累计未分配利润对应的收入是否能够享受股息红利所得免税优惠？2019 年度，ABC 公司应如何填写 A107011 申报表？（单位：万元）

案例分析： ABC 公司可以享受股息红利所得免税优惠。

五、投资企业撤回或减少投资的税务处理

投资企业从被投资企业撤回或减少投资，其取得的资产中，相当于初始出资的部分，应确认为投资收回；相当于被投资企业累计未分配利润和累计盈余公积按减少实收资本比例计算的部分，应确认为股息所得；其余部分确认为投资资产转让所得。

——公告 2011 第 34 号第五条

根据政策规定，ABC 公司本次撤资操作的各项数据计算如下：收回成本 250（500×50% =250）万元；取得股息红利 50（400×12.5%）万元，可以享受股息红利免税优惠；取得股权转让所得 20（320-250-50）万元。就此案例再延伸两点：一是若 ABC 公司撤资取得的收入小于 300 万元，则亏损部分属于资产损失，可以申报所得税前扣除；二是若 ABC 公司并非撤资，而是将同样比例股权转让给 DEF 公司，则 ABC 公司取得的股权转让所得为 70（320-250）万元。

三、关于股权转让所得确认和计算问题

企业转让股权收入，应于转让协议生效、且完成股权变更手续时，确认收入的实现。转让股权收入扣除为取得该股权所发生的成本后，为股权转让所得。企业在计算股权转让所得时，不得扣除被投资企业未分配利润等股东留存收益中按该项股权所可能分配的金额。

——国税函〔2010〕79 号

之所以撤资与股权转让税务处理存在差异，是因为根据税收规定和普遍认知，每笔符合规定的股息红利所得都应该享受并且只能享受一次免税优惠。注意，这里说的享受税收优惠的区分维度是一笔笔股息红利所得，而不是一个个股东。

在本案例中，股东撤资50%股权后，收回的资金中就包含12.5%持股比例对应的未分配利润50万元，若撤资环节不能享受，以后该50万元股息红利性质的收入就再也没有机会享受税收优惠了。但股权转让就不一样了，ABC公司将股权转让后，股权并没有消失，并且会在日后分红时将50万元（或者其他金额）直接分配给DEF公司，DEF公司能够享受股息红利所得免税优惠。因此，既然该50万元的股息红利所得税收优惠在转让后还有机会由其他公司享受，在转让环节，ABC公司就不可以享受，因此，大部分有较高溢价的股权转让都会选择在股息红利宣告之后签订合同，本案例具体申报如表13－1所示。

表13－1　A107011　股息、红利等权益性投资收益优惠明细表　单位：万元

行次	投资性质	投资成本	投资比例	撤回或减少投资确认金额					
				从被投资企业撤回或减少投资取得的资产	减少投资比例	收回初始投资成本	取得资产中超过收回初始投资成本部分	撤回或减少投资应享有被投资企业累计未分配利润和累计盈余公积	应确认的股息所得
	3	4	5	11	12	13（4×12）	14（11－13）	15	16（14与15孰小）
1	1	500	25%	320	50%	250	70	50	50

本案例填报时需注意以下几点：

第一，第3列“投资性质”按选项填报：（1）直接投资；（2）股票投资（不含H股）；（3）股票投资（沪港通H股投资）；（4）股票投资（深港通H股投资）；（5）创新企业CDR；（6）永续债。本案例属于直接投资。

第二，第5列“投资比例”与第12列“减少投资比例”的比例计算基数不同。“投资比例”以整个被投资公司股权为计算基数，ABC公司持有DEF公司25%的股权。“减少投资比例”以填写表A107011的投资企业持股为计算基数，ABC撤回的DEF公司12.5%股权占ABC公司全部持股比例的50%。

第三，如果在持有股权期间又有新股东投资入股，必然会导致原有股东

持股比例调整。若调整之后撤资，则第5列按照调整之后的持股比例填写即可。

【案例13－8】 ABC公司出资500万元投资DEF公司，并持有25%的股权。2018年底，DEF公司未分配利润为400万元。2019年5月，经批准，DEF公司将300万元未分配利润转增股本。ABC公司既没有收入现金，持股比例也没有变化，ABC公司是否需要填报表A107011？如果需要，应如何申报？

案例分析： ABC公司需要申报，申报的作用是增加股权的计税基础。利用未分配利润转增股本，企业所得税下实质上被分解为两个过程：

第一步，DEF公司将75万元未分配利润分配给ABC公司，增加了ABC公司的投资收益，该笔投资收益必须要申报。若ABC公司会计上没有确认投资收益，就需要通过表A105030纳税调增，专门在企业所得税下申报投资收益；如果会计上确认了，该投资收益就会被利润表带入企业所得税主表，相当于是申报了，没有会税差异。如果75万元符合股息红利所得符合优惠条件还需要申报享受优惠。

第二步，ABC公司将75万元又全部投入DEF公司。必须要注意，完成第二步后，ABC公司持有DEF公司股权的计税基础增加了75万元，不再是500万元了而是575万元，将来ABC公司转让全部股权时计税基础为575万元，这也是第一步申报的意义，如果没有第一步的投资收益申报，股权的计税基础是不能增加的，具体申报如表13－2所示。

表13－2　A107011　股息、红利等权益性投资收益优惠明细表　单位：万元

行次	投资性质	投资成本	投资比例	被投资企业利润分配确认金额	
				被投资企业做出利润分配或转股决定时间	依决定归属于本公司的股息、红利等权益性投资收益金额
	3	4	5	6	7
1	1	500	25%	2019年5月	75

本案例填报需要注意以下事项：

第一，企业所得税下申报需要两个步骤。第一个步骤是确认投资收益，如有会税差异则需纳税调增75万元；第二个步骤享受优惠待遇，纳税调减75

万元。增减金额相等，数额上不影响应纳税所得额，但增加了股权的计税基础，享受了税收优惠。调整金额为0，并不代表无须调整。

第二，用未分配利润转增资本与用资本溢价转增资本是完全不同的涉税事项。

被投资企业将股权（票）溢价所形成的资本公积转为股本的，不作为投资方企业的股息、红利收入，投资方企业也不得增加该项长期投资的计税基础。

——国税函〔2010〕79号

因为资本溢价与企业经营无关，是后加入股东比持股份额多缴纳的金额，没有分配，也没有二次投资。

第十四章

跨地区经营汇总纳税企业年度分摊企业所得税明细表（A109000）及相关内容讲解

第一条　在中华人民共和国境内，企业和其他取得收入的组织（以下统称企业）为企业所得税的纳税人，依照本法的规定缴纳企业所得税。

——《企业所得税法》

我国的企业所得税以法人为管理单位。是独立法人的，规模再小，也是独立的申报主体；不是独立法人的，即使收入再高、人员再多，也应并入法人单位统一汇总申报。

第五十条　除税收法律、行政法规另有规定外，居民企业以企业登记注册地为纳税地点；但登记注册地在境外的，以实际管理机构所在地为纳税地点。

居民企业在中国境内设立不具有法人资格的营业机构的，应当汇总计算并缴纳企业所得税。

——《企业所得税法》

第一百二十四条　企业所得税法第五十条所称企业登记注册地，是指企业依照国家有关规定登记注册的住所地。

第一百二十五条　企业汇总计算并缴纳企业所得税时，应当统一核算应纳税所得额，具体办法由国务院财政、税务主管部门另行制定。

——《企业所得税实施条例》

为了规范总分企业的企业所得税管理，根据《实施条例》的授权，国家税务总局下发了《国家税务总局关于印发〈跨地区经营汇总纳税企业所得税征收管理办法〉的公告》（国家税务总局公告2012年第57号）（以下简称"57号公告"），这也是迄今为止国家税务总局层面最重要的汇总纳税管理文件。

第一节　汇总纳税企业分类

每一版的"企业所得税年度纳税申报基础信息表"（A000000）都要专门留位置填报机构类型以及分支机构就地纳税比例。按照企业所得税规定，居民企业在中国境内设立不具有法人资格的分支机构应汇总缴纳企业所得税。虽然都要汇总，但汇总方式却不止一种，从省局管理层面看共有三种，不同方式有不同的管理要求和政策内容。明确自身企业属于哪种汇总方式是做好汇总纳税的第一步。

一、所得税收入全额归属中央的汇总纳税企业

本类企业基本都是规模较大的国有企业，包括国有邮政企业（包括中国邮政集团公司及其控股公司和直属单位）、中国工商银行股份有限公司、中国农业银行股份有限公司、中国银行股份有限公司、国家开发银行股份有限公司、中国农业发展银行、中国进出口银行、中国投资有限责任公司、中国建设银行股份有限公司、中国建银投资有限责任公司、中国信达资产管理股份有限公司、中国石油天然气股份有限公司、中国石油化工股份有限公司、海洋石油天然气企业（包括中国海洋石油总公司、中海石油（中国）有限公司、中海油田服务股份有限公司、海洋石油工程股份有限公司）、中国长江电力股

份有限公司等企业缴纳的企业所得税（包括滞纳金、罚款）。

本类企业汇总纳税不适用57号公告，具体税款缴纳方式有两种：

一是二级分支机构只申报不纳税。二级分支机构均应按照企业所得税的有关规定向当地主管税务机关报送“企业所得税预缴申报表”或其他相关资料，但其税款由总机构统一汇总计算后向总机构所在地主管税务机关缴纳。以上列举的绝大多数企业都是采用这种方式。

二是二级分支机构按照50%的比例就地预缴。只有中石油、中石化下属不具有法人资格的二级分支机构，按照年度应纳所得税额50%的比例，就地预缴企业所得税。

二、跨地区经营汇总纳税企业

本类企业指的是居民企业在中国境内跨地区（指跨省、自治区、直辖市和计划单列市）设立不具有法人资格分支机构的企业，是57号公告重点规范的类型。

本类企业跨地区经营汇总纳税企业实行“统一计算、分级管理、就地预缴、汇总清算、财政调库”的企业所得税征收管理办法。总机构和二级分支机构应按照企业所得税的有关规定进行预缴申报和年度申报，二级以下（不含二级）分支机构不进行预缴申报和年度申报。

其中，汇总纳税企业按照《企业所得税法》规定汇总计算的企业所得税，包括预缴税款和汇算清缴应缴应退税款，50%在各分支机构间分摊，各分支机构根据分摊税款就地办理缴库或退库；50%由总机构分摊缴纳，其中25%就地办理缴库或退库，25%就地全额缴入中央国库或退库。具体的税款缴库或者退库程序按照《财政部 国家税务总局 中国人民银行关于印发《跨省市总分机构企业所得税分配及预算管理办法》的通知》（财预〔2012〕40号）要求来执行。总分机构具体分摊办法等内容将在下一节重点讲解。

【案例14－1】ABC公司是一家大型建筑公司，拥有多家分支机构。自2019年7月开始，ABC公司承接甲省一项大型建筑项目，由于事关重大，ABC公司高度重视并由总部直接跨省设立项目部。2019年第三季度无收入，第四季度预缴时，取得收入1 000万元，成本1 100万元。ABC公司财务人员第四季度未向甲省项目部所在地预缴税款。ABC公司的处理是否正确？

案例分析：ABC公司的处理是不正确的。《国家税务总局关于跨地区经营建筑企业所得税征收管理问题的通知》（国税函〔2010〕156号）对建筑行业跨地区经营有专门规定。

三、建筑企业总机构直接管理的跨地区设立的项目部，应按项目实际经营收入的0.2%按月或按季由总机构向项目所在地预分企业所得税，并由项目部向所在地主管税务机关预缴。

——国税函〔2010〕156号

国税函〔2010〕156号规定的预缴计算基数为收入而非所得。ABC公司有1 000万元的收入应该在甲省项目所在地预缴企业所得税。在前面的章节中，笔者已经多次强调过收入与所得的区别，在此不再赘述。

总机构及二级分支机构发生的资产损失，除应规定各自向所在地主管税务机关申报外，二级分支机构还应同时上报总机构；三级及以下分支机构发生的资产损失不须向所在地主管税务机关申报，应并入二级分支机构，由二级分支机构统一申报。总机构将分支机构所属资产捆绑打包转让所发生的资产损失，由总机构向所在地主管税务机关申报。

总机构应将其所有二级及以下分支机构信息报其所在地主管税务机关备案，内容包括分支机构名称、层级、地址、邮编、纳税人识别号及企业所得税主管税务机关名称、地址和邮编。分支机构应将其总机构、上级分支机构和下属分支机构信息报其所在地主管税务机关备案，内容包括总机构、上级机构和下属分支机构名称、层级、地址、邮编、纳税人识别号及企业所得税主管税务机关名称、地址和邮编。

三、跨市经营汇总纳税企业

跨市经营汇总纳税企业指的是省内居民企业跨市设立不具有法人资格分支机构的企业。总机构和二级分支机构应按照企业所得税的有关规定进行预缴申报和年度申报，二级以下（不含二级）分支机构不进行预缴申报和年度申报。此类企业税款的缴纳方式有两种：

第一种是参照跨地区汇总纳税企业管理，虽然绝大部分总机构的分配比例为50%，但对于特定企业总机构也可以采用其他分配比例，比如25%、60%、75%等。本类情况按说是不适用57号公告的，之前都是由各个省国税部门以57号公告为模板，再结合本省情况制定本省内跨市汇总纳税管理政策。2018年国地税合并之后，很多之前由国税局独家制定的跨市汇总纳税政策就被作废了，新政策又迟迟没有发布，所以很多省跨市汇总纳税企业实际上处于无政策可用的状态，只得套用57号公告。

第二类种参照中央企业管理，统一汇总至总部进行纳税申报，与所得税收入全额归属中央的汇总纳税企业类似，不再赘述。

跨市经营汇总纳税企业的总机构及二级分支机构发生的资产损失，除各自向所在地主管税务机关申报外，二级分支机构还应同时上报总机构；三级及以下分支机构发生的资产损失不需向所在地主管税务机关申报，应并入二级分支机构，由二级分支机构统一申报。

四、视同独立纳税人

第二十四条　以总机构名义进行生产经营的非法人分支机构，无法提供汇总纳税企业分支机构所得税分配表，也无法提供本办法第二十三条规定相关证据证明其二级及以下分支机构身份的，应视同独立纳税人计算并就地缴纳企业所得税，不执行本办法的相关规定。

按上款规定视同独立纳税人的分支机构，其独立纳税人身份一个年度内不得变更。

——国家税务总局公告2012年第57号

实际管理中视同独立纳税人的分支机构实在太多了，产生的原因也多种多样：有选择“会计独立核算”直接系统带出独立申报的；有按照当地要求必须独立纳税的；有为了保全局小微企业优惠而个别牺牲的等等。

视同独立纳税人是为了防止分支机构发生既不汇总也不申报的情况，结果却意外被反向利用。比如，某公司总分机构汇总在一起不符合小型微利企业条件，但如果某分支机构选择企业所得税独立申报却符合小型微利企业条件。分支机构独立核算是与企业所得税最基本立法原则相违背的，税务总局近一两年也开始注重对非汇总纳税的分支机构的管理，尽管视同独立纳税人，但并不能等同于独立纳税人。从 2019 年度开始，分支机构因为不是独立的法人企业不能独立享受小型微利企业税收优惠。

办理税务事项登记时，如果分支机构希望汇总纳税，在选择“是否独立核算”时一定要慎重，很多省份的“金三”系统登记模块独立核算就直接对应企业所得税独立申报。一般来说，新的分支机构当年会是亏损的状态，如果汇总的话这些亏损就自然而然并入整体公司的大盘子里；如果选错导致分支机构新设立当年独立核算，即使第二年再改为汇总纳税，前一年新分支机构发生的亏损大概率带不走的。所以，要先打听清楚系统口径再选择。

视同独立纳税人的分支机构不仅需要预缴申报，还需要年度申报。年度申报时，表 A000000“101 纳税申报企业类型”应选择“100 非跨地区经营企业”。

【案例 14 -2】 ABC 公司是一家总分公司的总公司，下设甲、乙两家分公司，其中乙分公司企业所得税为汇总纳税，甲公司为独立申报纳税。2020 年，甲分公司发现上年会计重复记录一笔较大金额收入，导致多缴纳企业所得税 5 万元。甲分公司向主管税务机关申请退税，主管税务机关认为甲公司为分支机构，不应独立申请退税，应该汇总纳税后，由 ABC 公司在当地主管税务机关申请退税。甲分公司主管税务机关的理解是否正确？

案例分析：甲分公司主管税务机关的理解是错误的。甲分支机构虽然是非独立法人单位，但是因为企业所得税下独立核算，所以被企业所得税视同独立纳税人，其所有的权利和义务基本同等于独立纳税人。甲分支机构多缴纳税款的退税与 ABC 公司是没有任何关系的，即使甲分支机构申请汇总纳税，那也只能向后适用无法向前追溯。ABC 公司之前的税款分配金额中根本就不包括甲分公司多缴纳的部分，ABC 公司的主管税务机关是不可能同意退税的，还是需要甲分公司向自己的主管税务机关申请退税。

借此案例，笔者再补充关于原本独立纳税的分支机构想要调整为汇总纳税的实务操作案例。

案例一：某公司 2020 年四季度去税务机关申请汇总纳税，本来计划从 2021 年开始汇总纳税，没想到当季度就开始汇总纳税了，原本 2020 年度前三季度还有亏损可以用四季度盈利再弥补一些，也弥补不成了，四季度盈利进了总机构的大盘子中。

案例二：某公司2020年一季度将原本独立纳税的分支机构申请并入总机构汇总纳税，结果系统显示2020年一整年该分支机构不参与分配，分支机构所在地税务机关表示不同意，要求企业总部想办法分配税款。

案例三：某公司分支机构独立纳税，2020年该公司总机构亏损但分支机构盈利；2021年初，该公司将分支机构改为汇总纳税，希望在2020年度企业所得税汇算时将总分公司盈利、亏损合并。但系统显示2020年度总分机构依然是各自独立汇算。

为什么以上案例中企业的盘算最终都落了空呢？是因为企业把计算机思维当成了人脑思维。分支机构从独立变为汇总，从人脑思维看来，该分支机构没有本质变化，仅是具体企业所得税申报方式变了变，其他具体业务，甚至包括增值税等各项税种都没有变；但从计算机思维来看，是某公司新成立了一家分支机构，这家分支机构原来在系统里的企业所得税生命终止了，一切都要按照新分支机构对待，与过去种种一刀两断。系统倒是手起刀落，斩杀得痛快，企业就欲哭无泪了。案例一中为何分支机构申请汇总纳税当即生效？因为新分支机构的汇总要求如果不当即生效，该分支机构当期就没有办法申报企业所得税。案例二中为何2020年度分支机构所在地不分配税款？因为57号公告明确规定新设立分支机构当年不参与分配。案例三中为何2020年度汇算时总分支机构亏损、盈利不能互抵？因为系统认为分支机构是2021年刚设立的，2020年没有盈利、亏损。

记得上大学时，笔者的编程老师曾说计算机其实是最笨的脑。确实是，计算机的思维是简单的，不会前后关联，除非程序专门告诉他需要关联；而人脑的思维是复杂的，会自动前后关联。所以，如果企业有类似业务发生，一定要换位思考，站在计算机的角度想一想他是怎么想的，想明白了计算机的思路才能保证转汇总纳税的操作达到自己预期的效果。

第二节　汇总纳税企业征收管理

本节主要讲解有关汇总纳税事项常见政策疑问及管理要求。

一、分支机构的新设

第五条 以下二级分支机构不就地分摊缴纳企业所得税：

（三）新设立的二级分支机构，设立当年不就地分摊缴纳企业所得税。

……

第二十二条 总机构应将其所有二级及以下分支机构（包括本办法第五条规定的分支机构）信息报其所在地主管税务机关备案，内容包括分支机构名称、层级、地址、邮编、纳税人识别号及企业所得税主管税务机关名称、地址和邮编。

分支机构（包括本办法第五条规定的分支机构）应将其总机构、上级分支机构和下属分支机构信息报其所在地主管税务机关备案，内容包括总机构、上级机构和下属分支机构名称、层级、地址、邮编、纳税人识别号及企业所得税主管税务机关名称、地址和邮编。

上述备案信息发生变化的，除另有规定外，应在内容变化后30日内报总机构和分支机构所在地主管税务机关备案，并办理变更税务登记。

——国家税务总局公告2012年第57号

在实务中对新成立的二级分支机构缴纳企业所得税的误解是很多的，因为政策只说了不要如何缴纳，而没明确说应该如何缴纳。设立当年不就地分摊缴纳是应该由总机构缴纳吗，还是在当地按实缴纳，或者是全部零申报不缴纳？

正确操作方法是：新设立分支机构当年企业所得税在预缴与汇算清缴时全部零申报。其他总分机构将新的分支机构的收入与支出等并入总账中分摊。这也是能够理解的，分支机构分配比例都是按照上年的年度数额计算的，新设立分支机构上年金额全部为0，分配比例自然就为0。

在实务中，总机构要将其所有二级及以下分支机构信息报其所在地主管税务机关备案。如果有新设立分支机构，就符合了第57号公告第二十二条第三款备案信息发生变化条件，需要在30日内由总机构和新设分支机构分别向各自主管税务机关按照第二十二条前两款的要求报送备案资料。这也是分支机构能够被正确关联至总公司进行汇总申报的基础。

二、分支机构的注销

第五条　以下二级分支机构不就地分摊缴纳企业所得税：

（四）当年撤销的二级分支机构，自办理注销税务登记之日所属企业所得税预缴期间起，不就地分摊缴纳企业所得税。……

第二十二条　……分支机构注销税务登记后15日内，总机构应将分支机构注销情况报所在地主管税务机关备案，并办理变更税务登记。

——国家税务总局公告2012年第57号

当年注销的企业连税务登记都没有了，就不可能再申报了，更不可能再汇算了，所以总机构除了要更改备案还需要调整分支机构的分配比例。注销的分支机构因为资产变卖、场地装修未使用到期等原因产生的损失属于企业的资产损失。

三、分支机构分摊比例的计算

第十五条　总机构应按照上年度分支机构的营业收入、职工薪酬和资产总额三个因素计算各分支机构分摊所得税款的比例；三级及以下分支机构，其营业收入、职工薪酬和资产总额统一计入二级分支机构；三因素的权重依次为0.35、0.35、0.30。

计算公式如下：

某分支机构分摊比例 =（该分支机构营业收入/各分支机构营业收入之和）×0.35 +（该分支机构职工薪酬/各分支机构职工薪酬之和）×0.35 +（该分支机构资产总额/各分支机构资产总额之和）×0.30

分支机构分摊比例按上述方法一经确定后，除出现本办法第五条第（四）项和第十六条第二、三款情形外，当年不作调整。

——国家税务总局公告2012年第57号

营业收入、职工薪酬和资产总额是参照上年度的年度金额。如果分支机构有人员有资产，却没有收入，该怎么办？

【案例 14－3】 ABC 公司 2019 年度设立甲、乙、丙三家分支机构。2020 年报送分配比例时三家分支机构收入均为 0，其他两项占比如表 14－1 所示。

表 14－1　　　　分支机构三项因素占比情况表

分支机构	甲	乙	丙
工资薪酬	30%	40%	30%
资产总额	50%	25%	25%
收入	0	0	0

如果按照表格，甲分支机构占比为 25.5%（30%×0.35＋50%×0.3），乙分支机构占比为 21.5%（40%×0.35＋25%×0.3），丙分支机构占比为 18%（30%×0.35＋25%×0.3），三者合计比例为 65%，不等于 100%。虽然从数字上看计算完全正确，但是不等于 100% 就意味着税款不能被完全分配，是肯定不行的。应该怎么处理呢？有两种思路供参考。

第一种思路为等比扩大到 1。甲、乙、丙三家分支机构的比例均除以 0.65，使加和金额等于 1。调整之后，三家分支机构占比分别为 39.23%、33.08% 和 27.69%。

第二种思路为将 35% 三等分。甲、乙、丙三家机构占比分别为 37.16%、33.17% 和 29.67%。

笔者认为第二种思路比较理想。三家分支机构收入都为 0，其实就是三家分支机构情况一样，等分 35% 的比例更加能够客观反映三家的情况。

第三节　汇总纳税企业税款分配计算

第十八条　对于按照税收法律、法规和其他规定，总机构和分支机构处于不同税率地区的，先由总机构统一计算全部应纳税所得额，然后按本办法第六条规定的比例和按第十五条计算的分摊比例，计算划分不同税率地区机构的应纳税所得额，再分别按各自的适用税率计算应纳税额后加总计算出汇总纳税企业的应纳所得税总额，最后按本办法第六条规定的比例和按第十五条计算的分摊比例，向总机构和分支机构分摊就地缴纳的企业所得税款。

——国家税务总局公告2012年第57号

如果总分支机构处于同一税率地区，总机构汇总全部分支机构的情况计算出应纳所得税额后再按年初报送的分配比例分摊即可。如果总分支机构处于不同的税率地区，总机构汇总算出企业整体应纳税所得额后就不能简单按照某个税率计算所得税额了，而是要在计算税额之前加一步应纳税所得额的分摊。

【案例14－4】 ABC公司成立于2015年，总部位于北京朝阳区，在北京东城、西城设有分公司。总机构2017年在重庆增设分公司，重庆分公司适用企业所得税税率15%。2019年总机构应纳税所得额800万元。分公司三项因素权重如表14－2所示，ABC公司应如何进行纳税申报？

表14－2　分支机构三项因素情况表　单位：万元

公司名称	营业收入	职工薪酬	资产总额
东城分公司	400	80	1 000
西城分公司	500	80	1 500
重庆分公司	100	40	500
合计	1 000	200	2 000

案例分析： ABC公司分支机构有处于优惠地区的情况，涉及多个税率，所以在计算企业所得税时就需要进行两次分摊，第一次分摊应纳税所得额，各自乘以适用税率算出应纳所得税总额后再分摊所得税额。所以，虽然只有重庆分公司处于低税率地区，但实际上每家机构都享受了优惠。

西城分公司分配比为$500 \div 1\ 000 \times 0.35 + 80 \div 200 \times 0.35 + 1\ 500 \div 3\ 000 \times 0.3 = 0.175 + 0.14 + 0.15 = 0.465$

东城分公司分配比例为$400 \div 1\ 000 \times 0.35 + 80 \div 200 \times 0.35 + 1\ 000 \div 3\ 000 \times 0.3 = 0.14 + 0.14 + 0.1 = 0.38$

重庆分公司分配比例为$100 \div 1\ 000 \times 0.35 + 40 \div 200 \times 0.35 + 500 \div 3\ 000 \times$

0.3 = 0.035 + 0.07 + 0.05 = 0.155

第一步：分摊应纳税所得额。

总机构应分摊的应纳税所得额 = 800 × 50% = 400（万元）。分支机构应分摊的应纳税所得额：东城分公司 = 800 × 50% × 0.38 = 152（万元）；西城分公司 = 800 × 50% × 0.465 = 186（万元）；重庆分公司 = 800 × 50% × 0.155 = 62（万元）。

第二步：计算应纳所得税额。

总机构应纳所得税额 = 400 × 25% = 100（万元）。分支机构应纳所得税额：东城分公司 = 152 × 25% = 38（万元）；西城分公司 = 186 × 25% = 46.5（万元）；重庆分公司 = 62 × 15% = 9.3（万元）。全部应纳税所得税额为 100 + 38 + 46.5 + 9.3 = 193.8（万元）。

第三步：第二次分摊应纳所得税额。

总机构应分摊税款 = 193.8 × 50% = 96.9（万元），其中 48.45 万元为财政集中分配所得税，另外 48.45 万元为总机构应分摊所得税。各分支机构应分摊税款 = 193.8 × 50% = 96.9（万元），其中东城分公司 = 96.9 × 0.38 = 36.82（万元）；西城分公司 = 96.9 × 0.465 = 45.06（万元）；重庆分公司 = 96.9 × 0.155 = 15.02（万元）。

在填写申报表时，要注意填写顺序（见表 14－3、表 14－4、表 14－5、表 14－6）。税收优惠是从主表代入表 A109000 的，不是通过表 A109000 实现的。

表 14－3　　A100000　　中华人民共和国企业所得税年度纳税申报表（A 类）

单位：万元

行次	类别	项　目	金额
19	应纳税所得额计算	四、纳税调整后所得（13－14＋15－16－17＋18）	
20		减：所得减免（填写 A107020）	
21		减：弥补以前年度亏损（填写 A106000）	
22		减：抵扣应纳税所得额（填写 A107030）	
23		五、应纳税所得额（19－20－21－22）	800

表 14－4　　A107040　　减免所得税优惠明细表　　单位：万元

行次	项　　目	金 额
21	二十一、设在西部地区的鼓励类产业企业减按 15% 的税率征收企业所得税	6.2
33	合计	6.2

表 14－5　　A100000　　中华人民共和国企业所得税年度纳税申报表（A 类）　　单位：万元

行次	类别	项　　目	金额
24	应纳税额计算	税率（25%）	
25		六、应纳所得税额（23×24）	200
26		减：减免所得税额（填写 A107040）	6.2
27		减：抵免所得税额（填写 A107050）	
31		八、实际应纳所得税额（28＋29－30）	193.8
32		减：本年累计实际已缴纳的所得税额	
33		九、本年应补（退）所得税额（31－32）	
34		其中：总机构分摊本年应补（退）所得税额（填写 A109000）	
35		财政集中分配本年应补（退）所得税额（填写 A109000）	
36		总机构主体生产经营部门分摊本年应补（退）所得税额（填写 A109000）	

表 14－6　　A109000　　跨地区经营汇总纳税企业年度分摊企业所得税明细表　　单位：万元

行次	项　　目	金 额
1	一、实际应纳所得税额	193.8
2	减：境外所得应纳所得税额	
3	加：境外所得抵免所得税额	
4	二、用于分摊的本年实际应纳所得税额（1－2＋3）	193.8

本案例填报时需注意以下几点：

第一，虽然只有重庆分公司处于低税率地区，但优惠通过表 A107040 带入主表第 26 行“减：减免所得税额”后，再进入表 A109000 和表 A109010 进行分配，实际上每家机构都享受了优惠。

第二，如果ABC公司有境外所得，境外所得税款仅在总机构缴纳。

第五条 以下二级分支机构不就地分摊缴纳企业所得税：

（五）汇总纳税企业在中国境外设立的不具有法人资格的二级分支机构，不就地分摊缴纳企业所得税。

——国家税务总局公告2012年第57号